GIB NIEMALS AUF

GIB NIEMALS AUF

JOYCE MEYER

This edition published and arranged with
FaithWords Hachette Book Group, New York, U.S.A.
Originally published in English under the title
Never give up by Joyce Meyer

Joyce Meyer Ministries GmbH
Postfach 76 10 01
22060 Hamburg
www.joyce-meyer.de
Tel. +49 (0) 40/88 88 4 11 11

ISBN 978-3-939627-23-4

Bestellungen bitte an die oben stehende Adresse richten.

1. Auflage, Mai 2010

Übersetzung: Esther Dymel-Sohl
Lektorat: Angie Mumssen, Esther Arle
Korrektorat: Barbara Doering, Das gute Wort
Umschlag: Sebastian Tobies
Satz: Satz & Medien Wieser, Stolberg
Druck: GGP Media GmbH, Pößneck

Inhalt

Einleitung

Mehr als alles andere sollten Sie Folgendes wissen: Durch Jesus Christus können Sie eine tiefe, innige und persönliche Beziehung zu Gott haben. Mit ihm haben Sie das Beste, was das Leben Ihnen zu bieten hat. Gott sieht nicht die Person an (siehe Apostelgeschichte 10,34) und seine Verheißungen gelten für alle gleichermaßen. Ja, Gott bietet Ihnen das Beste an und Sie können es haben. Doch Sie müssen fest entschlossen sein, so lange nicht aufzugeben, bis Sie jeden Bereich des Lebens gemeistert haben.

Ich glaube, dass Gott eine großartige Bestimmung für Sie hat und ich bitte Sie inständig, sich nicht mit weniger zufriedenzugeben. Er möchte Sie segnen und Ihnen ein aufregendes und erfülltes Leben geben, das Sie mit tiefer Freude und großer Zufriedenheit erfüllt. Dieses Leben wird Sie aber auch herausfordern, Sie an Ihre Grenzen bringen, Sie frustrieren und manchmal sogar an Punkte führen, an denen Sie am liebsten aufgeben würden.

Betrachten Sie dieses Buch als Gebrauchsanweisung, die Ihnen zeigt, wie Sie das Beste aus jedem Lebensbereich herausholen können. Es wird Sie inspirieren, weiterhin einen Fuß vor den anderen zu setzen, selbst wenn Sie auf dem Weg müde werden. Lassen Sie sich immer und immer wieder auf unterschiedliche Art und Weise daran erinnern: *Sie werden es schaffen, wenn Sie nicht aufgeben.* Durch dieses Buch werden Sie Kraft bekommen, sich majestätisch wie ein Adler über die Prüfungen und schweren Zeiten des Lebens zu erheben. Es wird Ihre Entschlossenheit vertiefen und Ihnen zeigen, wie Sie die Widrigkeiten des Lebens als Chancen nutzen können. Es wird Sie befähigen durchzuhalten und Ihr Vertrauen in Gottes Fähigkeiten stärken. Er will Ihnen hindurchhelfen, damit Sie die Ziele, die er für Sie bereithält, auch erreichen. Es warten Ermutigungen auf Sie, die Ihren Glauben stärken, dass Gott die Träume, die er Ihnen ins Herz gelegt hat, auch wahr werden lässt.

Auf Ihrer Reise durch die Seiten des Buches werden Sie erstaunliche Menschen kennenlernen. Menschen, die sich geweigert haben, sich mit weniger als dem Besten abzufinden und deren Geschichten inspirieren und verblüffen. Ich werde Sie bei jedem Wort, das Sie lesen, anfeuern und daran erinnern, dass Gott auf Ihrer Seite ist. Ich werde Sie anspornen, niemals aufzugeben.

Menschen geben deshalb oft auf, wenn etwas nicht klappt, weil sie sich wie Versager fühlen. Doch in Wahrheit sind wir erst dann Versager, wenn wir aufgeben. Gelingt uns etwas nicht, fehlt uns häufig der Mut, es noch einmal zu versuchen. Wir geben uns mit weniger zufrieden, als wir erreichen und genießen könnten, wenn wir es einfach nur weiter versuchen würden. Es ist doch so, wir alle kennen Zeiten, in denen die Dinge nicht so laufen wie erhofft, obwohl wir unser Bestes geben. Vielleicht versagen wir in einer Sache oder sogar in mehreren, doch das macht uns noch längst nicht zu Versagern im Leben. Ich glaube, solche vorübergehenden Rückschläge gehören dazu und wir müssen sie erleben, um einmal wirklich erfolgreich zu sein. Wenn wir auf dem Weg zum Erfolg in manchen Dingen versagen, werden wir bescheidener und lernen Lektionen, die wir lernen müssen. Für Menschen, die niemals aufgeben, wird ihr Versagen zum Kraftstoff, durch den sie noch entschlossener den in der Zukunft liegenden Erfolg anstreben.

Einige der erfolgreichsten Menschen der Geschichte versagten zunächst, weigerten sich aber aufzugeben und ließen sich nicht entmutigen. Denken Sie einmal über die folgenden Beispiele nach:

- Henry Ford, der Erfinder des Automobils, ging fünf Mal bankrott, bevor er ein erfolgreicher Geschäftsmann wurde.
- Der großartige Tänzer und Schauspieler Fred Astaire machte bei den MGM-Studios 1933 Probeaufnahmen. In einer Notiz wurde damals festgehalten, er sei etwas glatzköpfig, könne nicht schauspielern und nur ein bisschen tanzen.

- Die Familie von Louisa May Alcott, der bedeutenden Autorin des Bestsellers *»Betty und ihre Schwestern«*, meinte, sie solle ihren Traum einer Schriftstellerkarriere begraben und stattdessen Schneiderin werden.
- Walt Disney wurde von einer Zeitung aufgrund mangelnder Ideen gefeuert und ging mehrere Male bankrott, bevor er Disneyland gründete.
- Enrico Carusos Eltern glaubten einem Gesangslehrer, der über ihren Sohn sagte, er habe keine Zukunft im Bereich der Musik, weil er überhaupt nicht singen könne. Er glaubte seinem Lehrer nicht und wurde einer der bekanntesten Opernsänger der Welt.
- Theodore Roosevelt erlebte, dass sowohl seine Mutter als auch seine Frau am selben Tag 1884 starben. Danach wurde er zum Kriegshelden und außerdem ein sehr erfolgreicher Präsident der Vereinigten Staaten von Amerika.
- Wenn John Wesley, Gründer der Methodisten-Kirche, in einer Kirche gepredigt hatte, wurde er oft ersucht, nicht wieder dorthin zurückzukehren. Predigte er auf den Straßen, wurde er von der Stadtbevölkerung vertrieben. Bei einer Predigt auf einer Wiese ließen Menschen einen Bullen auf ihn los. Doch er weigerte sich aufzugeben und predigte später unter anderem vor zehntausend Zuhörern.

Auch die Geschichte von Abraham Lincoln erstaunt mich. Angesichts der vielen Rückschläge hatte er genug Grund zu glauben, er würde es niemals zu etwas im Leben bringen, geschweige denn Präsident der Vereinigten Staaten von Amerika werden. Im Alter von 21 Jahren scheiterte er als Geschäftsmann. Ein Jahr später kandidierte er für das Parlament und verlor. Mit 24 Jahren hatte er den zweiten geschäftlichen Misserfolg. Er war 26, als seine geliebte Frau starb und ein Jahr später erlitt er einen Nervenzusammenbruch. Im Alter von 29 verlor er einen weiteren politischen Kampf und mit 34 kandidierte er ohne Erfolg für den Kongress. Mit 37 wurde er zwar in den Kongress gewählt, doch nur um zwei Jahre später wieder sein Amt abgeben zu müssen. 46-jährig versagten seine Bemühungen, für den Senat zu kandidieren und in dem darauf folgenden Jahr misslang ihm der Versuch, Vizepräsident zu werden. Als er 49 Jahre alt war, wurde ihm der Einzug in den Senat verwehrt. Er hatte vier Söhne, von denen nur einer das Erwachsenenalter erreichte. Doch mit 51 Jahren wurde Abraham Lincoln Präsident der Vereinigten Staaten von Amerika und führte das Land erfolgreich durch eine seiner schwierigsten Zeiten. Viele Menschen hätten gesagt »Nie im Leben!«, aber nicht Lincoln. Er gab niemals auf.

Doch neben den bekannten Persönlichkeiten, die durchhalten mussten, gibt es unzählige andere, deren Namen wir nicht kennen, deren Versagen uns aber so manches bekannte und hochwertige Produkt beschert hat.

Die *Ivory* Seife sollte zum Beispiel gar nicht auf dem Wasser schwimmen. Es ist einem Herstellungsfehler zu verdanken, dass sie auf der Wasseroberfläche schwimmt – und es ist genau diese Fähigkeit, die sie von jeder anderen Seife auf dem Markt unterscheidet.

Ebenso verhielt es sich mit dem Material, das zur Herstellung der *Kleenex*-Tücher verwendet wurde. Ursprünglich sollten damit während des Zweiten Weltkriegs Filter für Gasmasken hergestellt werden, aber das gelang nicht. Auch konnte es nicht zum Entfernen von Cremes eingesetzt werden. Als dann jemand entschied, es als Einmaltaschentuch zu verpacken und zu vermarkten ... Sie wissen, wie die Geschichte ausgeht.

Ich glaube, Sie sind dazu bestimmt, großartige Dinge zu tun. Gott hat einen Plan für Sie. Er hat Möglichkeiten für Sie, die er Ihnen zugänglich machen will und Aufgaben, mit denen er Sie betrauen möchte. Doch ich bin mir sicher, Sie haben bereits in Ihrem Leben erfahren, dass Sie mit Gegenwind rechnen müssen, wenn Sie Gott nachfolgen. Menschen, die zu Großartigem berufen sind, treffen auf große Herausforderungen. Er hat uns nie versprochen, dass alles leicht sein wird. Im Gegenteil, er stellt uns in seinem Wort widrige Zeiten in Aussicht. Gleichzeitig verheißt er uns, mit uns durch die Schwierigkeiten hindurchzugehen und für uns zu kämpfen. Er will uns stärken, damit wir die Hürden, die sich uns entgegenstellen, nehmen, und er gibt uns die Fähigkeit sie zu meistern – unter der Bedingung, dass wir niemals aufgeben.

Ganz gleich was sich Ihnen auch in den Weg stellt, *weigern Sie sich, aufzugeben.* Bevor Sie mit dem Lesen anfangen, möchte ich Sie an eine biblische Wahrheit erinnern, die Sie mit durch die Seiten des Buches nehmen und die Sie auch danach noch begleiten soll: *Ja, Gott ist treu; ›er wird euch ans Ziel bringen‹. Denn er hat euch dazu berufen, ›jetzt und für immer‹ mit seinem Sohn Jesus Christus, unserem Herrn, verbunden zu sein* (1. Korinther 1,9; NGÜ).

KAPITEL 1

Schluss mit »Nie im Leben«

»Ohne Weg kein Gehen; ohne Wahrheit kein Erkennen;
ohne Leben kein Leben.«
Thomas à Kempis

Waren Sie schon einmal in einer Situation, in der Sie sagten: »Das wird nie im Leben möglich sein«? Vielleicht werden Sie von Gedanken wie den folgenden schwer geplagt:

- Nie im Leben werde ich den Druck bei der Arbeit aushalten können.
- Ich werde meine Rechnungen am Ende des Monats nie im Leben bezahlen können.
- Meine Ehe ist nie im Leben mehr zu retten.
- Meine Kinder werden nie im Leben verantwortungsvolle Erwachsene sein.
- Ich werde mein Haus nie im Leben sauber und ordentlich halten können.
- In meinem Alter werde ich nie im Leben noch studieren können.
- Nie im Leben werde ich mein überschüssiges Gewicht verlieren.

Sie sollten wissen: Irgendeinen Weg gibt es im Leben immer. Er ist vielleicht nicht einfach; er ist nicht unbedingt bequem; er ist vermutlich nicht gerade um die Ecke. Sie müssen möglicherweise oben oder unten entlang, darum herum oder auch mitten hindurch. Doch wenn Sie dranbleiben und sich weigern aufzugeben, werden Sie einen Weg finden.

Geben Sie sich selbst einmal ein Versprechen. Versprechen Sie sich, dass Sie niemals wieder »nie im Leben« sagen werden. Denn in Wahrheit hat Gott immer noch einen Weg, auch wenn die Situation für Sie ausweglos erscheint. Wenn Sie ein wiedergeborener Christ sind, dann lebt der Geist Gottes in Ihnen. Die ganze Kreativität der Welt wohnt in ihm und weil er in Ihnen lebt, haben auch Sie Zugang zu all dieser Kreativität. Der Heilige Geist kann Ihnen Ideen geben, die Ihnen nie gekommen wären und er kann Ihnen Wege zeigen, wie Sie Dinge, die Sie sich selbst nicht zugetraut hätten, tun können.

Anstatt auf unseren Schwierigkeiten herumzureiten, sollten wir uns mehr auf die Tatsache konzentrieren, dass Gott für uns ist und seine Kraft in uns arbeitet. Wir geben oft zu schnell auf und sagen: »Das ist zu schwer« oder »Das dauert zu lange«. Wir müssen aufhören, angesichts der Situationen in unserem Leben zu denken: *Ich schaffe es nicht; es ist zu viel für mich. Ich habe es schon zu oft versucht. Ich muss es einfach akzeptieren. Es ist ausweglos. Es wird sich nichts ändern.* Stattdessen sollten wir sagen: »Es ist mir egal, ob sich da für mich ein Weg abzeichnet oder nicht. Jesus ist der Weg. Sein Geist lebt in mir; und ich werde einen Weg finden!« Gott hat uns versprochen, für uns einen Weg in der Steppe zu bereiten und Ströme durch die Wüste fließen zu lassen (siehe Jesaja 43,19).

Jesus sagte in Johannes 14,6: *Ich bin der Weg und die Wahrheit und das Leben.* Er ist der Weg und er wird Ihnen helfen, dort einen Ausweg zu finden, wo es scheinbar keinen gibt. In 1. Korinther 10,13 lesen wir: *Die Prüfungen ... sind nicht über ein für uns Menschen erträgliches Maß hinausgegangen. ... Wenn er euren Glauben auf die Probe stellt, wird er euch auch einen Weg zeigen, auf dem ihr die Probe bestehen könnt* (NGÜ). Anders ausgedrückt, Gott hat immer einen Weg für uns, wenn wir danach Ausschau halten, auf ihn warten und uns weigern, aufzugeben.

Ich frage mich, wie oft Menschen wohl kurz vor dem erhofften Durchbruch und damit kurz vor dem Erfolg aufgegeben haben.

Ich frage mich, wie oft Menschen wohl kurz vor dem erhofften Durchbruch und damit kurz vor dem Erfolg aufgegeben haben.

Vielleicht tut sich zehn Jahre lang nichts, doch eines Tages wachen Sie auf und alles verändert sich. Sie fühlen sich morgens gar nicht anders als an anderen Tagen. Alles erscheint genau so wie sonst. Keine Veränderung lässt sich erahnen und doch verändert sich etwas. Und wenn Sie abends wieder ins Bett gehen, ist Ihr Traum endlich wahr geworden. Die Lebenssituation, mit der Sie so lange leben mussten, ist zu guter Letzt vorüber oder Sie haben das erreicht, wofür Sie jahrelang gearbeitet haben.

Ich kenne eine junge Frau, die früher einmal eine Arbeitsstelle hatte, die sie nicht besonders mochte, und als Single gerne heiraten wollte. Innerhalb eines Monats war sie verlobt und bekam ihren Traumjob. Sie hatte darauf scheinbar eine Ewigkeit gewartet, doch Gott bahnte zur rechten Zeit den Weg. Gottes Wege sind nicht unsere Wege, doch seine Wege sind immer die besten!

Gott hat für Sie einen Plan und er hat auch Ihre Gebete gehört; vielleicht wissen Sie gar nicht, wie kurz Sie vor Ihrem Durchbruch stehen. Auch wenn Sie noch weitere drei, vier oder fünf Jahre warten müssen, wenn Sie dranbleiben, *werden* Sie am Ende den Sieg erleben, den Sie brauchen. Was auch immer Sie vorhaben, geben Sie niemals kurz vor dem erhofften Ziel auf. Hören Sie nicht auf zu hoffen, zu glauben und es zu versuchen. Sagen Sie stattdessen: »Ich werde nie aufhören, ich werde nie aufgeben, ich werde nie wieder sagen: ›Es ist ausweglos.‹«

Drei Hauptthemen

Ich bin in den letzten dreißig Jahren meines Dienstes Tausenden von Menschen begegnet und dabei ist mir aufgefallen, dass die meisten von ihnen besonders in drei Bereichen ihres Lebens herausgefordert sind, sich aber auch am ehesten dafür einsetzen: Gesundheit, Finanzen und Familie. Ich selbst musste mich diesen Bereichen im Laufe der Jahre persönlich stellen und habe großartige Verbesserungen erlebt und Erfolgserlebnisse gehabt.

Wenn Sie bereit sind, die Kämpfe, die Sie in Bezug auf Ihre Gesundheit, Ihre Familie und Ihre Finanzen erleben, durchzustehen, dann werden auch Sie am Ende siegreich sein.

Geben Sie nicht auf, wenn es um Ihre Gesundheit geht

Ich bin erstaunt, wie viele Menschen sich schwach, schlapp oder nicht gesund fühlen. Ich höre oft, wie sich Leute unterhalten: »Oh, ich bin so müde!« Oder: »Ich würde ja gerne das tun, was mir Spaß macht, wenn ich bloß die Energie dazu hätte.« Solch eine träge Einstellung zum Leben ist sicherlich nicht das Beste, das Gott für uns hat! Gott möchte, dass wir uns gut fühlen und voller Leidenschaft und Energie unser Leben genießen und alles tun, wozu er uns berufen hat. Er möchte nicht, dass wir zu ausgelaugt und erschöpft für die Dinge sind, die uns Freude machen und die seine Bestimmung für unser Leben weiter voranbringen.

Auch wenn einige Menschen verschiedene Leiden haben, die medikamentös oder therapeutisch behandelt werden müssen, sind doch viele Gesundheitsprobleme, mit denen die Menschen zu kämpfen haben, stressbedingt. Andere gesundheitliche Probleme treten wiederum auf, wenn Menschen nicht auf sich achten, sich ungesund ernähren, zu wenig Wasser trinken, nicht regelmäßig Sport treiben oder keine Ruhepausen einlegen. Wenn sie ihren Lebensstil nur ein wenig ändern würden, dann würden sich ihre Gesundheit und auch ihre Lebensqualität erheblich verbessern.

In Kapitel 8 werde ich detailliert auf die zehn Jahre eingehen, in denen ich mit verschiedenen Gesundheitsproblemen zu kämpfen hatte. Ich konsultierte seinerzeit viele Ärzte und alle bescheinigten mir, dass meine Probleme auf Stress zurückzuführen waren. Als ich mich dann mit den Themen Ernährung und Sport beschäftigte und lernte, ausgeglichen zu leben und Stress zu reduzieren, verbesserte sich auch meine Gesundheit erheblich. Heute geht es mir besser als vor dreißig Jahren.

Meine Tochter Sandra kann das Gleiche bezeugen. Jahrelang ging es ihr schlecht und sie hatte mit Gesundheitsproblemen zu kämpfen. Viele Probleme resultierten aus dem Stress, den sie sich machte, weil sie perfektionistischer als ein Perfektionist sein wollte. Nach der Geburt ihrer Zwillinge hatte sie große Verdauungsprobleme, litt unter Rückenschmerzen und anderen körperlichen Einschränkungen, sodass sie sogar mehrmals in die Notaufnahme eingeliefert werden musste. Schließlich kam Sandra an einen Punkt, an dem sie tief in ihrem Herzen wusste, dass sie gesund sein und sich gut fühlen könnte. Sie war fest entschlossen, ihren Problemen auf den Grund zu gehen und sie zu lösen. Obwohl sie sehr gewissenhaft und diszipliniert sein musste, weigerte sie sich, die Hoffnung auf gute Gesundheit aufzugeben. Das, was sie über Ernährung und Sport erfuhr, wandte sie bei sich selbst an und achtete darauf, dass sie der durch ihren Perfektionismus hervorgerufene Stress nicht mehr körperlich beeinträchtigte. Es ging ihr stetig besser und sie spürte neue Kraft. Mittlerweile geht es ihr wunderbar und sie erfreut sich bester Gesundheit.

Ich fordere Sie auf, alles Ihnen Mögliche zu tun, damit Sie körperlich gesünder werden. Ändern Sie Ihren Lebensstil, damit es Ihnen besser geht und Sie stärker und aktiver werden. Wenn Sie Ihre Essgewohnheiten ändern sollten, um mehr Früchte und Gemüse und weniger Zucker und Fett zu sich zu nehmen, dann tun Sie es. Wenn Sie mehr Wasser und dafür weniger Limonade trinken sollten, dann fangen Sie damit an. Wenn Sie sich disziplinieren müssen, um jede Nacht auch eine bestimmte Stundenanzahl Schlaf zu bekommen, dann passen Sie Ihren Tagesrhythmus so an, dass der Schlaf, den Sie brauchen, auch seinen Platz darin bekommt. Wenn Sie mehr Sport treiben sollten, treiben Sie mehr Sport.

Setzen Sie sich darüber hinaus einmal mit dem auseinander, was Sie emotional belastet, Ihnen Stress bereitet und Sie körperlich beeinträchtigt. Ihre psychische und emotionale Verfassung beeinflusst auch Ihren Körper. Wenn Sie ein Perfektionist sind, dann leiden Sie vielleicht unter den gleichen Auswirkungen wie

Sandra. Vielleicht treiben die Sorgen Ihren Blutdruck stärker als normal in die Höhe oder Angst und Nervosität beeinflussen Ihr Verdauungssystem. Vielleicht leiden Sie durch Stress und Anspannung unter Kopfschmerzen oder Muskelverspannungen. Ganz gleich worunter Sie leiden, suchen Sie sich Hilfe, damit Sie sich nicht schlecht fühlen und Ihr Körper womöglich einen nachhaltigen Schaden davonträgt.

Wenn Sie ständig müde und abgespannt sind oder sich einfach nicht gut fühlen, konsultieren Sie einen Arzt. Finden Sie heraus, warum Sie sich nicht wohlfühlen und was Sie dagegen tun können. Geben Sie sich nicht mit einer schwachen Gesundheit zufrieden, obwohl vollständige Gesundheit Ihnen nur durch ein paar Veränderungen in einzelnen Bereichen Ihres Lebens wieder zur Verfügung stünde. Tun Sie alles Ihnen Mögliche, damit Sie sich wohlfühlen und aktiv sein können.

Geben Sie nicht auf, wenn es um Ihre Finanzen geht

Es gibt heutzutage so viele Menschen, die in eine Schuldenfalle hineingeraten sind. Sie haben Mühe, am Ende des Monats ihre Rechnungen zu bezahlen, sie fragen sich, wie in aller Welt sie etwas sparen könnten und denken beunruhigt an ihre Altersvorsorge oder an die Finanzierung der Ausbildung ihrer Kinder.

Ich erinnere mich noch genau an die Zeit, als Dave und ich die Kleidung für unsere Kinder auf dem Flohmarkt kaufen mussten und wir Autos fuhren, die so alt waren, dass wir nie wussten, ob sie anspringen würden oder nicht. Am Anfang meines Dienstes konnten wir uns keine Hotelübernachtungen leisten. Deshalb mussten wir nach meinen Diensten immer nach Hause fahren, egal wo ich am Abend gepredigt hatte und egal wie müde wir auch waren. Manchmal waren wir so erschöpft, dass wir rechts ranfahren mussten, um erst einmal für ein paar Stunden am Straßenrand zu schlafen, bevor wir weiterfahren konnten. Ich erinnere mich noch, dass ich einmal Lebensmittel in Dosen kaufte, die ohne Etikett waren, weil sie im Supermarkt im Angebot waren. Ich wusste nie vorher, ob ich eine Dose mit Pfirsichen, grünen Bohnen, Nudelsuppe oder Katzenfutter öffnete, doch diese »Geheimnisdosen« waren so günstig, dass ich sie kaufen musste.

Ich erzähle Ihnen das alles, damit Sie wissen: Ich kenne finanzielle Engpässe. Ich weiß aber auch aus eigener Erfahrung und aufgrund von Beobachtung, wie Gott die finanzielle Situation von unzähligen Menschen wendete. Geben Sie deshalb nicht auf, wenn es um Ihre Finanzen geht. Untersagen Sie es sich zu glauben, dass Sie nie wieder aus den Schulden herauskommen oder nie in der Lage sein werden, Geld zu sparen.

Buchgeschäfte und Büchereien sind voll von Ratgebern, die Ihnen helfen können, der Schuldenfalle zu entkommen und ein kluger Haushalter Ihres Geldes zu werden. Mit Disziplin und Entschlossenheit, guter Beratung und genügend Zeit können Sie Ihre Schulden tilgen, Ihre Einkäufe bar bezahlen, Investitionen tätigen und sogar noch etwas für die Zukunft zurücklegen. Glauben Sie nicht, dass Sie niemals finanziell unabhängig sein können, denn das können Sie. Es mag vielleicht nicht leicht sein, doch Sie können es schaffen.

Geben Sie niemals diejenigen auf, die Sie lieben

Bevor Dave und ich heirateten, bat er Gott, ihm jemanden zu schicken, dem er helfen konnte. Als Gott mich schickte, bekam er mehr, als er erbeten hatte! Aufgrund des Missbrauchs in meiner Vergangenheit hatte ich sehr ernsthafte Probleme. Der Versuch, eine intime Beziehung mit mir einzugehen, wäre für jeden extrem schwierig geworden und ich bin sicher, viele Männer hätten aufgegeben. Doch Dave blieb im Gebet und bat Gott, ihm Wege zu zeigen, wie er mir helfen konnte, auch wenn ich mich so verhielt, als wollte ich keine Hilfe haben. Manchmal weinte er sogar, weil er nicht wusste, was er tun sollte. Er hat erzählt, dass er sogar oft einfach mit dem Auto umherfuhr, um zu beten und zu weinen. Wenn er zurückkam, war er voller Vertrauen zu Gott, dass er mich verändern würde. Nach ein paar Tagen bemerkte er einige

Veränderungen. Ich hatte mich nicht völlig verändert, doch er sah den Fortschritt und das zeigte ihm, dass Gott am Werk war.

Heute bin ich so dankbar für Gottes Treue Dave und mir gegenüber. Er führte mich auf einem beschwerlichen Weg, der mir Heilung und Befreiung brachte. Er lehrte mich, anders zu denken, Menschen zu vertrauen, selbst Liebe anzunehmen und andere zu lieben. Er brachte mir auch bei, nett zu sein, denn ich wuchs mit der Einstellung auf, mich schützen zu müssen, fühlte mich häufig angegriffen und war deshalb oft schroff.

Unser Weg war nicht leicht, doch Dave weigerte sich, mich aufzugeben und wir beide weigerten uns, Gott abzuschreiben. Mittlerweile sind wir mehr als vierzig Jahre verheiratet und ich kann ehrlich sagen, unsere Beziehung ist besser als je zuvor. Auch wenn unsere Anfangsjahre sehr schwierig waren, erlebten wir viele glückliche Jahre und freuen uns auf viele weitere.

Genauso wie Dave, durfte auch ich die Erfahrung machen, jemanden, den ich liebte, nicht aufzugeben. Mein ältester Sohn David und ich waren uns so ähnlich, dass wir es manchmal nicht miteinander aushalten konnten. Er arbeitete bereits in unserem Hilfswerk, als wir beide so scharf aneinandergerieten, dass ich mich letztlich dazu entschloss, ihn zu bitten, sich einen anderen Job zu suchen. Ich wollte ihm nicht kündigen, doch ich glaubte nicht, den Konflikt, der unsere Beziehung bestimmte, aushalten zu können. Ich nahm mir vor, mit ihm zu reden und ihm mitzuteilen, dass sein Einsatz in unserem Werk einfach nicht funktionierte, doch Gott sprach zu meinem Herzen: *Gib David nicht auf.*

Im Laufe der Zeit kamen David und ich immer besser miteinander aus. Mittlerweile leitet er unsere Abteilung für Weltmission, hat im Ausland achtzehn Büros für uns eröffnet und beaufsichtigt zahlreiche, internationale Missionseinsätze. Ich bin für seine gute Arbeit sehr dankbar und freue mich, dass Gott mich aufgefordert hat, ihn nicht aufzugeben.

Wenn Sie in der Versuchung stehen, jemanden, den Sie lieben, aufzugeben, dann denken Sie an David und mich. Dave weigerte sich, mich aufzugeben und ich weigerte mich, David aufzugeben. Ganz gleich ob Sie hoffen, dass einer Ihrer Lieben

Christ wird, sein Verhalten ändert, eine ungute Beziehung abbricht, aufhört, Drogen zu nehmen, wieder zur Schule geht, nach Hause kommt oder eine Arbeitsstelle bekommt – Veränderung ist möglich. Halten Sie daran fest. Geben Sie diejenigen, die Sie lieben, nicht auf. Vielleicht ist es Ihre geduldige Liebe und Treue, die sie dazu veranlassen werden, eine völlige Kehrtwende zu machen.

Die Liebe hört niemals auf. Anders gesagt, sie gibt einen Menschen niemals auf. Der Apostel Paulus beschreibt in 1. Korinther 13, was Liebe ist und erwähnt hier, dass Liebe immer das Beste annimmt. Sie ist positiv und voller Glaube und Hoffnung. Als Jesus auf der Erde war, gab er seinen Nachfolgern ein neues Gebot: Wir sollen einander lieben (siehe Johannes 13,34). Ich glaube, solch ein Leben in Liebe sollte das Hauptziel eines jeden Christen sein.

Gott ist Liebe (1. Johannes 4,8) und er gibt uns niemals auf. Lassen Sie uns gemeinsam die Entscheidung treffen, mit der gleichen Einstellung zu leben. Glauben Sie an die Macht der Liebe, die alles und jeden verändern und umwandeln kann.

Allen Widrigkeiten zum Trotz

Wenn ich an Menschen denke, die nie aufgegeben haben, denke ich an meine Freundin Pennie Sheperd. Ihre Geschichte ist der bemerkenswerte Bericht über eine Frau, die in ihrem Leben ein unglaubliches Wunder der Heilung und der Gnade Gottes erlebt hat, weil sie unbedingt ihr Ziel erreichen wollte.

Als Pennie Sheperd dreizehn Jahre alt war, stürzte sie und brach sich das Steißbein. Noch Jahre nach dem Unfall litt sie unter chronischen Schmerzen. Immer wenn sie morgens aufstand, fühlte sie sich, als hätte ihr jemand ein Messer in den Rücken gerammt. Als sie verheiratet war, gab es Zeiten, in denen ihr Mann ihr aus dem Bett helfen musste. Sie konnte nicht lange stehen oder sitzen und sich auch nicht vornüberbeugen, um sich die Haare im Waschbecken zu waschen. Sie schlief mit Kühlkissen oder Heizkissen oder Bergen von Kopfkissen, doch nichts schien ihr zu helfen. Sie schöpfte jede Möglichkeit aus, um ihrem Leiden zu entkommen. An manchen Tagen war sie völlig überfordert und zu anderen Zeiten so deprimiert, dass sie dachte: *Wie soll ich das nur noch einen Tag länger ertragen?*

Pennies Ärztin, Caroline Rogers, diagnostizierte eine posttraumatische Arthritis und ein degeneratives Wirbelsäulenleiden. Das führte zu Haltungsschwächen, die wiederum körperliche Probleme verursachten, die sie vorher nicht gehabt hatte. Sie war in einem Kreislauf des Schmerzes und des Leidens gefangen und es gab kein Entrinnen – außer natürlich, ein Wunder würde geschehen.

Pennie liebte Gott und glaubte von ganzem Herzen, dass er sie heilen könne. Sie besaß den Glauben, dass jeder Tag die Möglichkeit beinhaltete, der Tag ihrer übernatürlichen Heilung zu sein. Deshalb bat sie Gott tagein, tagaus, jahrein, jahraus um ein Wunder.

Eines Tages, während Pennie betete, hörte sie folgende Worte in ihrem Inneren: »Lauf zu deinem Wunder.« Diese Worte machten für sie keinen Sinn, denn sie war noch nie eine Läuferin gewesen. Sie mochte Laufen überhaupt nicht und sie hatte so große Schmerzen, dass sie es noch nicht einmal versuchen wollte. Doch als Gott zu ihrem Herzen sprach: »Lauf zu deinem Wunder«, ging sie darauf ein.

Die größte Strecke, die sie sich vorstellen konnte zu laufen, war ein Marathon, also 42,195 Kilometer! Mit der Unterstützung ihrer Familie und der Einwilligung ihrer Ärztin, die ihr anbot, sie zu trainieren und mit ihr zu laufen, begann sie mit dem – sowohl für ihren Körper als auch für ihre Psyche – äußerst strapaziösen Vorbereitungstraining.

Die nächsten vier Monate zwang sich Pennie trotz der Schmerzen, für den Marathon zu trainieren. An jedem Tag der Woche folgte sie einem genauen Ernährungsplan sowie einem strengen Trainingsprogramm. Schließlich stand sie sogar um drei Uhr nachts auf, um die Joggingroute vor Beginn ihres vollen Arbeitstages und all der familiären Verpflichtungen laufen zu können.

Nach ein paar Monaten des Trainings waren die Schmerzen bei Pennie immer noch so stark wie zuvor. Deshalb betete sie weiterhin über ihrer Teilnahme am Marathon, um sicherzugehen, dass der Schmerz nicht ein Hinweis war, mit dem Training aufzuhören. Sie wollte an der Startlinie mit der Gewissheit stehen, alles getan zu haben, wozu Gott sie aufgefordert hatte.

Der Tag des Marathons kam näher und nur zwei Wochen vor dem Wettlauf bekam sie starke Knieprobleme. In der Nacht vor dem Marathon konnte sie kaum in ihrem Hotelzimmer umhergehen. Sie glaubte immer noch, dass Gott zu ihr gesprochen hatte und sie trotz der Schmerzen weitermachen sollte. Sie war fest entschlossen, an der Startlinie zu stehen. Sie sagte: »Ich werde es bis zum Start schaffen, auch wenn mich jemand dorthin tragen muss.«

Ihr Mann und ihre Töchter unterstützten sie bei ihrem Vorhaben am meisten und schrieben ihr Bibelverse und Mut machende Worte auf Hände und Arme. Noch vor Sonnenaufgang an diesem Tag des Marathons humpelte sie im wahrsten Sinne des Wortes mit Dr. Rogers an der Seite zur Startlinie. Sie wusste, sie war genau dort, wo sie sein sollte. Sie würde zu ihrem Wunder laufen!

Als sie am Start stand und kaum noch gehen konnte, drehte sie sich zu Dr. Rogers um und rief: »Mein Rücken tut gar nicht weh! Mein Rücken tut gar nicht weh!« Seit 28 Jahren hatte sie dies nicht mehr sagen können. Ihr Knie tat ihr zwar furchtbar weh, aber ihr Rücken schmerzte nicht!

Dr. Rogers schlug vor, den Lauf gehend zu beginnen, um warm zu werden und zu sehen, wie das Knie reagierte. Nachdem sie circa zwei Kilometer hinter sich gebracht hatten, sagte Pennie zu Dr. Rogers: »Ich glaube, jetzt kann ich laufen.«

Den gesamten Wettlauf hindurch erlebte sie große Unterstützung. Eine Gruppe von Freunden betete für sie während der sieben Stunden, die sie laufen musste. Ihr Mann und ihre Töchter waren sowohl an der Startlinie als auch an den verschiedenen Zwischenstationen, um ihr Mut zu machen und sie zu unterstützen.

Bei Kilometer 22 waren Dr. Rogers und Pennie sechsunddreißig Sekunden zu langsam angesichts der zugelassenen Höchstzeit von sieben Stunden, und das bedeutete, dass der »Besenwagen« sie einsammeln und zur Ziellinie bringen würde, wenn sie die Zeit nicht aufholten. Doch Pennie gab alles.

Bei Kilometer 37 hatte sie so große Schmerzen, dass ihre Töchter mit ihr liefen und ihr rechts und links unter die Arme griffen, um sie zu stützen. Pennie passierte die Ziellinie nach ungefähr sieben Stunden.

Bei einer »Das Leben genießen«-Sendung sagte sie: »Vor dem Lauf hatte ich immer vor Augen, dass ich die Ziellinie passieren und mein Wunder erleben würde. Doch ich wurde nicht am Ziel geheilt. Ich erlebte mein Wunder am Start. Ich musste nur antreten. Man muss keinen Marathon laufen, um ein Wunder zu erleben. Ich für meinen Fall musste gehorsam und entschlossen sein.«

Pennie Sheperd ist eine Frau, die hätte sagen können: »Nie im Leben!« Doch mit Gottes Hilfe und der Unterstützung ihrer Familie und Freunde und mit einer »Schluss mit nie im Leben«-Einstellung gab sie nicht auf. Pennies Wunder geschah im Januar 2004 und sie ist noch heute gesund.

Ziele setzen

Suchen Sie die Gemeinschaft mit Gott und entscheiden Sie sich dann für ein Ziel, bei dem sich Ihr Einsatz lohnt.

Denken Sie einmal an einen Bereich in Ihrem Leben, in dem es für Sie wichtig ist, nicht aufzugeben. Setzen Sie sich ein Ziel, eines, das Ihnen zwar Disziplin abverlangt und für das Sie Hürden nehmen müssen, doch das Ihnen am Ende eine große Belohnung verspricht.

Vielleicht ist es so etwas Grundlegendes wie jeden Morgen das Bett zu machen oder so etwas Ambitioniertes wie einen Marathon zu laufen oder den Mount Everest zu besteigen. Vielleicht müssen Sie sich von Flugangst befreien oder von der Furcht, öffentlich zu sprechen. Vielleicht müssen Sie auch eine körperliche Beeinträchtigung oder eine Lernschwäche überwinden. Vielleicht müssen Sie Ihr Haus besser sauber halten oder aus den Schulden herauskommen.

Sollten andere Leute Ihr Ziel nicht für wichtig erachten, dann ist das eben so. Wenn es für Sie ein gutes Ziel ist, dann behalten Sie es im Auge. Möglicherweise glauben manche Menschen, es sei nicht erreichbar. Lassen Sie sich nicht von ihnen entmutigen! Wenn Sie überzeugt sind, dass Gott und Sie an einem Strang ziehen, verfolgen Sie Ihr Ziel mit ganzer Kraft.

Beim Lesen des Buches, werden Sie feststellen: Eine Belohnung wartet auf die, die überwinden. Ich bete, dass Gott Ihnen hilft, voller »heiliger Entschlossenheit« zu sein, nicht voller Eigensinn oder eigener Willenskraft, sondern Entschlossenheit, die von Gott kommt. Ich ermutige Sie zu beten und fest entschlossen zu sein, in jedem Bereich Ihres Lebens diszipliniert und fleißig zu sein. Auf diese Weise werden Sie die Hürden überwinden und den hart erkämpften Sieg genießen. Packen Sie das Leben an, und zwar einen Tag nach dem anderen. Vergessen Sie nicht: Gott hält eine Belohnung für Sie bereit, die Sie nicht verpassen dürfen!

Gehen Sie klug an die Sache heran

Viele Menschen erreichen ihre Ziele nicht, weil sie nicht wissen, wo und wie sie Ziele stecken sollen. Doch wenn Sie diese dem folgenden Fünf-Punkte-Test unterziehen, können Sie lernen, erreichbare Ziele festzulegen.

Fünf-Punkte-Test:

Sind meine Ziele ...

1. präzise
2. messbar
3. erreichbar
4. realistisch
5. zeitnah

Ich möchte das genauer ausführen:

1. Präzise:
Vergewissern Sie sich, dass Ihr Ziel so präzise und genau wie möglich ist. Sagen Sie zum Beispiel nicht nur: »Ich möchte abnehmen.« Sagen Sie: »Ich möchte in den nächsten drei Monaten fünf Kilo abnehmen.« Immer, wenn Sie ganz vage über Ihre Ziele sprechen, hinterfragen Sie sich einmal: »Was meine ich konkret damit?« Bald schon werden Sie Dinge anders formulieren: »Ich werde um halb zehn den Fernseher ausschalten und bis zehn Uhr im Bett sein«, anstatt so etwas zu sagen wie: »Ich muss unbedingt weniger fernsehen und früher ins Bett gehen.«

2. Messbar:
Ziele, die nur schwer messbar sind, sind auch schwer erreichbar. Bevor Sie sich einem Ziel gegenüber verpflichten, überlegen Sie, wie Sie Ihre Fortschritte überprüfen können. Wenn Sie zum Beispiel Ihre Schulden abbauen wollen, können Sie anhand Ihres Kontoauszuges feststellen, ob Sie Ihrem Ziel näher gekommen sind. Wenn es um körperliche Fitness geht, können Sie Ihre Fortschritte eindeutig anhand der gelaufenen Kilometer oder der gestemmten Gewichte erkennen. Was auch immer Ihre Ziele sind, suchen Sie sich Wege, wie Sie Ihre Fortschritte überprüfen können, sei es anhand einer Auflistung, einer Checkliste, einer Tabelle, einer Grafik, einer Kalkulation oder was auch immer Ihnen einfällt.

3. Erreichbar:
Vergewissern Sie sich, dass das Ziel wirklich erreichbar ist. Sagen Sie nicht, Sie wollen in einer Woche fünfzehn Kilo abnehmen oder alle Ihre Schulden in einem Jahr abbezahlen, wenn Ihre Schulden höher sind als Ihr Jahreseinkommen. Wählen Sie Ziele, die nur ein wenig außerhalb des Erreichbaren liegen. Sie dürfen nicht zu niedrig angesetzt sein, damit Sie auch gefordert werden, dürfen aber nicht dermaßen schwer umzusetzen sein, dass sie zur Zerreißprobe werden.

4. Realistisch:

Ich glaube, es ist gut, große Träume zu haben und die Ziele hoch zu stecken. Sie müssen jedoch auf Enttäuschungen gefasst sein, wenn Ihre Ziele unrealistisch sind. Ziehen Sie alle Faktoren mit in Betracht, die Einfluss darauf haben, ob Sie Ihre Ziele erreichen können und handeln Sie innerhalb dieses Rahmens. Achten Sie darauf, dass Ihre Ziele auch unter Berücksichtigung Ihrer gesundheitlichen, finanziellen und persönlichen Lage sowie Ihrer zeitlichen und anderen Kapazitäten realistisch sind.

5. Zeitnah:

Menschen, die sich für das Erreichen ihrer Ziele keinen zeitlichen Rahmen setzen, erreichen diese nur selten. Setzen Sie sich Fristen, bis wann Sie Ihre Pläne umgesetzt haben wollen. Wenn Sie ein langfristiges Ziel haben, setzen Sie sich wöchentliche oder monatliche Zwischenziele, damit Sie auf dem Weg bleiben.

Er prägte diesen Satz

Vielleicht kennen Sie ihn als einen der erfolgreichsten Politiker, der jemals auf der Weltbühne stand oder als einen der angesehensten Staatsmänner aller Zeiten, doch wissen Sie auch, was der ehemalige britische Premierminister Winston Churchill durchgemacht hat, bevor er zu einer derartigen Größe wurde?

Winston Leonard Spencer Churchill kam als Frühgeburt zwei Monate vor dem erwarteten Geburtstermin am 30. November 1874 zur Welt. Er wurde in eine bedeutende englische Familie hineingeboren, doch seine Eltern hatten keine Zeit für ihn. Seine Mutter stillte ihn nicht, sondern überließ ihn als Säugling der Fürsorge einer Amme. Als er älter wurde, kümmerte sich ein Kindermädchen um ihn, während seine Mutter ihren gesellschaftlichen Verpflichtungen nachkam. Sein Vater war ein vielbeschäftigter, führender Politiker und zeigte nie wirkliches Interesse an ihm.

Churchill hatte ein schwieriges Leben, voller Herausforderungen, Aufruhr, Widerstand und Beinahezusammenstößen. Seine Eltern schickten den vernachlässigten Jungen als Kind auf ein Internat. Seine akademischen Leistungen waren nie herausragend (außer in Englisch und Geschichte) und auch gesellschaftlich tat er sich nicht besonders hervor. Er hatte einen Sprachfehler (den er nie ganz verlor), fand nur schwer Freunde und kam mit anderen nicht gut aus. Später einmal erzählte er Geschichten über Kricketbälle, denen er ausweichen musste, weil seine Mitschüler sie nach ihm warfen. Im Alter von neunzehn Jahren ertrank er fast bei einem Unfall im Genfer See und mit siebenundfünfzig Jahren wurde er von einem Auto in New York City angefahren.

Als Absolvent des Royal Military College diente der kleine, untersetzte und schüchterne Churchill als junger Mann bei der britischen Armee. In der Zeit erlebte er Gefechte, nahm an Angriffen zu Pferde teil, bereiste Europa, Afrika, Kuba und Indien und schrieb Zeitungsartikel und Bücher.

Mit vierundzwanzig Jahren schied Churchill aus dem Militärdienst aus und schlug eine journalistische und politische Laufbahn ein. Er bemühte sich um einen Sitz im Parlament, doch verlor die Wahl. Danach reiste er als Journalist nach Südafrika, um dort über den Burenkrieg zu berichten, wurde aber gefangen genommen und ins Gefängnis geworfen. Es gelang ihm zu fliehen und diese Flucht machte ihn zu einem Militärhelden, als er 1900 nach England zurückkehrte. Im selben Jahr kandidierte er wieder für das Parlament und bekam dort mit einem kleinen Vorsprung einen Sitz.

1940 wurde Churchill Premierminister und bewies in dieser Position exzellente, Führungsqualitäten, war couragiert und traf strategisch kluge Entscheidungen, durch die er Großbritannien im Zweiten Weltkrieg vor der sicheren Niederlage rettete und zum Sieg führte.

Als er 1941 die Schule, an der er als junger Mann unterrichtet worden war, wieder besuchte, soll seine Rede, wie fälschlicherweise berichtet wird, nur aus den drei Worten »Gib niemals auf« bestanden haben, bevor er sich wieder auf seinen Platz setzte. Doch tatsächlich hat Churchill eine längere Rede gehalten, in der er auch Folgendes sagte: »Lerne die Lektion: Gib niemals, niemals, niemals, niemals, niemals, niemals auf, weder in großen noch in kleinen, weder in bedeutenden noch in geringfügigen Dingen, außer aus ehrenvoller Überzeugung oder Vernunft. Beuge dich niemals der Gewalt; beuge dich niemals der scheinbar übermächtigen Stärke des Feindes.«

Ich ermutige Sie heute genau so, wie Churchill 1941 die Schüler ermahnte: »Was Sie auch tun, geben Sie nicht nach und geben Sie niemals, niemals, niemals auf.«

KAPITEL 2

Geben Sie sich selbst nicht auf

»Mit Ausdauer erreichte auch die Schnecke die Arche.«
Charles Haddon Spurgeon

Einmal nahm ein Bauer ein Ei aus einem Adlerhorst. Er nahm es mit nach Hause und legte es unter eine Henne, die es gemeinsam mit ihren Hühnereiern ausbrütete. Der Bauer zog den Vogel mit großer Geduld auf und versuchte, ihn zu zähmen. Es schien, als ob der Adler sich den Hühnern gar nicht anpassen konnte. Er war immer für sich; offensichtlich konnte er sich mit den Hühnern weder verständigen noch identifizieren

Als der Adler größer wurde, bemerkte er, dass ganz tief in ihm etwas nicht stimmte. Auch wenn er nichts anderes als ein Leben auf dem Hühnerhof kennengelernt hatte, fühlte er sich hier nicht zu Hause. Er wollte den Hühnerhof hinter sich lassen und in den Himmel hinaufsteigen. Genau das versuchte er auch und schließlich musste der Bauer die Flügel des Adlers stutzen, damit er nicht wegfliegen konnte.

Da der Adler nicht fliegen konnte, saß er nur im Hühnerhof herum und schaute in den Himmel. Eines Tages braute sich ein Sturm zusammen, der Himmel verdunkelte sich und all die Bauernhoftiere rannten hin und her, um Schutz zu finden. Die Hühner hatten furchtbare Angst, so wie Hühner halt sind. Der Adler saß nur da, beobachtete das Treiben und bemerkte, dass ihn der Sturm überhaupt nicht beunruhigte.

In dem Augenblick konnte er nicht anders, er musste seine Flügel ausbreiten und während er das tat, bemerkte er, dass der

Bauer vergessen hatte, sie zu stutzen. Plötzlich erblickte er über sich einen großen Adler, der mit ausgebreiteten Flügeln majestätisch auf dem Wind ritt.

Der Adler, der als Huhn aufgewachsen war, schaute sich wieder die Hühner an, die kopflos hin und her rannten und richtete dann wieder seinen Blick auf den Adler, der ganz ruhig über ihm durch die Luft segelte, schaute wieder auf die Hühner und dann noch einmal auf den Adler. Er hörte, wie der Adler einen beeindruckenden, durchdringenden Schrei von sich gab. Und mit einem Mal wusste er, er musste von diesem Hühnerhof verschwinden! Eine starke Windböe fegte unter seine ausgebreiteten Flügel und hob ihn hinauf in die Lüfte. Und mit einem schrillen Schrei des Sieges und der Freiheit ließ er den Bauernhof für immer zurück.

Sie haben das Herz eines Adlers

Ich habe Ihnen die Geschichte vom Adler im Hühnerhof erzählt, um Sie neu zu ermutigen, sich selbst nicht aufzugeben. Ich hoffe, dass sich dadurch tief in Ihrem Inneren etwas regt, etwas, das Ihnen hilft, alle Hindernisse, die sich Ihnen in den Weg stellen, zu meistern. Seien Sie die Person, die Sie sind und treffen Sie mutig die Entscheidung, sich von allem zu trennen, was Sie davon abhält, Ihre wahre Größe zu erreichen – denn dafür wurden Sie geschaffen.

Fühlen Sie sich manchmal wie ein Adler auf dem Hühnerhof? Sie wissen, dass in Ihnen viel mehr steckt als das, was Sie jetzt gerade in Ihrem Leben tun und erleben.

Fühlen Sie sich manchmal wie ein Adler auf dem Hühnerhof? Sie wissen, dass in Ihnen viel mehr steckt als das, was Sie jetzt gerade in Ihrem Leben tun und erleben. Sie wissen, dass Gott eine große Berufung für Ihr Leben hat und Sie können den inneren Drang, dieses »mehr« auszuleben, nicht unterdrücken oder ignorieren. Doch wissen Sie auch, dass Sie hart arbeiten, Risiken eingehen, Einsamkeit aushalten, Dinge zurücklassen und schwierige Entscheidungen treffen müssen? Dass Sie vielleicht missverstanden und von anderen verurteilt oder sogar kritisiert werden, damit Sie auch wirklich das, was Gott für Ihr Leben bestimmt hat, in seinem ganzen Umfang erleben und genießen können?

Wissen Sie, jeder Adler fühlt sich auf einem Bauernhof unwohl. Alle Adler sehnen sich nach klarer Luft und einem blauen, weiten Himmel. Wenn Sie an einem Ort leben, der Sie davon abhält, die Person zu sein, die Sie sein sollten und das zu tun, was Sie tun sollten, dann werden Sie sich auch unwohlfühlen. Wenn der Gedanke in Ihrem Kopf und Ihrem Herzen Wurzeln schlägt, sich über das hinauszuentwickeln, was Sie kennen, wenn der Same der wahren Größe in Ihnen anfängt zu wachsen, wenn Sie ein brennendes Verlangen spüren, aus Altem herauszutreten, wenn Sie sich nach Abenteuer sehnen und etwas Neues oder anderes machen wollen, dann nehmen Sie diese Empfindungen ernst. Fangen Sie an, entsprechend zu handeln. Doch seien Sie sich auch darüber im Klaren, dass die Menschen um Sie herum Ihre Sehnsucht, aus der Umzäunung auszubrechen, nicht unbedingt nachvollziehen können. Vielleicht wollen sie Ihnen die Flügel stutzen oder sagen sogar: »Nun beruhige dich mal und sei wie die anderen Hühner. Sieh mal hier, diesen schönen Hühnerhof mit all den leckeren Würmern und Maden. Was soll es schon Besseres geben?«

Solche Kommentare und Fragen verunsichern Sie möglicherweise: *Was stimmt nicht mit mir? Warum denke ich so, wie ich denke? Warum fühle ich so, wie ich fühle? Warum beruhige ich mich nicht einfach und lebe ein ganz normales Leben, wie all die anderen?* Es gibt einen Grund, warum Sie nicht zur Ruhe kommen: Sie sind kein Huhn, Sie sind ein Adler! Sie werden sich *nie* auf diesem Hühnerhof zu Hause fühlen, denn Sie sind zu Höherem geschaffen, zu etwas Schönerem, das Sie erfüllt.

Ich ermutige Sie heute, diese Flamme in Ihnen anzufachen, und zwar so lange, bis sie lichterloh brennt. Geben Sie den Gedanken nicht auf, für etwas Bedeutendes geschaffen worden zu sein. Versuchen Sie nicht, Ihre Einzigartigkeit zu verbergen und hören Sie auf zu glauben, Sie könnten das nicht tun, wozu Sie Ihrer Meinung nach bestimmt sind. Ihren Hunger nach Abenteuer hat Gott Ihnen gegeben. Es ist eine wunderbare Sehnsucht, etwas Neues ausprobieren zu wollen. Und Sie wurden dazu geschaffen, das Leben mit Schwung anzupacken und Höheres anzustreben. Sie sind ein Adler!

Wie ein Adler

Der Adler ist eines der besten Beispiele in der Natur für Stärke, Ausdauer und Entschlossenheit. Er ist ein Vogel, dem man seine Bestimmung niemals streitig machen kann, einer, der niemals aufgibt. Wenn Sie und ich unseren Lebensweg gehen und dabei fest entschlossen bleiben, niemals aufzugeben, können wir einige Lektionen von diesem kraftvollen und majestätischen Vogel lernen.

Adler und Hühner haben nur eine Sache gemeinsam: Sie sind beide Vögel. Davon abgesehen könnten sie gar nicht unterschiedlicher sein! Ich habe schon häufig darüber gesprochen, dass unterschiedliche Vogelarten mich oft an die unterschiedlichen Typen von Christen erinnern, die ich im Reich Gottes beobachtet habe. Gewisse Wesenszüge dieser Vögel gleichen denen mancher Leute und ich glaube, wenn Sie dies gelesen haben, werden Sie wissen, was ich meine.

Das Huhn

Zuerst kommen die Hühner dran. Hühner sind im Allgemeinen sehr schreckhaft und haben Angst vor dem Leben. Sie sind träge und schöpfen selten ihr Potenzial voll aus. Hühner auf einem Hof scharren gackernd vor sich hin. Wir sehen Hühner niemals fliegen, denn sie flattern nur; sie können nicht fliegen. Sie müssen innerhalb eines Zauns leben und tun das auch gerne. Sie können mit Freiheit nicht umgehen. Sie müssen auf einem Hühnerhof gehalten werden. Wie Sie schon in der Geschichte am Anfang des Kapitels gelesen haben: Wenn ein Sturm aufzieht, dann flattern die Hühner sofort hin und her, wirbeln jede Menge Staub auf und rennen in den Hühnerstall, um sich dort mit den anderen Hühnern voller Furcht zusammenzudrängen. Auf dem Weg dorthin versuchen sie schnell noch eine Made aufzupicken.

Christen, die »herumflattern« und »in den Hühnerstall rennen«, sobald sich Schwierigkeiten abzeichnen, leben nicht das siegreiche Leben, das Jesus uns durch seinen Tod ermöglicht hat. Wir müssen aufhören, vor den Dingen wegzulaufen, besonders vor den Stürmen des Lebens. Wir sind mehr als Überwinder (siehe Römer 8,37). Wir können uns immer voll und ganz auf Gott verlassen und mitten im Sturm ruhig bleiben. Gott hat uns dazu berufen und befähigt, zu *überwinden* und nicht dazu, ängstlich und furchtsam zu sein.

Die Elster

Die Elster ist ein überaus aggressiver Tyrann, der andere Vögel misshandelt. »Elster-Christen« drängen für gewöhnlich andere von Gott weg, sind selbstsüchtig, arrogant, egozentrisch, ja manchmal sogar schon unverschämt. Diese rauen und aufdringlichen Christen sorgen für viel Respektlosigkeit gegenüber dem Reich Gottes und bringen die anderen Christen in Verruf.

Der »Lachende Hans«

Für den »Lachenden Hans« ist das Leben eine einzige Party, ein großer Spaß. »Lachender-Hans-Christen« sind diejenigen, die nichts ernst nehmen und über alles lachen (auch wenn es total unangemessen ist). Sie sind nicht sensibel für das, was um sie herum geschieht und sie verwunden, verletzen und beleidigen oft andere.

In der Bibel steht, wir sollen nüchtern und besonnen sein (siehe 1. Petrus 1,13). Das bedeutet nicht, dass wir keinen Spaß haben dürfen. Es geht vielmehr darum, darauf zu achten, was um uns herum geschieht. Es ist wichtig, sensibel zu sein und uns bewusst zu machen, dass es passende und auch unpassende Momente für bestimmte Geschichten, Witze oder bestimmtes Verhalten gibt.

Der Geier

Wir wissen, dass die Geier die Müllsammler im Reich der Vögel sind. Sie fühlen sich zum Tod und zum Schmutz hingezogen. Diese Vögel genießen die Zerstörung und den Schmutz des Lebens, alles, was verdorben und faul ist und stinkt.

Der »Geier-Christ« fühlt sich zu Menschen mit Problemen hingezogen. Er liebt es zuzuschauen, wie Menschen leiden und versagen. Er zerreißt sich seinen Mund über sie und zerstört damit Existenzen. Er verbreitet Gerüchte und es scheint so, als würde er sich insgeheim freuen, wenn er den Ruf oder den Dienst einer Person zerstört.

Der Papagei und der Kakadu

Der Papagei und der Kakadu sind die großen »Redner« im Reich der Vögel. »Papageien-Christen« sind diejenigen, die zwar ununterbrochen reden, aber selbst wenig tun. Auf den ersten Blick scheinen sie mehr zu wissen, als es tatsächlich der Fall ist, denn sie haben nur gelernt, das, was sie gehört haben, zu wiederholen und das zu imitieren, was andere sagen. Vielleicht haben sie auf intellektueller Ebene Kenntnisse über Gott, doch sie haben keine persönliche Beziehung zu ihm. Sie machen viel Lärm, dem keine Taten folgen und erzählen viel, ohne auf eigene Erfahrungen zurückgreifen zu können.

Der Kuckuck

Der Kuckuck arbeitet nicht gerne und lässt sich lieber von anderen aushalten. Dieser Vogel baut noch nicht einmal sein eigenes Nest. Er schaut sich nach einem Nest um, das ein anderer Vogel bereits gebaut hat, legt dort seine Eier hinein und lässt seine Jungen von anderen Vögeln großziehen!

Bedauerlicherweise gibt es solche Kuckucke auch in unseren heutigen Gemeinden. Sie existieren lediglich auf Mitgliedslisten und wollen sich nicht einsetzen. Manchmal sind sie noch nicht einmal wiedergeboren, verhalten sich aber religiös. Sie sind Trittbrettfahrer und hängen sich an den Glauben anderer Leute an. Sie genießen die Vorzüge des Christseins, ohne sich selbst zu investieren.

Der Pfau

Wenn Sie schon einmal einen Pfau gesehen haben, wissen Sie, dass er gerne herumstolziert, als würde ihm die ganze Welt gehören. »Pfau-Christen« sind grell, prahlerisch, übertrieben ehrgeizig, weltlich, stolz, sehr selbstverliebt und beeindruckt von sich selbst. Sie haben große Egos und fühlen sich anderen überlegen. Sie brüsten sich mit allem: mit ihrer Kleidung, ihrem Auto, ihrem Schmuck und was ihnen sonst noch gehört. Aber sie sind selbstsüchtig und haben nur wenig bis gar nichts für Menschen in Not übrig.

Der Pelikan

Der Pelikan ist ein großer, fideler Vogel, der sich nur fürs Essen interessiert. Er sucht nach allem, was er finden kann, um seinen Bauch zu füllen.

»Pelikan-Christen« verhalten sich ebenso. Sie haben einen riesengroßen Appetit und Hunger nach dem Wort Gottes. Sie könnten zu geistlichen Riesen werden, doch sie geben sich damit zufrieden, vor dem Fernseher auf dem Sofa zu sitzen, sich mit ungesundem Essen vollzustopfen und ihr geistliches Leben zu ignorieren. Sie überlassen anderen die Aufgabe eines geistlichen Leiters, die sie selbst mit Leichtigkeit ausfüllen könnten, wenn sie sich nur ein wenig anstrengen würden.

Der Kanarienvogel

Kanarienvögel und auch andere Käfigvögel sind meistens sehr schöne Vögel, die zwar großes Potenzial haben, doch ihr Leben hinter Käfiggittern verbringen. Es scheint so, als würden sie ihr eigenes Gefängnis, in dem sie leben, gar nicht bemerken und singen darin auch noch!

»Kanarien-Christen« sind diejenigen, die sich fröhlich ihrem Leben innerhalb des eigenen »Käfigs« ergeben, sei es, weil sie damit zufrieden sind oder, sei es, weil es ihnen nicht auffällt. Vielleicht sind sie in religiösen Traditionen gefangen, in einem kraftlosen Gebetsleben oder in einer Gemeinde, die ohne Leben ist. Vielleicht fühlen sie sich minderwertig oder unsicher oder haben andere Probleme, die sie davon abhalten, die Freiheit und die Freude zu genießen, die ihnen in Gott zur Verfügung stehen. Sie weigern sich auszubrechen und können daher nie das Leben in seiner ganzen Fülle erfahren.

Die Krähe

Wenn Sie schon einmal auf einem Bauernhof waren oder Bauernhofgeschichten gelesen haben, wissen Sie, dass dort Vogelscheuchen auf die Felder gestellt werden. Krähen müssen verscheucht werden, weil sie Schaden bei der Ernte verursachen. Diese dreckigen, lauten Tiere fressen, was anderen gehört, vermindern das Einkommen des Bauern und vernichten den Ertrag seiner Arbeit. Krähen lieben es auch, die Nachkommen anderer zu vernichten.

Sie sind durchtrieben und gefährlich und suchen nur ihren eigenen Vorteil. Für sie zählen lediglich ihre eigenen Wünsche und sie suchen gierig ihre eigene Befriedigung.

»Krähen-Christen« finden Gefallen daran, andere zu verletzen und handeln zerstörerisch. Es macht ihnen gar nichts aus, den Ruf eines Pastors zu ruinieren oder eine Gemeinde in zwei Lager zu teilen. Sie gehören zu den durchtriebensten und gefährlichsten Menschen in der Gemeinde.

Es ist interessant, dass die Krähen einen Großteil ihrer Zeit damit verbringen, den Adlern das Leben schwer zu machen. Wenn Sie ein »Adler-Christ« sein wollen, worüber ich im nächsten Abschnitt schreiben werde, dann stellen Sie sich darauf ein, von den Krähen im Reich Gottes belästigt zu werden.

Der Adler

Den Adler findet man inmitten der anderen Vögel. Adler sind mutig, stark und ausgesprochen hingebungsvoll, doch sie haben auch noch andere wunderbare Wesenszüge. Charles Prestwich Scott hat es sehr treffend beschrieben: »Adler gibt es in allen Formen und Größen, doch man erkennt sie hauptsächlich an ihrer inneren Einstellung.« Zu den vortrefflichen Eigenschaften eines Adlers gehören seine Loyalität, seine Hingabe und seine Verlässlichkeit, auch in der Partnerschaft. In seiner Elternrolle geht er voll und ganz auf. Ein Adler hat einen scharfen, durchdringenden Blick und weiß, wie er die thermalen Strömungen der Erde optimal zum Fliegen nutzen kann. Dieser Vogel lebt auf den höchsten Felsen und hat genug Selbstvertrauen, alleine zu fliegen und wenn es notwendig ist, auch alleine zu leben. Er widersetzt sich dem Sturm, indem er seine Flügel ausbreitet und einfach über die Wolken und Stürme der Zerstörung hinwegsegelt.

Adler oder Huhn?

Über die Jahre habe ich viele Menschen kennengelernt, die sich zwar für Hühner halten, aber Adler sind. Das ist ein echtes Problem, denn Adler, die sich für Hühner halten, benehmen sich auch wie Hühner. Sie scharren auf dem Boden und flattern auf dem Bauernhof herum. Dabei machen sie großen Lärm, anstatt zuversichtlich und leicht über den Stürmen unter sich hinwegzusegeln. In Bezug auf unsere Gedanken bezeugt die Bibel sehr eindringlich: *Denn wie er in seiner Seele berechnend denkt, so ist er* (Sprüche 23,7; Schlachter 2000). Das heißt einmal anders ausgedrückt: Wir werden so, wie wir von uns denken. Das, was wir von uns denken, worauf wir uns konzentrieren und womit wir uns umgeben, wird den Menschen formen, zu dem wir werden. Wenn ein Vogel sich für ein Huhn hält, dann wird er ängstlich und hysterisch werden, sobald ein Sturm aufzieht. Doch wenn er sich für einen Adler hält, wird er stark und mutig sein.

Ich möchte Ihnen ein paar wichtige Fragen stellen, über die Sie einmal nachdenken sollen, um sie dann ehrlich zu beantworten: Was für Gedanken haben Sie über sich selbst? Was halten Sie von sich selbst? Was für eine Einstellung haben Sie sich selbst gegenüber? Respektieren Sie sich? Schätzen Sie sich?

Sie stehen in Beziehung zu sich selbst. Sie sind häufiger mit sich selbst zusammen als mit irgendeinem anderen Menschen. Sie können sich selbst nicht loswerden. Ganz gleich, was Sie auch dagegen unternehmen, Sie werden sich selbst immer und überall mit hinnehmen. Deshalb ist es auch so wichtig, sich selbst als wertvoll zu erachten, sich zu mögen und die eigene Art gern zu haben.

Unsere Gesellschaft weltweit leidet vielerorts unter fehlender Selbstachtung. Ein Grund dafür ist sicherlich, dass viele Menschen nicht auf sich achtgeben, weil sie sich nicht für wertvoll halten. Manche glauben sogar, es wäre besonders heilig, sich selbst erst ganz zum Schluss auf der Rechnung zu haben! Sie glauben, Gott würde von ihnen verlangen, sich selbst und das eigene Wohlbefinden zu vernachlässigen, um ein Opfer nach dem anderen zu bringen und nur für andere da zu sein.

Ja, wir sollen opferbereit und freigiebig sein und anderen dienen. Unser Leben soll nicht von Gier und Egoismus bestimmt sein. Doch gleichzeitig dürfen wir die Wahrheit erkennen und begreifen, dass wir Menschen sind, in denen Gott wohnt. Wir gehören ihm. Er möchte uns gebrauchen. Er möchte Menschen aus uns machen, die andere dazu veranlassen, ihn auch kennenzulernen. Um das tun zu können, müssen wir uns selbst wertschätzen und auf uns achten.

Sie sind das Zuhause Gottes (siehe 1. Korinther 6,19). Sie sind sein Gebäude, sein Tempel und er lebt in Ihnen! Sie zerstören diesen Tempel, indem Sie übereifrig und überarbeitet sind, ungesund essen, nicht genug Wasser trinken, nicht genug Ruhe und Schlaf bekommen und keinen Sport treiben. In diesem Zustand können Sie weder sich selbst noch den Menschen um Sie herum, noch Gott etwas Gutes tun. Denn dann sind Sie energielos und Ihre Gesundheit ist angeschlagen. Sie werden es nicht schaffen, schwierige Zeiten im Leben durchzustehen oder die guten Zeiten wirklich auszukosten.

Ich möchte Sie heute auffordern: Fangen Sie an, sich selbst zu respektieren und auf Ihre eigene psychische, körperliche, emotionale und geistliche Gesundheit zu achten. Seien Sie diszipliniert und gönnen Sie sich Ruhe, essen Sie gesund, trinken Sie genug und treiben Sie Sport. Sie werden erstaunt sein, wie sich Ihr Denken verändert, Ihre Emotionen zur Ruhe kommen, Ihr Körper wieder zu Kräften kommt und Sie sich gesund fühlen. Wenn Sie beginnen wollen, gesund zu leben, möchte ich Ihnen mein Buch *Gut aussehen, gut fühlen* empfehlen.

Ich bin davon überzeugt, Sie wurden als Adler geschaffen. Gott möchte, dass Sie ein »Adler-Christ« sind, einer, der hoch fliegen kann, mutig und kraftvoll ist, die Umstände und Beziehungen nüchtern betrachtet, im Frieden lebt, stark bleibt und über die Stürme des Lebens hinwegsegelt. Fangen Sie an, sich selbst in dieser Weise zu sehen, denn genau so sieht Gott Sie. Fangen Sie an, sich selbst zu schätzen, denn er schätzt Sie. Lassen

Sie die Eigenschaften eines Huhnes hinter sich, die Sie sich vielleicht angeeignet haben, und leben Sie als Adler, denn als Adler wurden Sie geschaffen.

Geben Sie nicht auf, wenn Sie alleine sind

Wenn wir uns einen fliegenden Adler vorstellen, haben die meisten von uns einen einzelnen Vogel vor Augen, der majestätisch den blauen Himmel beherrscht. Wir denken da nicht an Adler, die zu zweit oder im Schwarm fliegen, denn Adler fliegen alleine. Sie fliegen nicht in Herden, wie Gänse zum Beispiel, oder in Schwärmen, wie die Wachteln. Man kann in den USA riesige Ansammlungen von Schwalben beobachten, die jedes Jahr im Oktober von San Juan Capistrano in Kalifornien aufbrechen und im März wieder zurückkommen. Diese Vögel wandern gemeinsam zum Winter hin in den Süden aus, um dann im Frühling wieder eine »Gruppenreise« zurück nach Kalifornien zu machen. Vielleicht begegnet Ihnen zufällig einmal ein Schwarm Lerchen, der zusammen tiriliert und singt, doch Sie werden nie auf einen Schwarm Adler treffen. Sie ziehen einfach nicht in Gruppen umher. Ihr Wesen, ihre Stärke, ja ihre Natur als Adler gibt ihnen den Mut, alleine die Lüfte zu erobern.

Unsere erste Lektion, die wir lernen müssen, wenn wir als »Adler-Christen« leben wollen, ist die: Wir müssen zeitweise ebenfalls alleine fliegen. Das bedeutet nicht, dass wir keine Beziehungen oder Freundschaften mit Menschen eingehen dürfen. Es bedeutet ganz einfach, dass wir oftmals Entscheidungen treffen und diese auch durchziehen müssen, selbst wenn sie uns von der Gruppe trennen. Dadurch werden wir höher hinaus fliegen können und Orte erreichen, die die Leute um uns herum vielleicht gar nicht erreichen wollen.

Einmal habe ich mich darüber beschwert, dass ich mich einsam fühlte: »Ich habe keine Freunde. Ich verbringe die meiste Zeit scheinbar alleine. Alle denken, ich sei merkwürdig und anders. Sie sagen, ich sei fanatisch. Manche aus meiner Familie mögen mich gar nicht mehr ...« Der Geist Gottes sprach zu meinem Herzen: *Vergiss nicht, andere Vögel fliegen in Schwärmen, doch Adler fliegen einzeln. Was möchtest du sein, Joyce?*

Das Leben als »Adler-Christ« bereitet Ihnen mit ziemlicher Wahrscheinlichkeit einsame Zeiten – vielleicht als Elternteil oder als Kollege – wenn Sie Ihrer Überzeugung entsprechend handeln und sich nicht dem Gruppenzwang beugen. Vielleicht geht es dabei um Kleinigkeiten; Sie würden Ihrem Chef am liebsten eine Notlüge auftischen oder der Versuchung nachgeben, Zahlen etwas zu »frisieren«. Als Elternteil stehen wir oftmals ganz alleine da, um im Interesse unserer Kinder zu handeln. Möglicherweise dürfen alle Freunde Ihres Sohnes bestimmte PC-Spiele benutzen, die Ihrer Meinung nach aber zu gewalttätig sind, oder sie dürfen unbeaufsichtigt im Internet surfen. Es ist nicht leicht, Stellung gegen die vorherrschende Meinung oder gegen Ihre Kollegen zu beziehen – und es ist noch schlimmer, wenn es um Ihr unglückliches Kind geht!

Manchmal geht es um so etwas Banales wie der Einzige zu sein, der keinen Aufgabenbereich hat oder der etwas anderes tun soll, als andere. Vielleicht sollen gerade Sie zu Hause bleiben und einen Abend mit Gott verbringen, während Ihre Freunde auf eine Party gehen.

Es mag ja nicht falsch sein, auf eine Party zu gehen, doch wenn Sie als Adler leben wollen und merken, dass Sie gerade müde und ruhebedürftig sind, dann lassen Sie die Party sausen. Vielleicht sind Sie ein wenig grantig und spüren, wie gut es Ihnen täte, wieder einmal intensiv Zeit mit Gott zu verbringen, damit Sie eine bessere, innere Einstellung bekommen.

In all diesen Fällen müssen Sie Stellung beziehen und dürfen nicht übermäßig darum besorgt sein, was die Leute denken und sagen. Es mag schwer sein, den Kindern oder den Kollegen Grenzen zu setzen. Es erscheint auch eher langweilig, den Abend alleine mit Gebet und Bibellesen zu verbringen. Doch in beiden Fällen werden Sie und auch Ihre Angehörigen von der daraus resultierenden Weisheit und Stabilität profitieren. Außerdem werden Sie die friedevolle, innere Gewissheit haben, Gott gehorcht zu haben, anstatt einfach zu tun, wonach einem der Sinn stand.

Ich persönlich muss immer die ersten Stunden des Tages mit Gott verbringen, denn wenn ich das nicht tue, kann es sein, dass ich zu den Leuten mürrisch und kurz angebunden bin. Doch ich will als ein Adler für Gott leben und deshalb nehme ich mir morgens Zeit mit ihm. Genau das meint Jesaja in Kapitel 40,31, wenn er uns dazu ermutigt, auf Gott zu warten.

Ein Adler zu sein heißt nicht, niemals ausgelaugt oder gestresst zu sein. Doch es bedeutet, zu Gott zu laufen, wenn man sich müde und bedrückt fühlt, und es ihm zu gestatten, die eigene Kraft zu erneuern. Viele von uns könnten es vermeiden, aus der Haut zu fahren oder Worte zu sagen, die wir später bereuen, wenn wir nur einmal etwas mehr Zeit mit Gott verbringen würden, sobald wir feststellen, dass sich eine gewisse Ermüdung eingestellt hat.

Setzen Sie alles daran zu begreifen, wer Sie sind, schätzen Sie sich als wertvollen Mensch und ermutigen Sie sich, all das, was Gott für Sie bereithält, auch zu leben. Wenn Sie sich wie ein Adler fühlen, der von Hühnern umgeben ist, geben Sie nicht auf, daran zu glauben, dass Gott einen Plan für Ihr Leben hat, und geben Sie sich selbst niemals auf. Vielleicht sind Sie sich Ihrer Schwächen deutlich bewusst, doch lassen Sie sich nicht von ihnen entmutigen. Gestatten Sie es Ihren Schwächen nicht, Sie von Gott zu trennen, sondern eilen Sie mit ihnen zu Gott. Er ist der Einzige, der Ihnen dabei helfen kann, sie zu überwinden. Wir alle haben unsere Macken und Fehler. Geben Sie nicht auf, nur weil Sie auch welche haben. Vergessen Sie nicht, Sie können Gott nicht mit Ihren Fehlern überraschen. Er kannte sie schon, bevor Sie Ihnen bewusst wurden – und er liebt Sie trotzdem!

Vornehm und nobel

Marie Curie, auch bekannt als »Madame Curie«, war die erste Frau, die einen Nobelpreis gewann, d. h. sie gewann sogar zwei, wirklich eine äußerst bemerkenswerte Leistung.

1867 wurde sie als Maria Sklodowska, Tochter eines Mathematik- und Physik-Professors und einer Klavierlehrerin, in Polen geboren. Marie zeigte schon früh ein großes Interesse an Bildung und gewann für ihre schulischen Leistungen und als Würdigung ihres bemerkenswerten Gedächtnisses akademische Preise. Mit sechzehn Jahren machte sie ihr Abitur und hoffte, sich im Anschluss weiterbilden zu können, doch ihr Vater verlor durch eine unkluge Investition sehr viel Geld. Deshalb musste Marie als Lehrerin arbeiten und begrub zumindest vorübergehend ihre Hoffnung auf ein Studium. Als sie achtzehn Jahre alt war, nahm sie eine Stelle als Hauslehrerin an. In dieser Zeit durchlitt sie ein trauriges Liebesverhältnis.

Marie und ihre Schwester Bronia waren beide von dem Vermögensverlust ihres Vaters betroffen und so kamen sie miteinander überein, dass Marie mit ihren Einnahmen als Hauslehrerin die Ausbildung von Bronia finanzieren würde, die dann im Gegenzug nach Abschluss ihrer Ausbildung die Studien Maries finanziell unterstützen wollte. Beide Schwestern hielten ihr Versprechen.

1891 reiste Marie nach Paris, um ihre Studien in Mathematik, Physik und Chemie an der weltbekannten Universität Sorbonne fortzusetzen. Sie wohnte in einem kleinen, überfüllten Studentenwohnheim und überlebte hauptsächlich durch Brot, Butter und Tee.

An der Sorbonne traf Marie den Physik-Professor Pierre Curie. 1895 heirateten die beiden. Marie und Pierre verschrieben beide ihr Leben der Wissenschaft, insbesondere dem Studium von Radium und Polonium, das sie 1898 isolieren konnten, und das Marie in Erinnerung an ihr Heimatland so benannte. Obwohl ihre Forschungen brillant waren, mussten sie doch in frühen Jahren die

Laborarbeiten unter einfachsten Bedingungen durchführen und konnten sich damit nicht selbst finanzieren. Pierre und Marie mussten beide stundenweise lehren, um ihren Lebensunterhalt zu verdienen und ihre beiden Töchter zu versorgen.

Marie bekam 1903 aufgrund ihrer Forschungsergebnisse die Doktorwürde verliehen und im gleichen Jahr bekamen sie, Pierre und Antoine Henri Becquerel den Nobelpreis für Physik. 1904 konnte sie ihre Stelle als Physiklehrerin an der nahe gelegenen Mädchenschule aufgeben und wurde Chefassistentin in Pierres Labor. Das Paar arbeitete unablässig und intensiv und entdeckte, neben vielen anderen bedeutenden Ergebnissen, die Radioaktivität.

Die erfolgreiche wissenschaftliche Arbeit des Paares fand 1906 ihr tragisches Ende, als Pierre von einem Fahrzeug überfahren wurde und starb. Obwohl sein Tod Marie stark mitnahm, festigte er doch ihre Entschlossenheit, die Arbeit, die sie als Paar begonnen hatten, verstärkt weiterzuführen. Bald schon sollte sie den Lehrstuhl ihres Mannes als Professor der allgemeinen Physik an der Fakultät der Wissenschaften übernehmen und wurde damit die erste Frau, die an der Sorbonne unterrichtete.

1911 erhielt Marie Curie den zweiten Nobelpreis, diesmal für Chemie, und widmete sich weiterhin ihrer Arbeit, insbesondere in dem Bereich der therapeutischen Anwendungsmöglichkeiten von Radium in der Medizin, um es zur Schmerzlinderung bei Menschen einsetzen zu können.

Marie Curie hätte ihren Wunsch, ihre Ausbildung weiterzuverfolgen, aufgeben können, hätte sich nicht den schwierigen Bedingungen, unter denen sie im Labor arbeiten musste, aussetzen müssen und hätte auch nach dem Tod ihres Mannes ihre Arbeit hinwerfen können. Doch sie blieb trotz aller Herausforderungen, Verzögerungen und Schwierigkeiten dran und trug damit auf großartige Weise zu den wissenschaftlichen Fortschritten bei, die bis in die heutige Zeit ihre Auswirkungen haben und Leben retten.

KAPITEL 3

Weigern Sie sich, in Angst zu leben

»Das Einzige, was wir zu fürchten haben, ist die Furcht selbst – ein namenloser, unbegründeter und unberechtigter Schrecken, der alle Versuche, Rückschritte in Fortschritte umzukehren, lähmt.«
Franklin D. Roosevelt

Der erste, amtlich zugelassene afroamerikanische Pilot war eine schöne, lebhafte und mutige junge Frau namens Bessie Coleman, die als »Queen Bess« bekannt wurde. Sie war auch die erste Amerikanerin, die eine internationale Fluglizenz bekam. Bevor sie aber diese bemerkenswerten Leistungen vollbrachte, träumte Coleman in ihrer Heimat Atlanta, Texas, vom Abenteuer. Mit dreiundzwanzig Jahren wagte sie sich aus den Begrenzungen ihres Kleinstadtlebens hinaus und zog in die Großstadt Chicago, um dort in der Nähe einiger ihrer Brüder ein Leben führen zu können, das in Atlanta, Texas, unerreichbar für sie geblieben wäre.

In Chicago arbeitete Coleman als Maniküre in einem Friseursalon. Dort lauschte sie den Geschichten über die Piloten im Ersten Weltkrieg und ihre Abenteuer in den Lüften. Sie träumte davon, auch Pilotin zu werden, doch das konnte sie sich nicht leisten. Im Friseursalon lernte Coleman zwei einflussreiche Geschäftsmänner kennen, die ihr dabei helfen wollten, ihre Ausbildung zu finanzieren. Einer von ihnen war ein Zeitungsverleger, der davon ausging, ihre Geschichte würde für Umsatz sorgen. Da die Flugschulen in Amerika keine schwarzen Frauen unterrichteten, lernte Coleman mit viel Fleiß die französische Sprache und zog 1920 nach Paris, um dort eine Flugschule zu besuchen. Bei ihrer Rückkehr nach Amerika war das Medieninteresse groß und Menschen aus allen ethnischen Gruppen fühlten sich ihr verbunden, als sie aus der Zeitung von ihr erfuhren. Im Verlauf ihrer Karriere nahm sie immer wieder an Flugvorführungen und wichtigen Veranstaltungen teil.

Bessie Coleman starb am 30. April 1926 bei einem Flugzeugabsturz, der wahrscheinlich auf einen eingeklemmten Schraubenschlüssel im Triebwerk zurückzuführen war. Mehr als zehntausend Menschen nahmen an der Beerdigung dieser mutigen, jungen Frau teil, die sich geweigert hatte, aufzugeben.

Bessie Coleman hatte mit großen Enttäuschungen und vielen Hindernissen zu kämpfen, als die amerikanischen Flugschulen ihr den Zutritt verweigerten. Sie musste ihre Träume erst einmal zurückstellen und die Anstrengung unternehmen, eine Fremdsprache zu erlernen. Es erforderte großen Mut von dieser entschlossenen, jungen Frau, alleine in ein ihr unbekanntes Land zu reisen. Auch wenn ihr Weg zum Erfolg nicht so leicht war wie der ihrer weißen Kollegen, fand sie doch eine Möglichkeit, das zu tun, was sie wirklich tun wollte. Sie musste zwar mehr Zeit und Energie hineinstecken, doch sie ließ es nicht zu, dass Angst oder Unsicherheit, die ein Umzug in ein fremdes Land mit sich brachten, sie davon abhielten, ihren Traum zu verwirklichen – denn sie war fest entschlossen, nicht aufzugeben.

Sie brauchen keine Angst zu haben

Jahrelang bekam die bekannte Ratgeber-Kolumnistin Ann Landers im Durchschnitt um die zehntausend Zuschriften pro Monat, von denen sich die meisten um die Probleme und Kämpfe der Menschen drehten. Auf die Frage, was sie für das größte Problem im Leben der Menschen halte, antwortete sie mit nur einem Wort: Angst.

Viele von uns kämpfen wirklich mit der Angst. Doch das sei als Erstes gesagt: Diejenigen, die an Jesus Christus glauben, brauchen keine Angst zu haben. Er ist immer mit uns. Er liebt uns mit einer vollkommenen Liebe und in 1. Johannes 4,18 lesen wir: *Wo die Liebe regiert, hat die Angst keinen Platz; ›Gottes‹ vollkommene Liebe vertreibt jede Angst* (NGÜ).

Gott weiß, dass unsere erste emotionale Reaktion meistens Angst ist, sobald er uns herausruft, etwas Großes oder Kleines zu tun, das uns eine Stufe weiterbringt. Zum Beispiel, wenn wir uns beruflich verändern, heiraten, Kinder bekommen, wenn wir alles, was wir kennen, für den Dienst auf dem Missionsfeld zurücklassen, wenn wir nach zwanzig Jahren als Hausfrau wieder in die Berufswelt einsteigen oder wenn wir wirklich ernsthaft unsere Ernährung umstellen und Sport treiben – unsere erste emotionale Reaktion ist oft Angst. Ganz gleich, ob sie sich als verhaltene Nervosität oder als Panikattacke äußert, die meisten von uns spüren irgendeine Form der Angst bei dem Gedanken, etwas Neues zu wagen. Auch wenn wir voller Erwartung sind, denken wir: *Was wäre, wenn dies passiert? Was wäre, wenn das passiert? Was wäre wenn? Was wäre wenn?*

Jedes neue Gebiet bringt neue Angriffe mit sich

Sobald wir uns aufmachen, um Neues in Angriff zu nehmen – besonders wenn es etwas ist, das wir für Gott tun möchten –, werden wir fast immer und meist unverzüglich mit negativen Umständen konfrontiert. Sie wollen uns entmutigen oder davon überzeugen, dass wir das, wozu Gott uns aufgefordert hat, nicht tun können. Irgendetwas oder irgendjemand wird auf der Bildfläche erscheinen und uns weismachen wollen, dass es zu schwer ist, keinen Sinn ergibt, nicht funktioniert oder wir dafür nicht qualifiziert genug sind. Der Feind nutzt diese Worte und Gedanken, um uns einzuschüchtern und hofft dabei inbrünstig, dass wir das, was wir tun sollen, nicht ausführen werden.

In Offenbarung 12,4 bekommen wir einen Einblick, wie der

Teufel versucht, uns Angst einzuflößen, noch bevor wir überhaupt mit etwas begonnen haben. Hier steht: *Der Drache stellte sich vor die Frau hin, um das Kind, das sie bekommen würde, sofort nach der Geburt zu verschlingen* (NGÜ). Die in diesem Vers erwähnte Frau stand kurz vor der Geburt, doch der Drache (der Satan repräsentiert) hatte sich vor sie platziert, damit er das neugeborene Kind sofort verschlingen konnte.

Diese Szene enthält eine Dynamik, mit der wir oft in unserem Leben als Christen konfrontiert werden. Immer, wenn Gott uns eine frische und neue Idee ins Herz legt oder uns einen Traum, eine Vision oder eine Herausforderung für unser Leben gibt, ist auch der Feind vor Ort, um dem entgegenzuarbeiten. Ich meine damit nicht nur die Zeiten, in denen wir »große« Dinge für Gott tun sollen; der Feind ist da nicht wählerisch. Wir haben es oft mit neuen Gebieten oder neuen Ebenen zu tun. Wenn wir Jesus als Retter annehmen, erschließt sich uns ein neues Gebiet. Intensiver mit Gott zu leben oder mutig zu beten, eröffnet uns neue Ebenen. Wer Zeit, Geld und Energie in das Reich Gottes investiert, bewegt sich wieder auf neuem Territorium. Gott ruft uns immer wieder dazu auf, neue Gebiete einzunehmen. Einige sind groß und bedeutungsvoll, andere wiederum scheinen relativ klein und unbedeutend zu sein. Egal worum es sich handelt, in dem Moment, wo wir neue Gebiete erreichen, werden wir auch neue Angriffe von unserem Feind, dem Teufel, erleben. In der Bibel lesen wir, dass mit den Möglichkeiten, die sich ergeben, auch Gegner auftreten (siehe 1. Korinther 16,9), doch Gott ist immer mit uns und wir brauchen keine Angst zu haben. Vielleicht wirken einige Dinge überwältigend, aber mit Gott ist nichts unmöglich. Ihn überrascht nichts und er hat auch vor nichts Angst.

Wenn wir etwas Großes für Gott tun wollen und fest entschlossen sind, unsere Träume nicht aufzugeben, müssen wir die Gelegenheiten nutzen; wir müssen mutig sein. In Situationen, die bedrohlich sind oder uns einschüchtern, sollten wir eher um einen unerschrockenen und mutigen Geist beten, als dafür, dass die Angst verschwindet. Ich versichere Ihnen, die Angst wird nicht weggehen. Sie gehört nicht zu den Dingen, die wir verscheuchen können, deshalb müssen wir lernen, sie zu überwinden.

Der Geist der Furcht wird immer versuchen, uns davon abzuhalten, vorwärtszugehen. Jahrhundertelang hat der Feind sich die Angst zunutze gemacht, um Menschen aufzuhalten und er wird seine Strategie jetzt nicht ändern. Doch wir können die Angst besiegen; wir sind mehr als Überwinder durch den, der uns liebt (siehe Römer 8,37). Mut ist nicht die Abwesenheit von Angst; sondern bedeutet im Angesicht der Furcht, dranzubleiben und weiterzugehen.

Die Angst aus dem richtigen Blickwinkel betrachten

Ich lehre oft aus Jesaja 41,10, weil dieser Bibelvers uns ermutigt und uns hilft, nicht zu vergessen, was zu tun ist, wenn wir Angst haben: *Fürchte dich nicht, denn ich bin mit dir! Habe keine Angst, denn ich bin dein Gott! Ich stärke dich, ja, ich helfe dir, ja, ich halte dich mit der Rechten meiner Gerechtigkeit.*

Was bedeutet das, wenn wir hier lesen: »Fürchte dich nicht, denn ich bin mit dir! ... Ich stärke dich ...«? Es bedeutet, dass Gott uns immer stärker macht, während wir durch Schwierigkeiten hindurchgehen. Auch bedeutet es, dass wir uns mit der Zeit immer weniger von den Schwierigkeiten und Herausforderungen beeinflussen lassen. Genau so ist es beim Sport. Anfangs bekommen wir Muskelkater, doch wenn wir trotzdem weitermachen, bauen wir Muskeln auf und werden stärker. Wir müssen durch den Schmerz hindurch, um am Ende zu profitieren.

Wenn Gott alle Ängste einfach wegnähme, würden wir weder wachsen noch Hindernisse überwinden.

Überdenken Sie einmal Ihr Leben. Gibt es bestimmte Situationen, mit denen Sie jetzt ganz gut umgehen können, die Sie früher in Angst und Schrecken versetzt hätten? Natürlich gibt es die. Auf dem Weg mit Gott hat er Sie durch diese Schwierigkeiten gestärkt. Ich kann Ihnen versichern und Sie ermutigen, dass einige Dinge, die Sie jetzt quälen, Sie in fünf Jahren gar nicht mehr so belasten werden. Ich selbst bin oft dann ängstlich, wenn ich etwas zum ersten Mal tue. Doch nachdem ich darin einige Erfahrungen gesammelt habe, nimmt dieses Gefühl ab.

Wir müssen trotz unserer Gefühle weitergehen und dürfen es ihnen nicht gestatten, uns zu kontrollieren.

Wenn Gott alle Ängste einfach wegnähme, würden wir weder wachsen noch Hindernisse überwinden. Oftmals lässt er Schwierigkeiten in unserem Leben zu, weil er uns auf das hinweisen will, was in uns gestärkt oder verändert werden muss. Unsere Schwächen kommen nicht in guten Zeiten ans Licht, sondern in Zeiten der Prüfung und des Leids. Manchmal zeigt er uns, wovor wir Angst haben, weil er uns von dieser Furcht befreien möchte und uns für die Dinge stärken will, die uns in der Zukunft erwarten. In diesen Zeiten müssen wir sagen: »Danke Gott, dass ich diese Angst in meinem Leben erkennen darf. So erkenne ich, dass ich mich um diesen Bereich in meinem Inneren noch kümmern muss.« Wenn wir uns mit diesem Bereich, der uns Angst macht, auseinandergesetzt haben, dann wird der Feind es schwer haben, Sie in diesem Gebiet weiterhin erfolgreich zu belästigen. So nutzt Gott die Schwierigkeiten, um uns zu stärken und uns zu lehren, keine Angst zu haben.

Egal was wir im Leben durchstehen müssen, wir dürfen niemals vergessen, dass Gott uns nur Gutes tut, solange wir leben (siehe 5. Mose 8,16). Vielleicht empfinden wir manches zuerst nicht als gut, doch es wird sich am Ende für uns als gut herausstellen, wenn wir weitergehen und Gott bei jedem Schritt vertrauen, den wir gehen.

Gott sagt: »Ich werde mit euch sein!«

Weil Gott in unserem Leben gegenwärtig ist, können wir Furcht überwinden. Wenn wir durch den Glauben wissen, dass Gott mit uns ist, können wir zuversichtlich und mutig jede Herausforderung annehmen. Vielleicht fühlen wir Gottes Gegenwart nicht immer, doch wir können seinem Wort vertrauen und uns daran erinnern, dass er gesagt hat, er wird uns nicht verlassen noch aufgeben (siehe 5. Mose 31,6).

In Josua 1,1-3 gab Gott Josua einen sehr herausfordernden Auftrag als Leiter: Er sollte die Kinder Israels ins verheißene Land führen. *Und es geschah nach dem Tod des Mose, des Knechtes des HERRN, da sprach der HERR zu Josua, dem Sohn des Nun, dem Diener des Mose: Mein Knecht Mose ist gestorben. So mache dich nun auf und gehe über diesen Jordan, du und dieses ganze Volk, in das Land, das ich ihnen, den Söhnen Israel, gebe! Jeden Ort, auf den eure Fußsohle treten wird – euch habe ich ihn gegeben, wie ich zu Mose geredet habe.*

In diesem Abschnitt berichtet uns die Bibel, dass Mose gestorben war und Josua seinen Platz als Führer des Volkes Gottes einnehmen sollte. Doch gleich, nachdem Gott Josua diese Nachricht mitgeteilt hatte, versicherte er ihm: *Es soll niemand vor dir standhalten können, alle Tage deines Lebens. Wie ich mit Mose gewesen bin, werde ich mit dir sein; ich werde dich nicht aufgeben und dich nicht verlassen. Sei stark und mutig* (Verse 5-6). Später dann ermutigte Gott Josua noch einmal, indem er sagte: *Habe ich dir nicht geboten: Sei stark und mutig? Erschrick nicht und fürchte dich nicht! Denn mit dir ist der HERR, dein Gott, wo immer du gehst* (Vers 9). Im Grunde sagte Gott zu Josua: »Du hast eine große Aufgabe zu erledigen, doch lass dich nicht einschüchtern. Hab keine Angst. Sei nicht furchtsam, denn ich werde mit dir sein.«

Furcht ist laut der Bibel aus einem einfachen Grund nicht nötig: Gott ist mit uns. Und wenn wir Gottes Charakter und sein Wesen kennen, dann wissen wir, dass er vertrauenswürdig ist. Wir müssen nicht wissen, was er tun wird; die Erkenntnis, dass er mit uns ist, ist mehr als genug.

Angst ist ein Geist, der Gefühle hervorruft. Als Gott Josua aufforderte, keine Angst zu haben, befahl er ihm nicht, keine Angstgefühle mehr zuzulassen. Er befahl ihm, der Angst, die ihm begegnete, nicht *nachzugeben*. Wenn Furcht Sie befällt, dann gehen Sie trotzdem weiter und tun das, womit Gott Sie beauftragt hat. Vielleicht tun Sie es mit zitternden Knien oder schwitzenden Handflächen, doch Sie tun es. Genau das ist gemeint, wenn hier von »Fürchte dich nicht« die Rede ist.

Wenn ich Angst habe, denke ich oft über Bibelstellen nach, weil mich das stärkt und ich ungeachtet meiner Gefühle weiter vorwärtsgehen kann. Im Wort Gottes ist Kraft und es wird Ihr Inneres stärken. Ich persönlich wurde schon oft durch 1. Mose 28,15 gestärkt: *Und siehe, ich bin mit dir, und ich will dich behüten überall, wohin du gehst, und dich in dieses Land zurückbringen; denn ich werde dich nicht verlassen, bis ich getan, was ich zu dir geredet habe.*

Jeder Mann und jede Frau, die etwas Großartiges bewirken konnten, mussten der Furcht ins Auge schauen. Was werden Sie tun, wenn Sie versucht sind, sich zu fürchten? Werden Sie davonlaufen oder werden Sie in der Gewissheit, dass Gott mit Ihnen ist, aufrecht stehen bleiben?

Der Angst ins Auge schauen

Das Wort *Angst* bedeutet auch »die Flucht ergreifen«. Wenn wir also sagen: »Hab keine Angst«, dann sagen wir eigentlich damit: »Ergreife nicht die Flucht vor dem, was dir Angst macht. Stelle dich der Situation. Renne nicht davon. Versuche nicht, dich davor zu verstecken. Schaue ihr ins Auge, auch wenn du es lieber nicht tun würdest.«

Eine der Frauen, die für Joyce Meyer Ministries arbeitet, hat ein bemerkenswertes Zeugnis. Als sie mit einer lebensbedrohlichen Krankheit konfrontiert wurde, entschied sie sich, vor ihrer Angst nicht davon zu laufen. Sie war sehr furchtsam, als sie ihre Diagnose bekam, doch sie gab nicht auf – sie ging durch alles hindurch. Ich hoffe, dass Sie ermutigt werden, auch Ihrer Angst, ganz gleich wovor, ins Auge zu schauen. Gott befähigt Sie dazu, bis Sie den Sieg haben, wie Peggy. Hier erzählt sie ihre Geschichte:

Nachdem ich achtundvierzig Jahre lang mein Leben »auf meine Weise« gelebt hatte, fand ich mich plötzlich in der Notaufnahme eines Krankenhauses wieder. Meine Schwestern hatten mich dorthin gebracht, weil sie sich Sorgen über meinen Zustand gemacht hatten. Ich war blass, konnte kaum aufrecht sitzen und war kurzatmig, weil mein Unterleib angeschwollen war. Am 2. März 1996 wurde bei mir Krebs an den Eierstöcken diagnostiziert.

Ich wurde operiert und bei diesem Eingriff nahm man die gesamte Gebärmutter heraus (die Ärzte entfernten einen über fünf Kilogramm schweren Tumor). Nachdem ich mich vier Wochen lang von der Operation erholt hatte, bekam ich sechs Monate lang Chemotherapie.

Als ich das erste Mal mit der Diagnose konfrontiert wurde, hatte ich natürlich große Angst. Ich dachte, nun sterben zu müssen. Der Krebs war bereits im fortgeschrittenen Stadium und ich fühlte mich, als hätte ich damit das Todesurteil bekommen. Meine Ärzte waren sehr besorgt und einer von ihnen sagte, dass manche Frauen nach dem Eingriff und der Chemo noch fünf bis zehn Jahre leben könnten. Das war für mich ganz und gar nicht ermutigend, und genau an diesem Punkt entschied ich mich zu beten und mein Leben neu zu bewerten. Wie viele andere Menschen, brauchte auch ich diesen Weckruf, damit ich endlich hellhörig wurde.

Als Kind war ich zur Kirche gegangen (meistens zur Sonntagsschule) und ich glaubte auch an Gott. Nun fing ich wieder an zu beten und erlebte schon bald irgendwie ein Gefühl des inneren Friedens. Ich entwickelte eine gute Einstellung zu meiner Situation. Meinen Freunden und meiner Familie konnte ich es nur schwer erklären, doch ich wusste, alles würde gut werden, wenn ich die Hoffnung nicht aufgab.

Meine Chemotherapie endete im Oktober 1996. Ich wurde er-

werbsunfähig geschrieben und bekam mitgeteilt, dass ich mindestens fünf Jahre lang nicht arbeiten könne. Bei einem der vielen anschließenden Arztbesuche fragte mich ein Arzt, ob er in seiner Praxis für mich beten könne. Ich sagte Ja. Er schlug mir auch eine Gemeinde vor. Dreimal ging ich hin und beim dritten Mal nahm ich Jesus als meinen Herrn und Retter an! Das war am 2. März 1997. Genau ein Jahr, nachdem ich das »Todesurteil« erhalten hatte, empfing ich das ewige Leben! Seitdem diene ich Gott und bin absolut frei von Krebs!

Peggy lernte, ihrer Angst vor dem Tod ins Auge zu schauen, indem sie ihr Leben Jesus anvertraute. Als sie das tat, wurde sie geheilt und lernte eine wertvolle Lektion: Es bringt gar nichts, vor der Furcht davonzulaufen. Ihr hingegen mit Gottes Hilfe mutig ins Auge zu blicken, bringt Hoffnung und Sieg.

Auch ich hatte 1989 mit Krebs zu tun. Ich ging zu einer Routineuntersuchung und bekam zwei Tage später die Mitteilung, dass ich Brustkrebs hätte. Meine Brust müsse dringend amputiert werden, weil es sich bei dem Tumor, den sie entdeckt hatten, um eine sehr aggressive Form von Krebs handelte. Zu sagen, dass ich schockiert und voller Angst war, wäre untertrieben, doch Gott erinnerte mich schnell an sein Wort und gab mir den Mut, vorwärtszugehen. Zuerst wollte ich es ignorieren und einfach mit meinem Leben wie gewohnt weitermachen. (Menschen tun das oft, und laufen auf diese Weise vor dem Problem davon, ohne sich damit zu befassen. Sie ignorieren die Dinge in der Hoffnung, dass sie von selbst verschwinden. Doch das Problem ist: So etwas geht nicht einfach weg.) Wenn Gott mir gesagt hätte, ich solle mich nicht operieren lassen, dann hätte ich es auch nicht getan, doch ich fühlte in meinem Inneren, dass ich die Operation durchführen lassen sollte und so geschah es. Genau wie Peggy, hörte ich all die negativen Prognosen über die Wahrscheinlichkeit, dass der Krebs zurückkehren würde. Doch das war vor neunzehn Jahren und ich bin immer noch frei von Krebs.

Eine junge Frau musste sich auf andere Art und Weise mit dem Tod auseinandersetzen, doch genau wie Peggy ließ sie sich von ihren geringen Überlebenschancen nicht davon abhalten, weiterzumachen. Juliane Koepcke war wohl wie die meisten Schulabgänger voller Freude, als sie mit dem Abitur die Schule verließ. Die gebürtige Deutsche hatte ihre Schule in Lima, Peru, beendet, wo ihr Vater als Biologe arbeitete. Juliane und ihre Mutter saßen nebeneinander in einem Flugzeug, das sie von Lima nach Pucallpa zu ihrem Vater bringen sollte.

Als das Flugzeug mit seinen zweiundneunzig Passagieren in einen plötzlichen Sturm geriet, bemerkte Juliane von ihrem Fensterplatz aus, dass der rechte Flügel Feuer gefangen hatte. Ihre Mutter sagte: »Jetzt ist alles aus.« Das Einzige, woran sich Juliane noch erinnern kann, ist, dass sie gleich darauf durch die Lüfte nach unten stürzte und dabei immer noch fest am Sitz angeschnallt war.

Stunden später erwachte Juliane irgendwo in dem weitläufigen Regenwaldgebiet des Amazonas. Ein Auge war vollkommen zugeschwollen, sie hatte sich das Schlüsselbein gebrochen und einen tiefen Schnitt am Arm. Nachdem sie sich aus ihrem Sitz befreit hatte, begann sie, nach ihrer Mutter zu suchen. Doch sie fand nur ein paar leere Sitze und die Körper dreier junger Frauen. Schnell realisierte Juliane, dass sie die einzige Überlebende dieses Flugzeugabsturzes war.

Juliane war zwar fest entschlossen, nicht in diesem Regenwald zu sterben, doch sie wusste weder wo sie war noch hatte sie jemanden, der ihr helfen konnte. In diesem traumatisierten Zustand erinnerte sie sich daran, was ihr Vater einmal gesagt hatte: Wenn man im Dschungel bergab gehen kann, führt einen dies immer zum Wasser und dieses Wasser leitet einen immer in die Zivilisation. So ging sie alleine los, immer bergab und schlug sich durch das Dickicht des Regenwaldes. Sie hörte zwar Flugzeuge über sich, konnte sich aber aufgrund des undurchdringlichen Dschungels nicht bemerkbar machen.

Nach zehn äußerst strapaziösen Tagen sah Juliane schließlich eine kleine Hütte, in der sie Salz und Kerosin fand – genau das, was sie brauchte, um die Würmer aus ihrer Haut zu entfernen. Am elften Tag nach dem Absturz traf sie auf eine Gruppe von

Jägern aus Peru und die brachten sie zu einem Flughafen, von dem aus sie den nächsten Flieger zu ihrem Vater nehmen konnte. Juliane hatte sich elf qualvolle Tage lang geweigert aufzugeben, wobei sie nicht wusste, was ihr dort im Dschungel begegnen würde. Später wurde sie Zoologin in Deutschland.

Die Angst zu versagen

Die Angst vor dem Tod ist nur eine von vielen Ängsten, die wir haben. Doch in Wirklichkeit haben wir alle möglichen Ängste: sei es Höhenangst, Angst vor Spinnen oder Angst davor, in der Öffentlichkeit zu reden. In diesem letzten Teil des Kapitels möchte ich über eine Form der Angst reden, die das Innerste unseres Seins erschüttert – die Angst zu versagen.

Es gibt viele Gründe, warum uns die Angst zu versagen so fest im Griff hat. Sie kann in der Angst verwurzelt sein, was wohl Menschen von uns halten. Wir wollen nicht, dass andere schlecht über uns denken oder vielleicht wollen wir auch nicht selbst schlecht von uns denken. Wir vermeiden es, Dinge anzugehen, um uns vor dem Gefühl des Versagens zu schützen. Egal worum es geht, die Angst zu versagen kann so stark sein, dass sie uns daran hindert loszugehen, Herausforderungen anzunehmen und Risiken einzugehen.

Wollen Sie eine mutige Person sein, die niemals aufgibt? Dann müssen Sie diese Angst klar ins Auge fassen. Versagensängste werden Sie davon abhalten, in Ihrem Leben weiterzukommen und ein neues Gebiet zu erobern. Sie halten Sie davon ab, den nächsten Schritt zu gehen, um Ihr Ziel zu erreichen. Wenn Sie sich diesen Ängsten nicht stellen und sie überwinden, werden diese Sie davon abhalten, nach Gottes Willen zu leben und das, was er für Sie bereithält, zu tun. Unternehmen Sie jedoch Schritte, um dieser Versagensangst ins Auge zu schauen und sich ihr zu stellen, vergessen Sie nicht: Gott ist mit Ihnen! Vergessen Sie auch niemals, dass man eigentlich erst dann versagt, wenn man aufgibt. Wenn wir auf dem Weg des Lebens Fehler machen, können wir aus ihnen lernen und dadurch an Weisheit gewinnen. Wir können also durch Fehler vorankommen!

Worum geht es?

Die Angst zu versagen wirkt lähmend, weil sie die Menschen davon abhält, das zu tun, was sie sich eigentlich wünschen und sie daran hindert, ihre Bestimmung zu erfüllen. Die Angst zu versagen ist im Grunde nicht mehr als die Furcht, in einer bestimmten Situation etwas, was getan werden muss, nicht tun zu können. Anders ausgedrückt, es ist die Furcht davor, etwas nicht zu schaffen, was man gerne schaffen möchte. Diese Angst wird besonders dann aktiv, wenn wir uns vorstellen, etwas zu tun, was wir noch nie zuvor getan haben. Wir haben Angst zu versagen und deshalb versagen wir darin, es auszuprobieren. Wenn ich auf meine eigenen, von Gott unabhängigen Fähigkeiten schaue, habe ich vor allem Angst, doch wenn ich meinen Blick auf ihn gerichtet halte, dann bin ich mir sicher, dass ich *durch ihn* alles tun kann, wozu er mich auffordert (siehe Philipper 4,13).

Geschaffen für das Abenteuer

Niemand von uns wurde dazu geschaffen, sein Leben lang immer das Gleiche zu tun. Gott hat in uns die Sehnsucht nach Abenteuern gelegt und es ist immer ein Abenteuer, wenn wir etwas versuchen, was wir noch nie zuvor getan haben. Ein Abenteuer beginnt, wenn wir heraustreten, etwas anderes machen, vielleicht auch Grenzgänger sind und nicht immer in unserer persönlichen Sicherheitszone leben.

Ich versichere Ihnen, wenn Sie etwas tun sollen, wird Gott Sie auch befähigen, es zu tun. Sie müssen nicht erst das *Gefühl* haben, fähig zu sein und Sie brauchen auch keine Erfahrung dazu. Alles, was Sie benötigen, ist die richtige Motivation und ein Herz voller Glauben. Gott schaut nicht auf Ihre Fähigkeiten; er schaut auf Ihre Verfügbarkeit. Er sucht nach Menschen, die sagen: »Hier bin ich Gott, sende mich. Hier bin ich, gebrauche mich. Ich möchte dir dienen, Gott. Ich möchte etwas für dich tun!«

Ich denke gerade an einen bestimmten Sonntag, den ich vor vielen Jahren in meiner damaligen Gemeinde erlebte. An diesem Tag sah ich mich mit schrecklichen Versagensängsten konfrontiert, die mich davon abhalten wollten, eine tiefere Beziehung mit Gott einzugehen. Zu der Zeit liebte ich Gott wirklich, doch es gab so viele biblische Wahrheiten und Prinzipien, die ich nicht kannte. Ich wusste so ungefähr, was ein Mensch tun sollte, um errettet zu werden, doch ich hatte keine Ahnung davon, wie man siegt, Hindernisse überwindet, Kraft bekommt, mit Autorität lebt oder von Gott gebraucht wird. Mir fehlte die Hoffnung, dass mein Leben irgendwann einmal besser sein würde, als wie ich es zu der Zeit erlebte.

In dieser Gemeinde hatten wir ein Mal im Jahr einen Missionstag, an dem wir immer das Lied »Hier bin ich, sende mich« sangen. Ich erinnere mich, wie zu einem bestimmten Zeitpunkt etwas in der Tiefe meines Herzens aufbrach und ich mit jeder Faser meines Seins die Worte sang: »Gott, hier bin ich! Sende mich! Sende mich!« Ich weiß gar nicht, was ich damals dachte, wo er mich wohl hinführen würde, denn ich war verheiratet und hatte drei kleine Kinder. Ich war als Kind missbraucht worden und verbrachte meine Zeit damit, einen Tag nach dem anderen einfach nur zu überstehen. Doch in meinem Herzen wusste ich, ich wollte von ihm gebraucht werden. Ich hatte vielleicht keine großen Fähigkeiten, doch ich stand Gott zur Verfügung. Ich war bereit zu sagen: »Vielleicht werde ich dabei gehörig hinfallen, Gott, aber ich möchte mich von dir gebrauchen lassen. Ich bin bereit, es zu versuchen.«

Wenn Sie sich von Gott gebrauchen lassen wollen, lassen Sie sich nicht durch Versagensängste davon abhalten, ihm zu gehorchen, wenn er sie führt. Gott sieht nicht nur, wo Sie sich gerade befinden, er sieht auch, wo Sie sich einmal befinden können. Er sieht nicht nur, was Sie getan haben, er sieht auch, was Sie einmal mit seiner Hilfe tun werden.

Gott nachzufolgen ist oftmals wie ein Spaziergang im Nebel. Wir können nur ein paar Schritte weit sehen, doch während wir vorwärtsgehen, werden uns die nächsten Schritte klar. Mit Gott haben wir unsere in der Ferne liegende Zukunft nicht immer glasklar vor Augen, doch wenn wir bereit sind, ihm zu vertrauen, werden wir einen aufregenden Weg vor uns haben, der unser Leben abenteuerlich und wertvoll macht.

Fehler oder Trittstein?

Niemand legt es darauf an, willentlich zu versagen. Wie ich bereits in der Einleitung dieses Buches geschrieben habe, glaube ich jedoch, dass »Fehler« auch wichtige Trittsteine auf dem Weg zum Erfolg sein können. Durch Fehler lernen wir ganz gewiss, was wir *nicht tun* sollen und das ist oftmals genau so wichtig, wie zu wissen, was wir *tun* sollen! Sogenannte »Fehler« hängen eigentlich vom Blickwinkel ab.

Es kursieren viele Geschichten, wie oft Thomas Edison scheiterte, bevor er schließlich die Glühbirne erfand. Ich habe gehört, dass es siebenhundert Mal, zweitausend Mal, sechstausend Mal oder auch zehntausend Mal gewesen sein soll. Egal wie viele Anläufe er wirklich nahm, die Anzahl ist erstaunlich. Er gab einfach nicht auf. Es wird berichtet, Edison habe gesagt, er sei eigentlich nie gescheitert – nicht ein einziges Mal. Er musste nur viele, viele Schritte gehen, um es am Ende hinzubekommen! Genauso eine Entschlossenheit ist notwendig, wenn Sie etwas Lohnenswertes tun wollen.

Der Mann, der IBM zu weltweitem Ruhm verhalf, der ehemalige Direktor Thomas J. Watson, hatte keine Angst zu versagen. Im Gegenteil, er sagte zu dem Thema sogar Folgendes: »Hätten Sie gerne von mir ein Erfolgsrezept? Es ist im Grunde ganz einfach. Verdoppeln Sie Ihre Fehlerquote. Sie halten Fehler für die Feinde des Erfolgs. Doch das sind sie ganz und gar nicht. Sie können sich von Fehlern entmutigen lassen, oder Sie können aus ihnen lernen. Deshalb gehen Sie los und machen Sie Fehler.

Machen Sie so viele Sie können. Denn vergessen Sie nicht, dort werden Sie den Erfolg finden.«

Wenn Sie der Angst zu versagen nachgeben, wird diese Sie ganz gewiss davon abhalten, Ihr volles Potenzial auszuschöpfen. Doch die gute Nachricht ist, Sie haben keinen Grund, Angst vor Fehlern zu haben. Zuallererst, weil Gott mit Ihnen ist und zweitens, weil Sie gar nicht versagen können, solange Sie nicht aufgeben.

Immer wenn Sie versucht sind, sich zu ängstigen, denken Sie daran: Gott ist mit Ihnen. Er wird Sie nicht verlassen noch versäumen. Er ist Ihr Gott. Er wird Ihnen helfen und Sie in seiner Hand halten. Er macht Sie stark, damit Sie den Schwierigkeiten ins Auge schauen können. Er baut Stärke und Stabilität in Ihnen auf und formt Ihren Charakter, damit Sie weiter durchhalten und vorwärtsgehen können, hin zu den guten Dingen, die er für Sie bereithält. Gott gibt Ihnen den Mut, niemals aufzugeben.

Ich habe oft darüber nachgedacht, warum manche Menschen mit ihrem Leben Großartiges bewirken, während andere nur wenig bis gar nichts anpacken. Ich weiß, dass das, was wir mit unserem Leben erreichen, nicht nur von Gott abhängt, sondern auch von dem, was in uns ist. Jeder von uns muss sich entscheiden, ob er sich ein Herz fasst und den Mut aufbringt, durch alles hindurchzugehen: durch Zeiten der Furcht, Fehler, unfairen Behandlung durch andere, offensichtliche Ungerechtigkeiten und durch all die Herausforderungen des Lebens. Das kann niemand anderes für uns tun. Das müssen wir selbst tun.

Ich möchte Sie ermutigen: Übernehmen Sie Verantwortung für Ihr Leben und für das, was Sie mit Ihrem Leben erreichen. Was werden Sie mit dem tun, was Gott Ihnen gegeben hat? Werden Sie Ihre Talente und Ihre Zeit einsetzen oder werden Sie alles verstecken, weil Sie Angst haben? Ich glaube wirklich, dass Gott jedem die gleichen Möglichkeiten schenkt. Er sagt: *Das Leben und den Tod habe ich dir vorgelegt ... So wähle das Leben* (5. Mose 30,19).

Angst gehört in die Kategorie Tod, Glaube und Fortschritt füllt uns mit Leben. Sie haben die Wahl und ich bin überzeugt, Sie werden sich richtig entscheiden!

Mit dem Erfolg verbunden

Alexander Graham Bell, Erfinder des Telefons und Gründer der Bell Telefongesellschaft, war ein kluger Kopf, neugierig, fleißig und hartnäckig. Diese Qualitäten trugen in großem Maße zu dem Erfolg bei, den er mit seinen Erfindungen verzeichnen konnte. Doch der eigentliche Antrieb zu seinen großartigen Erfindungen lag in dem Wunsch, Menschen zu helfen, die mit Herausforderungen und Schwierigkeiten zu kämpfen hatten.

Bells Mutter Eliza Grace war schwerhörig und er wollte einen effektiveren Weg der Kommunikation mit ihr finden, als nur durch das Hörrohr zu sprechen, wie es die anderen Leute taten. Stattdessen hielt Bell, wenn er mit ihr redete, seinen Mund nahe an ihre Stirn, weil er glaubte, dass sie die Klangwellen seiner kräftigen Stimme spüren konnte. Die Taubheit seiner Mutter und die Arbeit seines Vaters im Bereich der Sprechtechnik sowie dessen Wunsch, der hörgeschädigten Bevölkerung zu helfen, riefen auch in Bell ein Interesse hervor, Menschen in ihrer Kommunikation miteinander zu unterstützen.

Als schottischer Bürger reiste Bell nach London, um dort an der Universität zu studieren. Während er in England war, erkrankten seine beiden Brüder an Tuberkulose und starben. Auch Bell erkrankte an dieser fürchterlichen Krankheit. Um sein Leben zu retten, zogen seine Eltern mit ihm, ihrem einzigen noch lebenden Sohn, nach Kanada. Obwohl sich deshalb seine Zeit an der Londoner Universität verkürzte, wurde dort sein Interesse an der Arbeit des deutschen Physikers Hermann von Helmholtz geweckt. Bell konnte zwar kein Deutsch lesen, ließ sich aber nicht davon abhalten, auf anderen Wegen herauszufinden, was Helmholtz lehrte. Helmholtz' Behauptung, man könne elektrische Stimmgabeln und Resonatoren dazu verwenden, Vokaltöne zu erzeugen, erregte Bells Aufmerksamkeit. Da seine Deutschkenntnisse nicht ausreichend waren, missdeutete Bell die Theorie von Helmholtz und dachte, der Physiker sei der Meinung, man könne über einen Draht

Töne übertragen, was ihm selber schließlich gelang. Als er später einmal über diese falsche Interpretation sprach, sagte er: »Dies gab mir Zuversicht. Wenn ich Deutsch hätte lesen können, hätte ich vielleicht nie mit meinen Experimenten im Bereich der Elektrizität begonnen.« Genau diese Experimente führten schließlich zur Erfindung des Telefons.

Bell ist als Erfinder des Telefons sehr bekannt, doch er erfand auch andere wichtige Geräte, zum Beispiel den Vorläufer der eisernen Lunge, der um 1950 herum eingesetzt wurde, um an Kinderlähmung erkrankten Patienten zu helfen. Auch diesen Apparat entwickelt er aus einer persönlichen Not heraus. 1881 starb sein neugeborener Sohn Edward, weil seine Atmung versagte. Deshalb kreierte Bell eine Metalljacke, die Menschen mit Atemproblemen das Atmen erleichterte. Im selben Jahr wurde der Präsident der Vereinigten Staaten, James A. Garfield, angeschossen und Bell setzte all seine Möglichkeiten und Fähigkeiten ein, um dessen Leben zu retten. So schnell er konnte, schusterte er einen Metalldetektor zusammen, um die genau Lage der Kugel im Körper finden zu können. Obwohl der Präsident an seinen Wunden starb, hatte Bell doch alles getan, um bei der Rettung zu helfen.

Ich möchte Sie ermutigen: Seien Sie wie Alexander Graham Bell und lassen Sie sich durch die Nöte, die Sie erleben und die Sie sehen, inspirieren, kreativ zu werden. Geben Sie nicht auf, die Welt zu einem schöneren Ort zu machen und das Leben von Menschen in Ihrem Umfeld zu verbessern.

KAPITEL 4

Stellen Sie sich Ihren Ängsten

»Sperre einen Adler in einen Käfig und er wird die Stäbe durchbeißen, seien sie aus Eisen oder aus Gold.«
Ibsen

Hühner bleiben oft ihr ganzes Leben lang auf demselben Hühnerhof, doch Adler lernen, wie man sich zu neuen Höhen aufschwingt. Auf Ihrem Weg hin zu einem Adler-Christen möchte ich Ihre Aufmerksamkeit einmal auf sieben Ängste lenken, denen Sie sich im Leben stellen müssen. Wenn Sie diesen Ängsten nicht ins Auge schauen, werden Sie von ihnen auf dem Hühnerhof zurückgehalten, doch wenn Sie sich ihnen stellen und sie überwinden, dann werden Sie ein Adler werden können. Geben Sie niemals auf, stellen Sie sich mit Gottes Hilfe Ihren Ängsten und lassen Sie die »Mentalität eines Huhnes« zurück!

Sieben Ängste, denen Sie sich stellen müssen

1. Angst vor dem, was andere denken

Setzen Sie sich mit Ihrer Angst vor der Meinung anderer Leute auseinander. Das befähigt Sie dazu, sich von dem Ort zu befreien, an dem Sie sich gerade befinden, um die nächste Stufe zu erklimmen. Viele unserer Entscheidungen treffen wir nur Menschen zuliebe, und nicht weil wir Gott gefallen wollen. Wir folgen nicht unserem Herzen, sondern sind bemüht, es den Menschen um uns herum recht zu machen, weil wir von ihnen akzeptiert und anerkannt werden wollen. Wir sehnen uns danach, dass sie uns mögen. Wir möchten Teil der Gruppe sein, wollen nicht von ihnen verurteilt oder kritisiert werden und sind bestrebt zu vermeiden, dass sie negativ über uns reden.

In Galater 1,10 behandelt der Apostel Paulus dieses Thema: *Wollte ich noch den Menschen gefallen, dann wäre ich kein Knecht Christi* (Einheitsübersetzung). Anders gesagt, wenn er sich entschlossen hätte, darauf zu achten, was andere von ihm halten oder es ihm wichtig gewesen wäre, beliebt zu sein, dann hätte er dem Herrn nicht so dienen können, wie er es tat. Und das Gleiche gilt auch für Ihr Leben.

Es ist ganz normal, dass wir Menschen gefallen wollen, doch sobald Sie in diesem Bereich unausgewogen sind und sich extrem nach der Anerkennung anderer sehnen, kann der Teufel sich das zunutze machen, um Ihnen Ihre Bestimmung zu stehlen. Sie werden nie im vollen Maße das erreichen, was Gott für Sie bereithält, wenn es Ihr Ziel ist, den Menschen zu gefallen.

Ich habe festgestellt, dass die Menschen in meinem Leben, die Gott nicht einhundertprozentig dienen wollten, versuchten, mich ebenfalls davon abzuhalten, es zu tun. Menschen möchten uns nämlich für gewöhnlich dazu bringen, das zu tun, was sie selbst auch tun und lassen uns nicht die Freiheit, unsere eigenen Entscheidungen zu treffen. Doch wir dürfen ihrem Druck nicht nachgeben, denn letztendlich wird jeder von uns selbst vor Gott stehen, um für sein eigenes Leben Rechenschaft abzulegen. Wir werden dann nicht Menschen Rede und Antwort stehen, sondern Gott und deshalb sollten wir so leben, dass wir ihm und nur ihm alleine gefallen.

Ich glaube, dass Sie ernsthaft weiter mit Gott leben wollen, Sie sind hungrig nach einer tieferen Beziehung zu ihm und Sie wollen ein Adler sein. Deshalb müssen Sie mit einkalkulieren, dass einige Ihrer Freunde oder Kollegen Sie nicht verstehen werden. Es ist doch so: Wenn Sie während der Mittagspause Bibel lesen oder einen Spaziergang machen, um zu beten, anstatt über andere zu tratschen, ist das vermutlich nicht das allgemein übliche

Verhalten an dem Ort, wo Sie leben oder arbeiten. Vielleicht machen sich die Leute über Sie lustig, doch das liegt daran, dass sie sich durch Ihre richtige Entscheidung überführt fühlen. Möglicherweise sagen sie, Sie seien »päpstlicher als der Papst« oder meinen, Sie seien ein religiöser Fanatiker geworden, der sich selbst für besser hält als alle anderen. Vielleicht werden Sie von ihnen abgelehnt und sie reden schlecht über Sie, aber wenn es Ihr tiefer Wunsch ist, einfach nur Gott zu lieben und ihm von ganzem Herzen zu dienen, dann bleiben Sie dran, gehen Sie weiter vorwärts und lassen sich von niemandem aufhalten.

Wie gesagt, meistens wollen die Leute, die sich über Sie ärgern, weil Sie mit Gott vorwärtsgehen, selbst nicht mit ihm weitergehen. Doch sobald Sie einen Christen finden, der die gleichen Werte vertritt und sich an denselben Aktivitäten beteiligt wie Sie, haben Sie einen neuen Freund gewonnen. Gott ist treu. Wer mit ihm vorwärtsgeht, dem wird er neue Freunde schenken und mit Menschen umgeben, die gleich gesinnt sind. Ich kann Ihnen nicht versprechen, dass Sie nicht zuerst auch durch einsame Zeiten hindurchgehen müssen, doch ich weiß, dass Gott die Freunde und Kameraden für Sie bereithält, die Sie brauchen. Ich musste auch durch einsame Zeiten in meinem Leben hindurch; und wenn Sie sich einsam fühlen, lassen Sie sich davon nicht entmutigen, denn die Dinge werden sich früher oder später ändern.

In Johannes 12,42-43 wird eine traurige Situation beschrieben, die das Leben vieler Menschen charakterisiert:

> *Es gab allerdings sogar unter den führenden Männern viele, die an Jesus glaubten. Aber wegen der Pharisäer bekannten sie sich nicht offen zu ihm; sie mussten befürchten, aus der Synagoge ausgeschlossen zu werden. Es war ihnen wichtiger, ihr Ansehen bei den Menschen nicht zu verlieren, als bei Gott Anerkennung zu finden (NGÜ).*

Die Männer in diesem Abschnitt versäumten es, eine tiefe Beziehung mit Gott einzugehen, weil ihnen wichtiger war, was die

Menschen dachten als das, was Gott dachte. Bitte seien Sie nicht so! Wenn Sie mit der Sehnsucht nach Anerkennung und Annahme zu kämpfen haben, dann empfehle ich Ihnen mein Buch *Süchtig nach Anerkennung*. Setzen Sie alles daran, an den Punkt zu kommen, an dem Sie sich mehr um das kümmern, was Gott denkt, als um das, was Ihre Familie, Freunde, Nachbarn oder Kollegen denken. Trachten Sie danach, ihm zu gefallen und dann können Sie sich mit den Adlern in die Lüfte schwingen, anstatt mit den Hühnern im Hühnerhof herumzuscharren.

2. Angst vor Kritik

Die Angst vor dem, was andere denken, hat einen Wegbegleiter, und das ist die Angst vor ihrer Kritik. Wir wünschen uns, dass die Leute in unserem Umfeld uns für klug und großartig halten und der Meinung sind, dass wir immer das Richtige tun. Wir wollen in keiner Form kritisiert oder beurteilt werden und mögen es nicht, wenn jemand schlecht über uns redet. Wir müssen diese Dinge auch nicht mögen, doch wir dürfen es uns nicht gestatten, sie zu fürchten.

Wenn wir unter Selbstzweifeln leiden, dann verlassen wir uns auf die Anerkennung anderer, denn sie gibt uns das Gefühl, das Richtige zu tun. Aufgrund der eigenen Unsicherheit oder der Angst vor Fehlern machen viele Menschen die meisten, wenn nicht sogar alle ihre Entscheidungen davon abhängig, was andere denken. Warum gehen wir eigentlich davon aus, dass sie all die Antworten kennen und nicht wir?

Wenn wir selbst innerlich gefestigt und sicher sind, kann uns die Meinung anderer nicht beeinflussen.

Wenn wir selbst innerlich gefestigt und sicher sind, kann uns die Meinung anderer nicht beeinflussen.

Meine Tochter Sandra litt jahrelang unter ihrer Unsicherheit und ihrem Perfektionismus. Ich erinnere mich, wie sie sich übermäßig darum bemühte, die Meinungen anderer in Bezug darauf zu hören, was in unterschiedlichen Situationen zu tun sei. Stimmte dann die Meinung dieser Leute nicht mit ihrer überein, war sie sehr verwirrt. Ich bemerkte oft, dass sie ihre eigenen Entscheidungen änderte, um mit anderen übereinzustimmen, auch dann, wenn sie eigentlich in ihrem Herzen wusste, dass ihre ursprüngliche Entscheidung die richtige gewesen wäre.

Gott sei Dank wurde sie in diesem Bereich von Gott geheilt. Auch wenn sie immer noch gerne um Rat bittet, ist sie doch gefestigt genug, letztendlich das zu tun, was sie für richtig hält. Sie ist viel glücklicher und hat die tiefe, innere Gewissheit, dass sie Gott, so gut sie es kann, nachfolgt.

Viele Menschen leiden an solchen oder ähnlichen Unsicherheiten, wie Sandra sie erlebte. Wenn auch Sie zu ihnen gehören, habe ich gute Nachrichten für Sie: Gott wird Sie davon befreien. Ich ermutige Sie, damit anzufangen, sich der Furcht zu stellen, Sie könnten falsch liegen. Glauben Sie, dass der Geist Gottes in Ihnen wohnt und Ihnen Weisheit geben und Sie in jeder Situation leiten wird.

Wenn ich an Menschen denke, die die Furcht vor Kritik überwunden haben, fällt mir Dr. Martin Luther King Jr. ein. Als er anfing, sich gegen die in den Vereinigten Staaten vorherrschende Rassentrennung und gegen die ungerechte Behandlung der Afroamerikaner im Land zu äußern, wurde er an allen Ecken und Enden kritisiert. Manche Kritik war sehr bösartig. Doch selbst als er kritisiert, grausam behandelt, bedroht, eingeschüchtert und ins Gefängnis geworfen wurde, blieb King in dieser Sache standhaft. Als ihn am 4. April 1968 die Kugel eines Attentäters tötete, traf sie einen Mann, der fest entschlossen war, niemals aufzugeben. Weil King sich seiner Furcht vor Kritik stellte und sie überwand, wurden die sozialen Veränderungen, für die er sich eingesetzt hatte, schließlich Realität und beeinflussten die amerikanische Gesellschaft nachhaltig.

Ich glaube, dass jeder, der etwas Bedeutendes tut, zuerst die Furcht vor Kritik überwinden muss. Wir können Gott nicht nachfolgen und gleichzeitig alle Menschen immer glücklich machen. Um großartige Dinge zu bewirken, müssen wir es akzeptieren, dass eine bestimmte Anzahl von Menschen uns nicht zustimmt – und wir dürfen uns davon nicht aufhalten lassen.

3. Angst, Gott nicht zu gefallen

Je intensiver Sie mit Gott leben wollen, desto stärker müssen Sie sich mit der Angst befassen, Sie könnten Gott aufgrund Ihrer Unvollkommenheit nicht gefallen. Das ist für viele Menschen ein erheblicher Kampf. Sie leiden schrecklich unter ihren heimlichen Sorgen, dass Gott womöglich gar keinen Wohlgefallen an ihnen hat, sie nicht genug tun oder die Dinge falsch machen. Sie haben Angst, Gott könnte unzufrieden mit ihnen sein, weil sie zu wenig in der Bibel lesen, nicht richtig beten oder nicht genug Glauben haben. Die Furcht hält sie gefangen, dass nichts von dem, was sie tun, Gott jemals genügen wird. *Das ist eine Lüge!* Der Teufel möchte uns einreden: »Genug ist nie genug!« Er will uns glauben machen, dass, egal was wir tun, Gott immer noch mehr von uns verlangt oder etwas anderes erwartet.

Das ist wirklich traurig. In Wahrheit ist Gott nicht annähernd so schwer zufriedenzustellen, wie wir meinen. Ja, er hat hohe Ansprüche und er erwartet in jedem Bereich das Bestmögliche, doch es ist eine Tatsache, dass ihn nichts an uns überrascht. Er wusste, auf wen er sich einließ, als er uns in eine Beziehung mit sich selbst führte. Wenn wir Fehler machen, sitzt er nicht im Himmel, ringt seine Hände und sagt: »Ich bin von deinem Verhalten wirklich erschüttert. Das hätte ich nie von dir erwartet!« In Psalm 139 lesen wir, dass er schon weiß, was wir tun werden, bevor wir es getan haben. Deshalb vergessen Sie nicht, Gott weiß *alles* über Sie, und er liebt Sie trotzdem!

Lesen Sie einmal aufmerksam folgende Aussage: *Wenn Sie perfekt sein könnten, bräuchten Sie Jesus nicht.* Das Einzige, was Gott von Ihnen verlangt, ist Ihre Bereitschaft, immer vollkommener zu werden. Wenn Sie mit Jesus eine Liebesbeziehung haben, wird

Ihre Liebe zu ihm dafür sorgen, dass Sie jeden Tag vollkommener werden wollen. Ich kann Ihnen aber schon jetzt garantieren, dass es täglich Momente geben wird, in denen Sie diesem Ziel nicht gerecht werden können. Als echter Christ werden Sie Ihre Mängel nicht leichtfertig mit einem »Ach, was soll's« abtun. Ihre Liebe zu Jesus wird Sie förmlich dazu antreiben, es jeden Tag besser machen zu wollen. Sie stehen morgens mit diesem Wunsch auf und in manchen Bereichen wird es Ihnen gelingen, in anderen nicht.

Wenn Sie perfekt sein könnten, bräuchten Sie Jesus nicht.

Die Botschaft, die Gott Ihnen durch diese Situationen mitteilen möchte, ist: »Du brauchst mich immer noch.«

In Matthäus 5,48 sagt Jesus: *Ihr nun sollt vollkommen sein, wie euer himmlischer Vater vollkommen ist.* Wenn wir daran denken, »vollkommen« zu sein, kann uns das einschüchtern, doch mit »vollkommen« ist hier laut Originaltext gemeint: »zur Reife gelangen«. Wir sollten uns freuen und fröhlich sein, wenn wir zur Reife gelangen und aufhören, uns selbst zu kritisieren, nur weil wir nach menschlichen Maßstäben nicht perfekt sind.

Ich möchte Ihnen Mut machen, Ihre Reise zu genießen. Denn immerhin geht es im Leben nicht nur darum, bestimmte Ziele zu erreichen, sondern vielmehr darum, wie wir die Reise bewältigen. Diejenigen, die ihr Leben lang zu kämpfen haben und schließlich missmutig an ihrem Ziel ankommen, bewirken nicht annähernd so viel wie diejenigen, die den Prozess der Reise genießen, aber ihr Ziel vielleicht nicht wie geplant erreichen.

Vielleicht haben Sie mich schon einmal sagen hören: »Ich bin noch nicht, wo ich sein sollte, aber Gott sei Dank bin ich auch nicht mehr da, wo ich einmal war. Ich bin noch nicht angekommen, doch ich bin auf dem Weg!« Diese Haltung macht den Teufel wütend. Versuchen Sie nicht entsprechend weltlicher Maßstäbe perfekt sein zu wollen. Freuen Sie sich stattdessen über jeden Fortschritt, den Sie machen. Wenn Sie noch nicht da sind, wo Sie eigentlich sein wollten, dann erinnern Sie sich daran, dass Sie auch nicht mehr dort sind, wo Sie einmal waren!

Schauen Sie nicht auf Ihre Fehler, sondern schauen Sie auf Ihre Fortschritte.

Allein die Tatsache, dass Sie dieses Buch lesen, zeigt, dass Sie Fortschritte machen.

Setzen Sie sich wirklich ernsthaft mit Ihrer Furcht auseinander, Gott könne nicht zufrieden mit Ihnen sein. Lassen Sie sich aufgrund Ihres Versagens nicht davon abhalten, den Weg mit Gott weiterzugehen. Er ist der Einzige, der Ihnen helfen kann, Ihre Fehler und Schwächen zu überwinden, deshalb konzentrieren Sie sich auf ihn und nicht auf Ihre Fehler. Hebräer 12,2 lehrt uns, worauf wir unseren Blick richten sollen: *Und unseren Blick auf Jesus richten, den Wegbereiter des Glaubens, der uns ans Ziel vorausgegangen ist* (NGÜ). Der Teufel ist der Urheber aller Ablenkung und er möchte Sie vernichten, indem er Sie ablenkt. Ihm ist bewusst, dass wenn Sie Ihren Blick auf Jesus gerichtet halten, dieser sowohl der Urheber und die Quelle als auch der Vollender Ihrer Träume, Visionen und Ihres Glaubens ist.

Wenn Sie noch nicht da sind, wo Sie eigentlich sein wollten, dann erinnern Sie sich daran, dass Sie auch nicht mehr dort sind, wo Sie einmal waren!

Vergessen Sie nicht, Gott ist nicht überrascht von Ihnen. Ihre Fehler und Ihr Versagen können ihn nicht »kalt erwischen«. Er wird mich nicht kopfschüttelnd ansehen und sagen: »Oh Joyce! Ich hätte nie gedacht, dass du *so* bist! Hätte ich gewusst, dass du *so etwas* tust, hätte ich dir nicht gestattet, Bibellehrerin zu werden!« Lesen Sie einmal Psalm 139. Jeder Tag Ihres Lebens stand bereits in seinem Buch, bevor Sie überhaupt auf die Welt kamen. Gott kennt jedes Wort, das aus Ihrem Mund kommt, sogar die, die Sie noch nicht gesprochen haben. Ihre Mängel schockieren ihn nicht. Er überdeckte sie am Kreuz mit dem Blut seines Sohnes.

Als jemand, der Gott wirklich liebt und eine *Liebesbeziehung* zu Jesus hat, wollen Sie gar nicht sündigen oder Gott missfallen. Sie werden alles Ihnen Mögliche tun, um der Sünde fernzubleiben. Dennoch werden Sie sündigen und Sie dürfen nicht zulassen, dass Sie dadurch davon abgehalten werden, mit Gott weiterzugehen. *Wenn* Sie sündigen, haben Sie einen Anwalt vor dem Vater: Jesus Christus, den Gerechten (siehe 1. Johannes 2,1; Einheitsübersetzung). *Er vergibt uns unsere Sünden und reinigt uns von allem Unrecht, ›das wir begangen haben‹* (siehe 1. Johannes 1,9; Einheitsübersetzung). Lassen Sie sich nicht von Ihren Sünden, Ihren Fehlern oder Ihrem Versagen vom Weg abbringen. Glauben Sie nicht, Gott wäre unzufrieden mit Ihnen. Wenn Sie in Christus sind, sind Sie Gott dem Vater total wohlgefällig, denn er sieht, wer Sie in Jesus und nicht, wer Sie aus eigener Leistung sind. Vergessen Sie nicht, wir sind aus Gnade errettet worden und nicht durch unsere Werke. Wir können uns unsere Errettung nicht durch etwas, was wir tun, verdienen; sie ist ein Geschenk Gottes und wird durch Glauben empfangen (siehe Epheser 2,8-9).

4. Angst vor falschen Entscheidungen

Um als Adler-Christ weiterzukommen, müssen Sie sich mit einer weiteren Angst auseinandersetzen, nämlich der Angst vor falschen Entscheidungen, auch bekannt unter »Selbstzweifel«. Ich glaube nicht, dass es Gottes Wille für uns ist, an uns selbst zu zweifeln. Er möchte, dass wir Sicherheit und Selbstvertrauen haben.

Einmal traf ich eine Entscheidung, die eine Handvoll Menschen nicht gut fanden, sie hielten sie für keine gute Wahl. Es gab auch Leute, die meine Entscheidung befürworteten und sie für richtig hielten. Doch ich musste ständig an die Neinsager denken und fragte mich: *Habe ich das Richtige getan? Vielleicht habe ich nicht das Richtige getan.* Dann sprach ich mit Gott darüber: »Herr, habe ich das Richtige getan?« Er bestätigte mir, dass meine Entscheidung die richtige gewesen ist.

Vielleicht mussten Sie, genauso wie ich, ebenfalls lernen, nicht auf Selbstzweifel zu hören. Gott erinnert mich immer wieder daran, auf diesem Gebiet aufzupassen, denn Satan attackiert uns oft mit allen möglichen Ängsten und Zweifeln. Ich habe gelernt, nicht nur auf meine Gefühle zu vertrauen, sondern stattdessen auch auf mein Herz zu achten, um erkennen zu können, was Gott meiner Meinung nach wirklich sagt. Es ist unglaublich, was wir in unserem Inneren entdecken, wenn wir uns einmal die Zeit nehmen zuzuhören.

Wenn wir uns ständig selbst hinterfragen und uns innerlich nur noch damit beschäftigen, ob wir gute Entscheidungen getroffen haben oder nicht, dann können wir uns in Selbstzweifel verlieren und werden wankelmütig oder auch unentschlossen. In Jakobus 1,7-8 lesen wir, dass die Menschen, die wankelmütig sind, unbeständig sind bei dem, was sie tun und nicht erwarten sollen, irgendetwas von Gott zu bekommen. Es verwirrt uns darüber hinaus, wenn wir sehr unentschlossen sind. Verwirrung entmutigt und deprimiert. Und schon bald finden wir uns im Hühnerhof wieder, wie wir mit den anderen Hühnern im Staub scharren, anstatt mit den Adlern die Lüfte zu erobern.

Gestatten Sie es sich nicht, in Selbstzweifeln zu baden und wankelmütig zu werden. Wenn Sie glauben, einen Fehler gemacht zu haben, sagen Sie es Gott: »Gott, wenn ich einen Fehler gemacht habe, vertraue ich dir, dass du ihn mir zeigst. Ich möchte wissen, ob ich einen Fehler gemacht habe oder eine falsche Entscheidung getroffen habe. Bitte zeige mir, wenn ich falsch liege.« Dann nehmen Sie sich Zeit, werden still und hören hin, was Sie in Ihrem Inneren empfinden. Vergessen Sie nicht: Sobald Sie Ihren eigenen Gedanken, Ihren Gefühlen oder anderen Menschen zuhören, werden Sie keine klugen und wegweisenden Ratschläge hören. *Hören Sie auf Ihr Herz!* Sind Sie Christ, dann lebt der Geist Gottes in Ihnen, in Ihrem Herzen, und er wird Sie leiten und führen.

Glauben Sie nicht, falsch zu liegen, nur weil eine Handvoll von Menschen mit Ihrer Entscheidung nicht übereinstimmt. Wenn der Teufel Sie so leicht aus der Bahn werfen kann, indem er jemanden findet, der anderer Meinung ist als Sie, dann sitzt er mit Sicherheit schon am Steuer Ihres Lebens. Sorgen Sie dafür, dass Sie sich auf dem Weg hin zu einem Adler-Christen nicht ablenken lassen und ohne Selbstzweifel zielorientiert bleiben.

Ich habe bemerkt, dass Zweifel mich oft dann heimsuchen, wenn ich im Gebet bin. Es ist so ein vages Gefühl und ich frage mich, ob Gott mich wirklich hört und mir antworten wird. Dabei sollte ich ihm vertrauen, dass er mir zuhört und er mir antwortet. Das Gebet ist unser größtes Vorrecht und Gott gebraucht es, um auf der Erde zu handeln. Die Bibel sagt: Wir haben nicht, weil wir nicht bitten (siehe Jakobus 4,2), doch sie sagt auch, dass wir im Glauben bitten müssen, ohne zu schwanken, zu zögern oder zu zweifeln (siehe Jakobus 1,6). Gott wirkt durch unseren Glauben und nicht durch unsere Angst. Doch um uns eine innere Haltung des Glaubens zu erhalten, müssen wir eine bewusste Entscheidung treffen. Glauben wir oder zweifeln wir? Die Entscheidung liegt bei uns.

5. Angst, Gott zu verpassen

Die nächste Angst, der wir ins Auge schauen müssen, wenn wir fest entschlossen sind, niemals aufzugeben, ist die Angst davor, Gott zu verpassen, während wir ihm nachfolgen. Alles, was ich dazu sagen kann, ist: Sollten Sie Gott aus irgendeinem Grund verpasst haben, machen Sie sich keine Sorgen. Er wird Sie finden.

Diese Angst davor, Gott zu verpassen (die falsche Entscheidung zu treffen) beinhaltet auch die Angst vor Verlust. Wenn Gott uns einen Traum ins Herz legt und uns aufruft, etwas zu tun, dann ist oftmals unsere erste Frage: »Angenommen, ich gehe los, probiere das aus, doch es war gar nicht Gottes Wille? Was dann? Oder was ist, wenn er mich nicht versorgt?«

Sollten Sie Angst davor haben, Gott zu verpassen, dann erinnern Sie sich daran, wie sehr Gott Sie liebt und schauen Sie sich die Zeugnisse der Menschen an, die diesen Weg vor Ihnen gegangen sind. Die Bibel enthält unzählige Berichte über Wunder, die von Gottes Führung und Versorgung zeugen. Er ist der Gott, der jeden Tag, vierzig Jahre lang, dafür sorgte, dass Manna vom Himmel fiel, damit die Kinder Israels etwas zu essen hatten! Darüber hinaus enthalten Büchereien und Buchgeschäfte eine Vielzahl an Büchern mit bemerkenswerten Geschichten, in denen davon berichtet wird, wie Gott sein Volk im Verlauf der Geschichte geführt und versorgt hat.

Unter den Christen herrscht oft die falsche Meinung, dass wir die Verantwortung, nie einen Fehler machen zu dürfen, auf uns nehmen müssen. Doch der springende Punkt bei Gottes Liebe und Gnade ist der: Wenn wir in unserem Herzen vor Gott aufrichtig sind und unser Bestes geben, wenn wir gebetet und Gottes Angesicht gesucht haben, und *tatsächlich* einen Fehler machen, während wir einen Schritt im Glauben wagen, dann bringt Gott uns wieder auf den richtigen Weg zurück. Er hat uns noch nie verlassen und er kann es auch so machen, dass der sogenannte Fehler am Ende zum Guten für uns wird. Wir sollten keine Angst haben, Gott womöglich zu verpassen, oder wir werden nie in der Lage sein, den ersten Schritt in der Nachfolge zu gehen.

Es ist doch so, jeder macht Fehler, wenn er versucht, Gott nachzufolgen. Das ist nicht das Ende der Welt! Haben Sie nicht so eine große Angst vor dem Versagen, dass Sie es gar nicht erst versuchen. Ich würde es eigentlich immer eher versuchen und einen Fehler in Kauf nehmen, als mein Leben lang nichts auszuprobieren. Gott mag es, wenn wir draufgängerisch sind. Eigentlich ist die Angst, Gott zu verpassen, identisch mit der Angst vor Versagen. Lassen Sie Ihre Entscheidungen nicht von dieser Angst beeinflussen. »Gehe los und finde es heraus« ist mein Motto. Sie können kein geparktes Auto fahren! Sie müssen schon in irgendeine Richtung losfahren. Wenn Sie falsch abbiegen, können Sie immer noch umdrehen und den Weg in die andere Richtung einschlagen.

6. Angst vor Veränderung

Der ehemalige amerikanische Präsident Woodrow Wilson sagte einmal: »Wenn du dir Feinde machen willst, versuche etwas zu verändern.« Aus irgendeinem Grund mögen viele Menschen keine Veränderung und ich glaube, das kommt oft daher, weil sie Angst davor haben.

Wenn wir müde oder einfach nur einer Sache überdrüssig sind, werden wir oft ruhelos und fangen an zu beten: »Oh Gott! Etwas muss sich verändern!« Aber sobald Gott dann versucht, Veränderungen in unserem Leben anzustoßen, sagen wir: »Herr, was machst du? Ich glaube, ich kann diese Veränderungen gar nicht ertragen!« Wir stehen oft in einer Spannung: Einerseits wünschen wir uns Veränderung, andererseits fürchten wir sie.

Wie gut, dass Gott sich nicht verändert. Er bleibt immer derselbe. Deshalb können wir ihm vertrauen, selbst wenn sich unsere Umstände oder Situationen verändern. In Hebräer 13,8 steht: *Jesus Christus ist derselbe gestern und heute und in Ewigkeit.* Und Gott selbst sagt in Maleachi 3,6: *»Nein, ich, der HERR, ich habe mich nicht geändert.«* Das sollte uns großen Mut machen und uns trösten, wenn wir in unserem Leben mit Veränderungen konfrontiert werden. Wir brauchen Veränderungen nicht zu fürchten; wir können sie bewältigen, weil Gott immer derselbe bleibt.

Was wäre, wenn Abraham Lincoln Angst vor Veränderungen gehabt hätte? Er hätte nicht die Emanzipationserklärung unterschrieben und der Schrecken der Sklaverei wäre in Amerika weitergegangen. Was wäre, wenn Orville und Wilbur Wright Veränderungen gefürchtet hätten? Unsere Reisemöglichkeiten würden sich auf den Boden oder das Wasser beschränken und wir könnten nicht durch den Luftraum fliegen. Was wäre, wenn der bereits erwähnte Thomas Edison Angst vor Veränderung gehabt hätte? Wir würden nach Sonnenuntergang immer noch bei Kerzenschein lesen.

Ich führe Ihnen diese Beispiele vor Augen, damit Sie einmal an die guten Veränderungen denken, die das Leben der Menschen über die Jahre besser und leichter gemacht haben. Ich denke, auch Sie könnten Ihre eigene Liste positiver Veränderungen in Ihrem Leben aufstellen. Vergessen Sie nicht, die Angst vor Veränderung könnte verhindern, dass Ihnen etwas Wunderbares widerfährt. Ich bitte Sie inständig, das nicht zuzulassen, sondern die Veränderungen, die Ihnen begegnen, mutig willkommen zu heißen.

Ohne Veränderung gibt es kein Wachstum und alles, was nicht wächst, stirbt. Veränderungen gehören zum Leben und je mehr wir sie fürchten und ablehnen, umso mehr lehnen wir Gott ab.

Wie ich zuvor schon sagte, Gott selbst ändert sich nicht, doch er verändert zweifellos Menschen, Umstände und Dinge.

Vor ein paar Jahren bemerkte ich, dass die Menschen, die zu meinen Konferenzen kamen, so alt wie ich oder älter waren. Ich fragte mich, wo die jüngere Generation war und schließlich musste ich erkennen, dass ich ihr nichts zu bieten hatte, mit dem sie sich identifizieren konnte. So entschloss ich mich, alle notwendigen Veränderungen einzuleiten, um auch für die junge Generation relevant zu werden, denn sie ist unsere Zukunft. Wir können Gottes Wort nicht verändern, denn es bleibt unveränderlich, doch wir können die Verpackung ändern und genau das taten wir. Ich veränderte meine Art, mich zu kleiden, um dem heutigen Modestil zu entsprechen. Wir veränderten unsere Veranstaltungen, indem wir verschiedene Musikstile integrierten, unsere Medienpräsentation auf den neuesten Stand brachten und andere Beleuchtungstechnik einsetzten. All das verändert das Wort Gottes nicht, das bei dem, was wir darbieten, im Mittelpunkt steht, doch es zieht die Leute an. Weil wir bereit waren, einige Äußerlichkeiten zu verändern, kommen nun Menschen aller Altersstufen zu unseren Versammlungen. Es freut uns sehr zu sehen, dass es diese sogenannte Kluft zwischen den Generationen nicht unbedingt geben muss, wenn wir bereit sind, unsere alten Wege zu verändern.

> *Veränderungen gehören zum Leben und je mehr wir sie fürchten und ablehnen, umso mehr lehnen wir Gott ab.*

Wir alle neigen dazu, so zu denken, wie die Generation denkt, mit der wir aufgewachsen sind, doch wir müssen begreifen, dass sich die Dinge fortwährend verändern. Gott wird nicht anhalten, um auf uns zu warten und wenn wir nicht bereit sind, uns zu verändern, werden wir uns einmal fragen, warum wir das, was Gott heute tut, verpasst haben.

7. Angst vor Opfer

Wenn wir glauben, dass Gott uns darum bittet, etwas zu tun, fragen wir uns: *Was muss ich aufgeben, wenn ich das tue? Was wird es mich kosten? Wie unangenehm wird es für mich werden?*

Ja, es stimmt, alles, was wir für Gott tun, erfordert einen Einsatz. Unsere Liebe zu ihm zeigt sich unter anderem in der Bereitschaft, unser Leben ihm hinzulegen. Manchmal lässt er uns durch Zeiten der Bewährung gehen, die auch unsere Opferbereitschaft abfragt. Gott versucht dadurch nicht herauszufinden, ob wir ihn lieben und ihm von ganzem Herzen folgen wollen, sondern möchte uns vielmehr zeigen, wie sehr er uns liebt und sich uns gegenüber verpflichtet hat, damit diese Wahrheit fest in unser Herz eingraviert ist.

Vor mehr als dreißig Jahren, als Gott mich mit seinem Heiligen Geist erfüllte und mich in den Dienst rief, verlor ich fast alle meine Freunde, wurde gebeten, meine Gemeinde zu verlassen und war bei vielen meiner Familienmitglieder nicht mehr gut angesehen. Ich wurde abgelehnt, das war mir sehr peinlich und es fiel mir nicht leicht, durch diese Erfahrungen hindurchzugehen, ohne aufzugeben. Doch es war Teil des Preises, den ich bezahlen musste, um mit Gott zu gehen.

Haben Sie keine Angst vor Opfer, wenn Gott Sie ruft oder Ihnen einen Traum ins Herz gibt. Bleiben Sie fest entschlossen, den Preis zu bezahlen und die Probezeit zu bestehen. Ich versichere Ihnen, dass es sich lohnt.

Angst zu versagen, Angst vor dem, was andere denken, Angst vor Kritik, Angst davor, Gott nicht zu gefallen, Angst vor falschen Entscheidungen, Angst davor, Gott zu verpassen, Angst vor Veränderung, Angst vor Opfer. Lassen Sie all diese Ängste im Hühnerhof zurück, sie haben in den Lüften beim Adler nichts zu suchen. Vielleicht haben Sie Angst, den Hühnerhof zurückzulassen, denn das würde bedeuten, Sie müssten auch das, was Sie kennen und was Ihnen Sicherheit gibt, zurücklassen. Doch ich bitte Sie eindringlich, niemals aufzugeben, wenn Sie mit Ihren Ängsten konfrontiert werden. Breiten Sie Ihre Flügel aus und fliegen Sie voller Mut und Kühnheit.

Endgültig überwunden

Zu den bekanntesten »Überwindern« der amerikanischen Geschichte gehört Helen Keller, die sich trotz Blindheit ihrer Augen und Taubheit ihrer Ohren nicht davon abhalten ließ, das Leben zu genießen, bemerkenswerte Ziele zu erreichen und einen bedeutsamen Beitrag zur Gesellschaft zu leisten.

Helen Kellers Leben war relativ normal, bis sie neunzehn Monate alt war. Doch dann veränderte sich alles, als sie an einer Hirnhautentzündung erkrankte. Heute meinen viele, dass es sich um Scharlach handelte. Unabhängig von der Diagnose hinterließ die Krankheit eine starke gesundheitliche Beeinträchtigung, denn ihr Hör- und Sehvermögen wurden vollständig zerstört.

Um ihr zu helfen, brachten ihre Eltern sie zu Alexander Graham Bell, der als Erfinder des Telefons berühmt geworden war, aber auch als kompetenter Lehrer für Taube Bekanntheitsgrad erreichte. Viele hörgeschädigte Menschen wandten sich an ihn. Bell verwies die Kellers an die Bostoner Perkins-Schule für Blinde.

Die Perkins-Schule stellte Helen eine Lehrerin zur Seite namens Anne Sullivan, die von Helen liebevoll bis zu Sullivans Tod »Lehrerin« genannt wurde. Als Kind war Helen sehr frustriert über ihre Behinderung und reagierte oft mit heftigen Wutanfällen. Doch Sullivan war sehr tüchtig und blieb geduldig. Sie lehrte Helen nach und nach, Blindenschrift zu lesen und zu schreiben. Auch brachte sie ihr bei, trotz ihrer Blindheit und Taubheit effektiv kommunizieren zu können. Wenn Sie mehr darüber erfahren wollen, lesen Sie das Stück von William Gibson *The Miracle Worker – Wunder geschehen* oder schauen Sie sich den gleichnamigen Film an.

Von Kindesbeinen an wusste Helen, dass sie einmal studieren wollte. Sie war fest entschlossen, sich nicht durch ihre Behinderung davon abhalten zu lassen, dieses Privileg wahrzunehmen. Nachdem sie intensiv gelernt und sich fleißig vorbereitet hatte, wurde sie zum Radcliffe College zugelassen, der Hochschule für

Frauen, die der Harvard-Universität angegliedert war. Mithilfe von Anne Sullivan begann sie im Jahre 1900 dort zu studieren. Vier Jahre später beherrschte sie mehrere Fremdsprachen und machte ihr Examen mit Auszeichnung.

Auf der Hochschule begann Helen ihre Karriere als Schriftstellerin, die ein halbes Jahrhundert andauerte und aus der Bücher, Zeitungsartikel und Berichte für Zeitschriften hervorgingen. Ihr erstes Buch *Meine Welt (The Story of My Life)* wurde 1903 veröffentlicht und später in mehr als fünfzig Sprachen übersetzt.

Noch vor Ende ihres Leben 1968 erhielt Helen viele Ehrentitel und Auszeichnungen für ihre humanitäre Arbeit und dafür, dass sie Blinde und Taube so inspirierte, einschließlich der ehrenvollen, vom Präsidenten verliehenen Friedensmedaille. Doch mehr als das, genoss sie die vielen Gelegenheiten, Würdenträger, wie Oliver Wendall Holmes und auch jeden der amerikanischen Präsidenten, von Grover Cleveland bis Lyndon Johnson, kennenzulernen.

Mit zu den wichtigsten Gründen, warum Helen Keller nicht aufgegeben hat, gehört die Tatsache, dass sie selbst nie von Anne Sullivan aufgegeben wurde. Im Verlauf dieses Buches habe ich Sie dazu angehalten, nicht aufzugeben, und auch jetzt ermutige ich Sie dazu. Dennoch sollten auch Sie nicht vergessen, alles Ihnen Mögliche zu tun, andere zu ermutigen, damit diese ihre Schwierigkeiten überstehen und ihre Herausforderungen meistern, genauso wie Sie.

KAPITEL 5

Es wird Sie etwas kosten

»Der Granitblock, der ein Hindernis auf dem Pfad des Schwachen ist, wird zum Trittstein auf dem Pfad des Starken.«
Thomas Carlyle

Vielleicht haben Sie schon einmal von Wilma Rudolph gehört. Sie war eine außergewöhnliche Athletin, deren Geschichte in dem Fernsehfilm *Wilma* erzählt wurde. Ihr Bild zierte eine Briefmarke in den Vereinigten Staaten von Amerika. Ja, sie bekam als überragende Läuferin, Trainerin und Sportkommentatorin beachtliche Anerkennung und Beifall, doch können Sie sich vorstellen, was es sie gekostet hat, ihre Ziele zu erreichen und ihre Träume zu leben?

Sie kam als Frühgeburt zur Welt, als Zwanzigstes von zweiundzwanzig Kindern einer armen Familie, die unter den Auswirkungen der Großen Depression litt. Als Säugling bekam sie Scharlach und eine doppelte Lungenentzündung, kämpfte von Geburt an mit Kinderlähmung und musste zwei Mal in der Woche in ein fünfzig Meilen entferntes Krankenhaus für Schwarze gefahren werden, wo sie behandelt wurde. Zusätzlich musste ihre Mutter ihre Beine jahrelang vier Mal am Tag einreiben. Eines Tages eröffneten die Ärzte ihr, dass sie niemals gehen können würde, doch sie bewies ihnen das Gegenteil und lief bis zum Alter von neun Jahren mithilfe einer Stützvorrichtung. Mit zwölf konnte sie schließlich normal gehen. Nur vier Jahre später, als sie sechzehn Jahre alt war, gewann sie ihre erste olympische Medaille. Weitere vier Jahre später gewann sie bei den olympischen Spielen 1960 in Rom in drei Disziplinen Gold und wurde zum internationalen Superstar.

Das kleine Mädchen, dem einmal gesagt worden war, sie würde nie gehen können, hatte am Ende gelernt zu laufen, und zwar besser als jede andere Frau der Welt. Doch das kostete sie etwas: Schmerz, Opferbereitschaft und Disziplin. Sie wollte, dass sich ihre Wünsche erfüllten – und sie erfüllten sich, weil sie nie aufgab.

Wie Wilma Rudolph müssen wir lernen, sowohl die natürlichen Hürden als auch die unvorhersehbaren Einflüsse wie Ärger, mangelnde Vergebungsbereitschaft, Schuld, Scham und Angst zu meistern. In den nächsten Kapiteln werde ich ausführlich darüber schreiben, wie man diese Kernpunkte überwindet, damit Sie alles, was Sie zurückhalten möchte, meistern und Sie zu dem Menschen werden können, den Gott sich gedacht hat. Gehen Sie los, halten Sie durch und meistern Sie die Hindernisse. Zahlen Sie jetzt den Preis, damit Sie Ihre Ziele erreichen und Ihr volles Potenzial entfalten können.

Gehen Sie hindurch

Wir alle müssen durch bestimmte Situationen hindurch. Manchmal meinen wir, die Redewendung »Ich muss gerade richtig hart durch« beschreibt einen schlimmen Zustand, doch wenn wir uns die Worte einmal genauer ansehen, merken wir, dass »durch etwas hindurchmüssen« etwas Positives ist. Es besagt: Wir haben uns nicht festgefahren! Vielleicht sehen wir uns mit Schwierigkeiten konfrontiert, doch wenigstens bewegen wir uns dabei noch vorwärts.

In Jesaja 43,2 steht: *Wenn du durchs Wasser gehst, ich bin bei dir, und durch Ströme, sie werden dich nicht überfluten. Wenn du durchs Feuer gehst, wirst du nicht versengt werden, und die Flamme wird dich nicht verbrennen.* Gottes Wort ist hier ganz klar: Wir *werden* durch

Dinge hindurchmüssen. Wir *werden* mit Widrigkeiten in unserem Leben konfrontiert. Das ist keine schlechte Nachricht, das ist die Realität.

Ich will es noch einmal wiederholen: Wir werden in unserem Leben durch schwere Zeiten hindurchgehen müssen, doch hierbei handelt es sich um Umstände, Herausforderungen und Situationen, die uns zu Menschen machen werden, die wissen, wie man Widrigkeiten überwindet. Es sind nicht die guten Zeiten, in denen wir wachsen und stärker werden. Wir wachsen, wenn wir durch Schwierigkeiten hindurchmüssen und dabei nicht aufgeben.

Vielleicht erinnern Sie sich noch an den tragischen Tag im April 2007, als ein Amokläufer das Feuer an der Virginia-Tech-Universität eröffnete und dreiunddreißig intelligente, junge und vielversprechende Studenten und auch sich selbst sinnlos tötete. Zu diesen Studenten gehörte Caitlin Hammaren, eine lebhafte Studentin im zweiten Studienjahr, die das einzige Kind ihrer Eltern war, die sie sehr liebten. Caitlins Mutter Marian musste den notwendigen Willen und die Entschlossenheit aufbringen, um nach diesem unermesslichen Verlust überhaupt weiterzuleben.

Nach Caitlins Tod übergaben die Behörden ihren Laptop an Marian und ihren Mann Chris. Sie öffneten ihn und sahen eine Notiz, die über den Bildschirm geheftet war: »Gott, ich weiß, dass mir heute nichts passieren kann, was du und ich nicht gemeinsam bewältigen können.« Marian wusste, dass Caitlin diese Worte von ganzem Herzen geglaubt hatte, doch sie konnte sie selbst nicht glauben – nicht inmitten der größten Tragödie ihres Lebens.

In den Wochen und Monaten nach Caitlins Tod kämpfte Marian darum, trotz des Verlustes ihren inneren Frieden wiederzufinden und die Stärke aufzubringen, ohne Caitlin weiterzuleben, die das Zentrum ihres Lebens gewesen war. Sie verschlang geistliche Bücher und fing wieder an, in der Bibel zu lesen. Die ganze Zeit über tauchten die Worte der Notiz von Caitlins Laptop regelmäßig in Marians Gedanken auf. Ungefähr vier Monate nach dem Massaker an der Virginia-Tech-Universität wurden sie für sie sehr persönlich. Sie hörte die Worte, als ob sie direkt zu ihr gesprochen worden waren und sie konnte sie glauben.

Marian schrieb im *Guideposts Magazin*: »Caitlins Tod brachte mich aus meiner alten Welt hinein in eine neue Welt. Eine Welt, in der Dinge auch falsch laufen können – so falsch, wie es mir nicht vorstellbar schien. Doch mit Gottes Hilfe konnte mir nichts, absolut nichts, passieren, das ich nicht hätte meistern können.«

Auch heute noch kämpfen Marian und Chris mit dem Verlust ihres einzigen Kindes. Das erste Thanksgiving und das erste Weihnachten nach Caitlins Tod waren unglaublich schwierig für sie und sie beklagen die vielen anstehenden Feste, die sie nie mit Caitlin feiern werden. Doch sie werden auch von Tag zu Tag stärker und ihre Beziehung zu Gott hat an Intensität und Tiefe zugenommen. Chris zieht ernsthaft in Erwägung, Militärgeistlicher zu werden und Marian nutzt ihren Schmerz, um anderen die Unterstützung und Liebe zu geben, die sie brauchen, um ihren eigenen schmerzvollen Situationen ins Auge zu sehen.

Leiden und Tragödien gehören zum Leben. Selbst die Bibel spricht davon, dass wir leiden werden und Prüfungen erdulden müssen. Dadurch lernen wir, mit diesen Dingen so umzugehen, dass wir sie überwinden und nicht von ihnen übermannt werden. Ich finde die Notiz auf Caitlins Laptop wunderbar und ermutige Sie, sie persönlich zu nehmen: »Gott, ich weiß, dass mir heute nichts passieren kann, was du und ich nicht gemeinsam bewältigen können.«

Doch wir müssen die Verbindung von Wachstum und Widrigkeiten ausgewogen betrachten, denn Wachstum ist nicht immer automatisch das Resultat von Schwierigkeiten. Not bringt nicht zwangsläufig Wachstum und Stärke hervor. So einfach ist das nun auch wieder nicht. Treten Schwierigkeiten auf, schrecken manche Menschen vor ihnen zurück oder gehen an ihnen zugrunde. Doch es ist genau so, wie Marian Hammaren es erlebt hat: Wir wachsen, wenn wir fest entschlossen sind, inmitten der Widrigkeiten so zu denken und zu handeln, wie Gott es für richtig hält. Wenn wir das Richtige tun, obwohl es schwierig, unangenehm und unbequem ist, wachsen wir geistlich und werden gestärkt. Vielleicht müssen wir eine lange Zeit das tun, was richtig ist, bevor wir das Gefühl haben, dass es sich »auszahlt«, doch wenn wir treu bleiben und uns weigern aufzugeben, wird etwas Gutes daraus entstehen. Sind wir erst einmal durch die Widrigkeiten und Herausforderungen, denen wir uns stellen mussten, hindurchgegangen, werden wir als bessere Menschen aus der Situation hervorgehen.

Seien Sie fest entschlossen, durch alle Schwierigkeiten hindurchzugehen, die sich Ihnen in Ihrem Leben in den Weg stellen. Entschließen Sie sich weiterzugehen, ganz gleich wie schwierig der Weg auch sein mag. Ich garantiere Ihnen: Sie werden es nicht bereuen.

Folgender Vers hat mich oft in den Kämpfen meines Lebens ermutigt und getröstet und ich glaube, dass er auch Sie ermutigen wird: *Der HERR, der Herr, ist meine Kraft. Den Hirschen gleich macht er meine Füße [dass sie nicht vor Schreck stillstehen, sondern gehen], und über meine Höhen [der Sorgen, des Leidens und der Verantwortung] lässt er mich [geistlich] einherschreiten* (Habakuk 3,19; Elberfelder mit eigener Übersetzung aus der Amplified Bible).

Treffen Sie trotzdem die richtigen Entscheidungen

Nicht aufzugeben bedeutet auch, selbst dann richtige Entscheidungen zu treffen, wenn Sie verletzt, entmutigt, frustriert, verwirrt oder unter Druck sind. Die richtige Entscheidung ist oft auch die schwierigere Entscheidung. Und wenn wir enormen Stress erleben, wollen wir natürlich den Weg des geringsten Widerstands einschlagen. Gerade in solchen Momenten sollten Sie sich disziplinieren und das Schwierigere wählen. »Richtige« Ergebnisse kommen dann zustande, wenn wir das Richtige tun, egal wie wir uns fühlen. Sich aufmachen und zielorientiert vorangehen sind Merkmale, die wesentlich dazu beitragen, dass wir Menschen werden, die niemals aufgeben.

Fortschritt hat seinen Preis und wenn Sie ein Mensch sein wollen, der niemals aufgibt, dann wird Sie das etwas kosten.

Ohne Opferbereitschaft werden Sie niemals in Ihrem Leben dort landen, wo Sie hinkommen möchten. Sie müssen sich durch die Hürden und Hindernisse hindurchkämpfen, die Ihnen im Weg stehen. Ihre innere Haltung kann ein Hindernis sein, ebenso wie Ihre äußeren Umstände, eine Beziehung, ein Problem aus der Vergangenheit, Gedankengebäude, ein Gefühl oder auch eine schlechte Angewohnheit. Egal was es ist, nur Sie können diese Hindernisse bewältigen. Vielleicht haben Sie früher schon einmal versucht, diese Herausforderungen zu überwinden. Vielleicht haben Sie das so sehr probiert, dass Sie schon ganz müde, erschöpft oder entmutigt sind. Dann sind Sie genau an dem Punkt, wo Sie Gott um neue Kraft bitten sollten, um die Dinge ein weiteres Mal in Angriff zu nehmen.

Fortschritt hat seinen Preis und wenn Sie ein Mensch sein wollen, der niemals aufgibt, dann wird Sie das etwas kosten.

Es wird uns immer wieder passieren, dass wir müde werden und unsere Entschlossenheit Risse bekommt, außer wir verlassen uns beständig auf Gott. Die Bibel sagt, wenn wir voller Vertrauen auf Gott warten, dann wird unsere Kraft erneuert wie bei einem Adler (siehe Jesaja 40,31). Auf Gott zu warten bedeutet, damit zu rechnen, dass er tut, was getan werden muss, und sich voll und ganz auf ihn zu verlassen. Wir müssen uns persönlich dafür entscheiden, durch die Hindernisse hindurchzugehen, doch wir werden in keinem Bereich erfolgreich sein, wenn wir uns nicht auf Gott und seine Hilfe verlassen.

Das Wort »bewältigen« heißt: »sich durch Aufgaben, Hindernisse, Probleme unter Druck hindurchzuzwängen«. Ich sage oft: »Man muss den Druck bewältigen, der einen überwältigen will!« Wenn etwas Sie mit Druck überwältigen will, dann müssen Sie fest entschlossen sein, es mit einem größeren Gegendruck zu bewältigen. Es gibt nur wenig Wertvolles und Erstrebenswertes im Leben, das man ohne weitere Anstrengung erreichen kann.

Manchmal müssen wir ganz normale Dinge bewältigen. Mal angenommen, Sie haben den Traum, in einem bestimmten Gebiet Ihrer Stadt eine Geschäftsidee zu verwirklichen. Das Bauamt erteilt Ihnen jedoch keine Erlaubnis, um ein Gebäude zu errichten. Oder vielleicht träumen Sie davon, aufs College zu gehen, doch Ihr Antrag auf ein Stipendium wird immer wieder abgelehnt.

Ich litt als Kind stark unter sexuellem, seelischen und emotionalen Missbrauch. Deshalb musste ich von zu Hause wegziehen und mich nach meinem Schulabschluss selbst versorgen. So konnte ich nicht aufs College gehen. Die Lehrer meiner Schule hatten allerdings eine Schreibbegabung bei mir entdeckt und mich gedrängt, mich um ein College-Stipendium zu bemühen – doch ich konnte es nicht.

Gott ließ sich dadurch nicht aufhalten! Ich habe rund achtzig Bücher geschrieben, aber die Grundlagen des Schreibens nie auf einer Schule gelernt. Für meine Veröffentlichungen erhielt ich sogar mehrere Ehrendiplome. Ich konnte nicht wie andere das College besuchen, doch Gott fand Mittel und Wege mir zu helfen, das zu tun, was ich nach seinem Willen tun sollte. Ich bin überwältigt, wenn ich daran denke, was er tun wird, wenn wir nicht aufgeben. Mit ihm sind alle Dinge möglich!

Die in diesem Abschnitt beschriebenen Schwierigkeiten und Probleme sind real. Man muss sich mit ihnen auseinandersetzen. Doch ich mache mir mehr Gedanken, wie Sie wohl mit diesen Hindernissen umgehen, als über die Hindernisse selbst. Sie werden den Durchbruch letztendlich erleben, wenn Sie Ihre Gedanken und Ihre innere Einstellung in Ordnung halten und sich weigern aufzugeben. Ich kann Ihnen nicht versprechen, dass Sie genau das bekommen werden, was Sie sich wünschen. Sollte Gott Ihnen das, worum Sie ihn bitten, nicht geben, hat er etwas Besseres für Sie. Seine Wege sind höher als unsere Wege und seine Gedanken höher als unsere Gedanken. Wenn Sie über Ihr Leben nachdenken und sich neu entschließen, den Preis zu bezahlen, um Fortschritte zu machen, dann behalten Sie die Dinge im Auge, die Sie bewältigen müssen:

- Versagen
- Angst
- Enttäuschung
- Ablehnung
- Verrat
- Eifersucht
- Frustration
- Verzögerungen
- Verletzungen
- Selbstmitleid
- Schwierigkeiten
- Meinungen anderer
- Entmutigung
- Müdigkeit und Erschöpfung
- Depression
- Zorn
- Schuld
- Scham
- Missbrauch

Natürlich gibt es auch andere Dynamiken und Emotionen, die Sie bewältigen müssen. Diese Liste soll Ihnen aber eine Hilfe sein, die Dinge, die Sie meistern müssen, auch als Hindernisse zu erkennen, wenn sie Ihnen begegnen. Werden Sie mit ihnen konfrontiert, vergessen Sie nicht: Nehmen Sie die Dinge in Angriff, um sie zu bewältigen!

Entscheiden Sie sich für Frucht

In Hebräer 12,11 steht eine Aussage, mit der die meisten von uns wahrscheinlich übereinstimmen würden: *Mit strenger Hand erzogen zu werden tut weh und scheint zunächst alles andere als ein Grund zur Freude zu sein. Später jedoch trägt eine solche Erziehung bei denen, die sich erziehen lassen, reiche Früchte: Ihr Leben wird von Frieden und Gerechtigkeit erfüllt sein* (NGÜ).

Ich kenne nicht viele Menschen, die sich freuen, wenn sie mit strenger Hand erzogen werden. Wir disziplinieren uns selbst, weil wir wissen, dass es gut für uns ist und wir das tun müssen. Wir würden jedoch nicht behaupten, dass es uns Spaß macht. Trotzdem bringt Disziplin eine Belohnung mit sich. Wenn wir uns selbst disziplinieren und gesund essen oder Sport treiben, dann gewinnen wir an Energie und können das für unseren Körperbau richtige Gewicht halten. Disziplinieren wir uns im Umgang mit Geld und geben weniger aus, als wir verdienen, haben wir am Ende ein gut gefülltes Sparkonto und stehen unter keinem Schuldendruck. Disziplin in geistlichen Dingen – Gemeinschaft mit Gott, Gebet, Studieren der Bibel – führt zu einer vertrauten Beziehung mit ihm.

Ich denke an eine Frau, die mir jahrelang treu in meinem Haus geholfen hat. Sie sagte immer zu mir: »Ich wünschte, ich wäre schmal genug, um deine Kleidung tragen zu könnten!« Sie wusste, dass ich ziemlich häufig Kleidung weggebe, doch zu der Zeit waren meine Anziehsachen ihr einfach zu klein. Immer wieder hörte ich sie sagen: »Junge, ich wünschte, ich könnte deine Sachen tragen!«

Eines Tages entschied sie sich und sagte zu mir: »Ich werde deine Sachen anziehen. Wenn du sie wieder einmal weggibst, werde ich mich als Erste in der Reihe anstellen, denn ich bin ja schon hier in deinem Haus!«

Diese Frau saß nicht bloß herum und wünschte sich, schlanker zu sein und sie wollte auch nicht mit Gewalt abnehmen. Sie veränderte ihre Essgewohnheiten, entwickelte im Gegensatz zu dem, wie sie vorher gelebt hatte, einen gesünderen Lebensstil und bewältigte den Schmerz, Ungesundes nicht essen zu dürfen. Bald schon bemerkte ich, wie sie schlanker wurde, schlanker und immer schlanker. Sie verlor im Laufe eines Jahres zwanzig Kilogramm und konnte meine Sachen tragen. Am Ende bekam sie viele Kleidungsstücke, denn sie hatte recht gehabt: Es war deutlich leichter, ihr die Sachen zu überlassen, weil sie bereits in meinem Haus war, als sie ins Auto zu laden und irgendwo hinzufahren.

Sie musste diszipliniert sein, um in zwölf Monaten zwanzig Kilogramm zu verlieren. Das war für sie sicher nicht leicht oder etwas Schönes. Doch ihre Disziplin zahlte sich aus und brachte ihr am Ende Freude, weil sie sich einen Wunsch erfüllt hatte.

Ich möchte Ihre Aufmerksamkeit noch einmal auf Hebräer 12,11 lenken: *Mit strenger Hand erzogen zu werden ... scheint zunächst alles andere als ein Grund zur Freude zu sein.* ***Später*** *jedoch* ... Wir dürfen nicht der Lüge glauben, dass wir nur für den Moment leben und die Gegenwart alles ist, was zählt. Wir müssen auch unsere Zukunft berücksichtigen und damit anfangen, unseren Blick auf das »danach« zu lenken, auf die Zeiten, die »später« kommen. Wir sollten anfangen, uns genauso oder sogar mehr um das Später zu kümmern, als um das Jetzt.

Wenn Sie dünner sein wollen, damit Sie im Juni wieder Ihren Badeanzug tragen können, dann müssen Sie noch vor dem Sommer anfangen, gesund zu essen und Sport zu treiben. Wenn Sie sich nächstes Jahr ein neues Auto leisten wollen, dann müssen Sie jetzt daran arbeiten, Ihre Schulden abzutragen. Wenn Sie davon träumen, in einem schönen, sauberen und ordentlichen Haus zu wohnen, dann müssen Sie das Durcheinander aufräumen und sauber machen!

Vielleicht findet es Ihre alte Natur nicht gerade angenehm, sich selbst zu disziplinieren, doch Sie werden dadurch in Ihrem Inneren eine große Zufriedenheit spüren. Diese Zufriedenheit kommt von der Gewissheit, das Richtige zu tun. Sie können entweder jetzt eine strenge Erziehung ertragen und später davon profitieren. Oder später unter den Konsequenzen eines undisziplinierten Lebens leiden, weil Sie jetzt nicht bereit sind, die Kosten aufzubringen, das Richtige zu tun. Sie können jetzt oder später bezahlen, doch irgendwann ernten wir alle das, was wir mit unseren Entscheidungen gesät haben. Es reicht nicht, wenn wir uns nur *wünschen*, dass sich unser Leben ändert. Wir müssen unsere Faulheit, unsere egoistischen Wünsche und unsere schlechten inneren Haltungen bewältigen und Disziplin üben, damit wir später gute Früchte ernten.

Bleiben Sie beständig

Ich erinnere mich an eine Zeit, als ich knapp fünf Kilogramm zugenommen hatte und alles, was mir so einfiel, unternommen hatte, um sie wieder loszuwerden. Meine Kleidung wurde eng, ich fühlte mich unwohl und wollte das Gewicht schnell wieder verlieren. Ein paar Tage lang nahm ich überhaupt kein Fett zu mir. Als diese Diät nicht anschlug, aß ich nur noch Proteine. Tage später war auch mit dieser Diät kein Erfolg festzustellen. Deshalb entschloss ich mich, nur noch neunhundert Kalorien am Tag zu essen. Nichts schlug an und nichts half, meine zusätzlichen Kilos zu reduzieren. Ich ging davon aus, dass mein Stoffwechsel wahrscheinlich aus dem Gleichgewicht gekommen war und meine Hormone verrückt spielten. Wie Sie sich bestimmt gut vorstellen können, war ich sehr frustriert.

Eines Tages sprach Gott zu mir. Er sagte etwas ganz Einfaches, das ich nie vergessen werde: *Beständigkeit* ist der Schlüssel. Seit diesem Tag habe ich erfahren, dass diese Worte wahr sind. Wenn wir in irgendeinem Bereich unseres Lebens Fortschritte sehen wollen, müssen wir über einen bestimmten Zeitraum das Richtige tun. Das ist eigentlich mit Beständigkeit gemeint.

Was meine fünf Kilo anging, brauchte ich gar keine neue Diät. Ich musste einfach nur regelmäßig gesundes Essen in angemessener Menge zu mir nehmen; für mich ein neuer *Lebensstil*. Das war mir zwar bewusst, doch ich hatte noch so lange damit zu kämpfen, bis ich an einen Satz in der Bibel erinnert wurde: *notwendige Nahrung* (Hiob 23,12; Übersetzung aus der Amplified Bible). Gott sprach durch diesen Bibelvers zu mir: *Wenn es nicht notwendig ist, dann iss es nicht.* Das gab mir einen Schub. Ich verlor in den nächsten paar Monaten die fünf Kilo und habe sie seitdem auch nicht wieder zugenommen.

Ich erzähle Ihnen diese Geschichten von der Dame, die in meinem Haus gearbeitet hat und von dem Kampf mit meinem Gewicht, um einmal klarzustellen: Niemand von uns kann jetzt und auch später alles haben, was er will. Vergessen Sie nicht: *»Mit* *strenger Hand erzogen zu werden ... scheint zunächst alles andere als ein Grund zur Freude zu sein ...«*

Ich möchte Sie einmal etwas fragen: Wenn Sie mit Ihrer momentanen Situation nicht glücklich sind, werden Sie etwas unternehmen, um sie zu verändern? Wollen Sie im nächsten Jahr zur gleichen Zeit immer noch in dieser Situation stecken? Oder wollen Sie, dass sich etwas ändert? Sollten Sie den Wunsch haben, dass sich etwas ändert, dann müssen Sie jetzt den Preis dafür bezahlen, um am anderen Ende zu bekommen, was Sie sich wünschen. Sie müssen in diesem Jahr investieren, um Ihr Ziel für das nächste Jahr zu erreichen. Und auf diesem Weg stehen einige schwierige Entscheidungen an. Sie werden auch an schmerzvolle Kreuzungen kommen. Und wenn Sie an diesen Orten sind, haben Sie die Wahl, entweder dorthin zurückzulaufen, wo Sie herkamen, oder sich hindurchzuzwängen. Wenn Sie es hindurchschaffen ohne aufzugeben, werden Sie später auch den Sieg feiern, nach dem Sie sich so sehnen.

Mein Mann ist durch und durch gesund und fühlt sich manchmal körperlich besser als ich, weil er mehr Kraft und Energie hat. Dave ist so gesund und kräftig, weil er seit seinem sechzehnten Lebensjahr jeden zweiten Tag Sport treibt. Wohldurchdacht und präzise wie ein Uhrwerk investierte er jahrelang jeden zweiten Tag in seine körperliche Gesundheit. Seine Haut sieht aus, als wäre sie dreißig Jahre jünger.

Ich erinnere mich, wie ich ihn ansah und mir wünschte, ich hätte keine Cellulitis oder herunterhängende oder hervorquellende Körperpartien, doch alleine das Wünschen half mir nicht. Und auch meine Eifersucht auf Dave brachte mir nichts. Ich musste selbst anfangen, Sport zu treiben! Mittlerweile bin ich fleißig und beständig dabei. Nun hängt oder quillt längst nicht mehr so viel wie vorher. Ich habe investiert und das erreicht, was ich wollte!

Oftmals passierte es mir in meinem Leben, dass ich mich verletzte, sobald ich Sport trieb. Dies war immer mein Vorwand, warum ich nichts tat. Ich fing an, mit Gewichten zu trainieren und verletzte mir meinen Ellenbogen. Ich machte Bauchmuskelübungen und bekam es im Kreuz. Mittlerweile habe ich einen Fitnesstrainer, der mir beigebracht hat, wie ich richtig mit Gewichten trainiere und Sport treibe. Ich trainiere drei Mal in der Woche und verletze mich gar nicht mehr.

Dave investierte lange, damit er sich gut fühlt. Er begann damit schon vor Jahren und litt deshalb auch nicht an Verletzungen, wie ich. Ich investiere jetzt, und auch wenn ich Jahre hinter Dave herhinke, weiß ich doch, es lohnt sich. Ich fühle mich heute besser als vor dreißig Jahren und ich gehe davon aus, dass ich mich immer besser fühlen werde, wenn ich weiterhin Sport treibe und auf mich achte.

Ich hatte auch immer eine andere Ausrede parat, nämlich ich sei zu beschäftigt. Doch schließlich erkannte ich: Wenn man etwas Bestimmtes wirklich tun will, findet man einen Weg. Sind wir hingegen zu beschäftigt dafür, gesund zu leben, ist unser Leben vermutlich aus dem Gleichgewicht geraten und wir sollten etwas daran ändern. Als Pastorin war ich immer damit beschäftigt, den Menschen zu helfen und ich dachte, ich müsste dafür auch Opfer bringen. Inzwischen ist mir klar geworden, dass ich mir die Zeit nehmen muss, für mich selbst gut zu sorgen. Tue ich das nicht, werde ich irgendwann auch anderen nicht mehr helfen können. Sich selbst ganz ans Ende der Liste von Menschen zu setzen, für die man sorgt, ist nicht besonders geistlich; tatsächlich ist es sogar ziemlich töricht.

Sollten Sie in eine Beziehung investieren, die ganz dringend verbessert werden muss? Wenn Sie nur darauf warten, dass der andere sich verändert, dann wird sich möglicherweise nie etwas ändern. Vielleicht sind Sie diejenige, die den ersten Schritt hin zur Versöhnung gehen muss. Ich erinnere mich an eine Zeit, wo ich dachte, dass meine Ehe nicht meine Bedürfnisse deckt. Ich hatte all die Sachen im Kopf, die Dave meiner Meinung nach tun sollte, um mich glücklicher zu machen. Nichts veränderte sich. Ich betete sogar dafür. Nichts passierte. Eines Tages sprach der Herr zu meinem Herzen und sagte mir, ich würde Veränderungen erleben, wenn ich anfing, Dave viel zu loben. Das war zuerst sehr schwierig für mich, denn ich wollte eigentlich, dass er etwas für mich tat. Doch als ich Gott gehorchte, erlebte ich großartige Veränderungen. Kurze Zeit später tat Dave genau die Dinge, die ich mir von ihm gewünscht hatte. Ich musste erst handeln, bevor ich Resultate sehen konnte.

Ganz gleich auf welchem Gebiet Sie Veränderungen erwarten, entweder bewältigen Sie jetzt Ihren Schmerz und tun das, was richtig ist, oder Sie werden in dreißig Jahren immer noch an der gleichen Stelle stehen. Vielleicht wird es Ihnen sogar schlechter gehen. Gott ist ein guter Gott. Er hat für Ihr Leben einen großartigen Plan, doch Sie müssen investieren, indem Sie seinem Wort gehorsam sind. Ich ermutige Sie, heute mit der Investition anzufangen und dabei die langfristigen Vorteile im Auge zu behalten, die Sie morgen ernten werden.

Lassen Sie sich bloß nicht nieder

Ich möchte gerne über einen Vers sprechen, den wir beim Bibellesen oft übersehen. Er steht in 1. Mose 11,31: *Terach nahm seinen Sohn Abram und seinen Enkel Lot, den Sohn Harans, und seine Schwiegertochter Sarai, die Frau seines Sohnes Abram, und wanderte aus Ur in Chaldäa aus, um ins Land Kanaan zu ziehen.* ***Sie kamen aber nur bis Haran und ließen sich dort nieder*** (Bruns). Sie kennen vielleicht Abram und Sarai und Lot, doch von einem Mann namens Terach haben Sie wahrscheinlich noch nicht viel gehört.

Meiner Meinung nach hat Terach, der Vater Abrams, eine von Gott geschenkte Gelegenheit nicht genutzt. Ich glaube, Gott wollte, dass Terach den ganzen Weg nach Kanaan, ins verheißene Land, geht. Schauen wir uns mal die Worte an, um die es mir in diesem Bibelvers geht: *Sie kamen aber nur bis Haran und ließen sich dort nieder.* Anders gesagt, Terach blieb vorher stehen. Er sollte den ganzen Weg von Ur nach Kanaan gehen, ging jedoch nur bis Haran. Er und seine Familie machten sich auf die Reise, um von einem Ort zum anderen zu gelangen. Bevor sie das Ziel erreichten, wurde ihre Reise so schwierig, dass sie sich niederließen. Sie gaben sich mit viel weniger zufrieden, als Gott für sie bereithielt, weil sie den beschwerlichen Weg nicht bewältigen und bis zum Ende gehen wollten.

Ich kann mir vorstellen, dass Abrams Vater derjenige hätte sein können, mit dem Gott den Bund schloss. Gott forderte ihn auf zu gehen, doch er hielt an und ließ sich nieder. Am Ende wurde Abram gewaltig gesegnet, doch ich glaube, dass Gott auch seinem Vater dieses Angebot gemacht hatte. Sein Vater gab jedoch auf, noch bevor er den Ort erreichte, an dem er den Segen empfangen hätte.

Ich bitte Sie heute, geben Sie sich nicht mit weniger als dem Besten zufrieden, das Gott für Sie bereithält. Achten Sie auf sich selbst, damit Sie sich nicht irgendwann einmal fragen, warum andere am Ende etwas erreicht haben, während Sie die gleichen Gelegenheiten verstreichen ließen.

Wenn wir in 1. Mose 11 weiterlesen, erfahren wir: *Und die Tage Terachs betrugen 205 Jahre, und Terach starb in Haran* (Vers 32). Er starb dort, wo er sich niedergelassen hatte. Ich glaube, viele Menschen lassen sich irgendwo nieder und sterben an dem Ort. Sie sterben vielleicht nicht körperlich, doch ihre Träume sterben, ihre Visionen sterben, ihre Leidenschaft stirbt, ihr Eifer stirbt und ihr Enthusiasmus für das Leben stirbt. Warum? Weil sie aufgegeben haben und nicht weitermarschierten, um das Beste, was Gott für sie hatte, zu erreichen. Sie wollten sich die ganze Mühe, der sie ausgesetzt waren, ersparen. Am Ende mussten sie sich mit noch Schlimmerem abmühen: dem Schmerz der Enttäuschung und der Erkenntnis, die eigene Bestimmung versäumt zu haben.

Sie werden auf Ihrem Weg durch das Leben mit unterschiedlichen Schmerzen und Schwierigkeiten konfrontiert werden. Sie entscheiden, welches Leid Sie auf sich nehmen wollen: das Leid, das eine Bewältigung der Dinge mit sich bringt oder den Schmerz, der Sie einholt, wenn Sie aufgeben? Ich bin davon überzeugt, dass es keinen schlimmeren Schmerz gibt als den eines unerfüllten und unzufriedenen Lebens, das einen erahnen lässt, Gott verpasst zu haben, weil man nicht den Mut hatte, weiterzugehen. Leben Sie anders. Verpflichten Sie sich gerade jetzt dazu, den ganzen Weg mit ihm zu gehen und auch die herausfordernden Zeiten zu bewältigen.

In 1. Mose 12 lesen wir den Rest der Geschichte: *Und der HERR sprach zu Abram: Geh aus deinem Land und aus deiner Verwandtschaft und aus dem Haus deines Vaters in das Land, das ich dir zeigen werde* (Vers 1). Hier fordert Gott etwas sehr Schwieriges von Abram, verheißt ihm aber gleichzeitig eine Belohnung.

Ich denke, Gott hätte in der heutigen Sprache wohl Folgendes zu Abram gesagt: »Ich weiß, dass das, worum ich dich bitte, nicht einfach ist. Ich weiß, dass du sehr an deiner Familie hängst. Ich weiß, dass du einsam sein wirst. Ich weiß, dass es sehr schwierig ist, seine Koffer zu packen und alles, was einem heimisch ist, zu verlassen. Ich weiß, dass einsame Nächte auf dich warten. Ich weiß, dass die Menschen dich nicht verstehen werden. Ich weiß, sie werden über dich reden, dich verurteilen und kritisieren. Deshalb will ich dir sagen, was ich für dich tun werde«:

Und ich will dich zu einer großen Nation machen, und ich will dich segnen, und ich will deinen Namen groß machen, und du sollst ein Segen sein (1. Mose 12,2). Gott versprach Abram dann noch, ihn so sehr zu segnen, dass die Menschen, die ihn segneten, auch gesegnet sein würden, nur weil sie ihn segneten.

Immer wieder finden wir in der Bibel Stellen, wo Gott zwar einen schweren Auftrag erteilt, doch damit auch eine Belohnung einhergeht. Gott nimmt nicht, sondern er gibt. Er fordert niemals irgendetwas von uns, ohne dass es uns am Ende zum Guten dienen würde. Ich versichere Ihnen, alles worum Gott Sie bittet, auch wenn es schwierig ist, erbittet er nur deshalb von Ihnen, weil er etwas Wunderbares für Sie geplant hat. Doch Sie können das erst erreichen, wenn Sie die schwierigen Zeiten bewältigen.

Alles worum Gott Sie bittet, auch wenn es schwierig ist, erbittet er nur deshalb von Ihnen, weil er etwas Wunderbares für Sie geplant hat.

Egal was es Sie auch kostet, geben Sie nicht auf, denn jede Investition lohnt sich in Anbetracht des zu erwartenden Sieges.

Ich bin oft beschämt, wenn ich an die außerordentlichen Opfer denke, die manche Menschen bringen müssen, um einfach nur zu überleben. Dabei habe ich die Geschichte eines Mannes direkt vor Augen. Im Februar 2003 entkam Aron Ralston, ein erfahrener und begeisterter Naturliebhaber, nur knapp dem Tod, als er von einer heftigen Lawine mitgerissen wurde. Innerhalb kürzester Zeit steckte Ralston bis zum Hals im Schnee und sein Skikamerad wurde komplett von der Lawine begraben. Aufgrund seiner ausgeprägten Fähigkeiten und Stärke gelang es Ralston, sich und seinen Freund zu befreien.

Doch Ralstons Rettungsaktion sollte nicht seine einzige Heldentat in jenem Jahr sein. Als er drei Monate später alleine durch Utahs Canyonlands National Park wanderte, kam er wieder in eine lebensbedrohliche Lage, die ihn zu der extremen Entscheidung bewegte, drastische Maßnahmen zu ergreifen, um am Leben zu bleiben.

Ralston befand sich in einer Höhle, dreißig Meter unterhalb der Wüstenoberfläche und kilometerweit entfernt von der nächsten Teerstraße. Sein Arm war von einem 350 Kilogramm schweren Felsbrocken eingequetscht worden. Er versuchte alles, doch der Felsbrocken bewegte sich keinen Zentimeter. Bald schon ließ der furchtbare Schmerz in seiner Hand und in seinem Arm nach und er fühlte gar nichts mehr – kein gutes Zeichen.

Während Ralston so nachdachte, was er machen könnte, begriff er, dass er eine wichtige Wanderregel gebrochen hatte: Informiere immer jemanden, wo du hingehst. Niemand wusste, wo er war. Niemand würde ihn in den nächsten Tagen von seiner Wanderung zurückerwarten. Wenn sie ihn schließlich vermissen würden, hätten sie keine Ahnung, wo sie nach ihm suchen sollten. Würde man ihn zufälligerweise irgendwann finden, wäre er wahrscheinlich schon tot. Er befand sich an solch einem versteckten Platz in einer so abgelegenen Gegend, dass sein Körper vermutlich niemals gefunden werden würde.

Nachdem er bereits fünf Tage in der Falle gesessen und seinen baldigen Tod vor Augen hatte, gelang es Ralston, seine Videokamera zu nutzen, um Botschaften aufzunehmen. Er hoffte, dass jemand sie finden würde, falls er nicht überlebte. Um den Menschen zu helfen, die dann seinen Körper identifizieren würden, ritzte er mit seinem Taschenmesser seinen Namen sowie Geburtsmonat und -jahr: Oktober 75, den Monat seiner Wanderung: April 03 und »RIP« in den Felsen, der ihn gefangen hielt.

Ralston fing dann an, das Einzige zu tun, was ihm noch übrig blieb, um sein Leben zu retten: Er amputierte seinen Arm mit dem Taschenmesser, um sich so von dem Felsbrocken zu befreien. Unglaublicherweise gelang es ihm, die Wunde abzubinden und sich selbst erste Hilfe zu leisten, bevor er sich dann weitere zwanzig Meter abseilen und elf Kilometer wandern musste, um aus dem Canyon zu kommen. Er kam dem Ort, an dem er seinen Wagen geparkt hatte näher, musste aber erst zweihundertvierzig Meter nach oben klettern, um dorthin zu gelangen. Doch Ralston zwang sich blutend, dehydriert und in einem schockähnlichen Zustand, sein Fahrzeug zu erreichen. Als er fast angekommen war, bemerkte er, wie sich Rettungsteams zusammenfanden, um mit der Suche nach ihm zu beginnen.

Zuerst wurde er im nächstgelegenen Krankenhaus behandelt, und dann in eine andere Einrichtung verlegt, wo der verbliebene Arm operiert werden konnte.

Ich hoffe, dass Ihre Lebensumstände niemals so dramatisch werden wie Arons, doch ich wünsche Ihnen den gleichen Mut und Einfallsreichtum, sich für das Leben einzusetzen, sollten Sie mit einer scheinbar ausweglosen Situation konfrontiert werden.

Denken oder sagen Sie nicht: »Das ist zu schwer für mich«, obwohl Sie genau wissen, dass Sie etwas unternehmen müssen. Gott verlangt von uns nicht, mehr zu tragen, als wir bewältigen können. Mit jeder Schwierigkeit zeigt er uns auch einen Weg, wie wir sie überwinden können. Sagen Sie niemals »es ist ausweglos«, denn Gott selbst ist der Weg (siehe Johannes 14,6) und er bereitet für uns einen Weg. Sie können alles schaffen, was Sie im Leben schaffen müssen! Sie haben das Zeug dazu!

Der König der Jeans

Haben Sie sich schon einmal beim Anziehen Ihrer Lieblingsjeans gefragt, wer sie eigentlich erfunden hat? Vielleicht nicht, doch ich glaube, die nachfolgende Geschichte ist es wert, erzählt zu werden:

Jahrelang war Levi Strauss die bekannteste Jeansmarke, doch Strauss wollte die populäre Hose ursprünglich gar nicht patentieren lassen. Auch plante er nicht, mit dem Verkauf ein Vermögen zu machen. Er war einfach ein kluger und fleißiger Einwanderer aus Bayern, der fest entschlossen war, in Amerika ein erfolgreiches und gut situiertes Leben aufzubauen. Nachdem sein Vater 1845 an Tuberkulose gestorben war, zog er mit seiner Mutter von Deutschland nach New York. Zwei seiner älteren Brüder, Jonas und Louis, waren bereits vor seiner Ankunft in New York sesshaft geworden und hatten ihren eigenen Großhandel für Textil- und Kurzwaren gegründet. Levi folgte den Fußstapfen seiner Brüder und lernte ebenfalls das Textilwarengeschäft.

Als Levi von dem Goldrausch in Kalifornien hörte, entschloss er sich, nach Westen zu gehen. Er ließ sich in San Francisco nieder, begann dort sein eigenes Textilwarengeschäft und vertrat gleichzeitig die New Yorker Firma seiner Brüder. Mit seiner Firma importierte er Textilwaren und verkaufte sie an kleine Geschäfte in Kalifornien und in den wachsenden Städten im Westen der USA.

1872 bot sich Levi eine großartige Gelegenheit, als der Brief eines Kunden aus Nevada ihn erreichte. Dieser Mann, ein Schneider namens Jacob Davis, erklärte Levi in seinem Brief, dass er angefangen hatte, Hosen für Arbeiter herzustellen, mit Metallnieten an den Stellen, die sich schnell abnutzen, wie zum Beispiel an den Ecken der Tasche und am Hosenschlitz. Weil er es sich alleine nicht leisten konnte, die Hosen patentieren zu lassen, bat er Levi um Zahlungshilfe für den ganzen Papierkram und schlug im Gegenzug vor, dass beide Männer damit Eigentümer des Patentes werden sollten. Am 20. Mai 1873 bekamen die beiden das Patent für ihre sogenannten »hüfthohen Arbeitshosen«, jetzt bekannt als »Blue Jeans«.

Bald schon bat Levi Jacob, zu ihm in seine Fabrik nach San Francisco zu kommen, um dort die Massenproduktion ihrer genieteten, hüfthohen Arbeitshosen zu beaufsichtigen. Zuerst wurden die Hosen von Näherinnen in ihren eigenen Wohnungen genäht, doch um 1880 herum war die Nachfrage so gestiegen, dass Levi ein Fabrikgelände für die Produktion seiner berühmten Hosen mietete. Die ersten 501® Jeans – bis heute erhältlich – wurden in dieser Zeit gefertigt.

Im Laufe der Jahre wuchs Levis Betrieb unaufhörlich und er wurde nicht nur als kluger und fleißiger Geschäftsmann bekannt, sondern auch als netter, freundlicher und bodenständiger Arbeitgeber. Als großzügiger Menschenfreund spendete er beträchtliche Summen Geld an Wohltätigkeitsverbände vor Ort. 1897 finanzierte er achtundzwanzig Hochschul-Stipendien der University of California, Berkeley.

Sie müssen sich klarmachen, dass Sie die Ziele, von denen Sie nur geträumt haben, tatsächlich erreichen können, wenn Sie weiterhin durchhalten. Sobald Sie es geschafft haben, seien Sie freundlich und freigiebig wie Levi Strauss es war, und vergessen Sie nicht, Ihren Erfolg und Ihren Lohn mit anderen zu teilen.

KAPITEL 6

Der Geist eines Bezwingers

»Schwierigkeiten zeigen dem Menschen, was er ist. Im Falle von Schwierigkeiten, vergiss nicht: Gott hat dich gegen einen bösartigen Gegenspieler antreten lassen, damit du ihn bezwingst; und das kostet Mühe.«
Epictetus

1867 hatte ein kreativer Ingenieur namens John Roebling die Idee, New York City durch eine spektakuläre Brücke mit Brooklyn zu verbinden. Brückenexperten in der ganzen Welt hielten das für unmöglich und rieten Roebling davon ab. So etwas war einfach nicht durchführbar. So etwas war technisch unmöglich. So etwas hatte noch nie jemand geschafft.

Roebling aber ging sein Traum von der Brücke nicht mehr aus dem Kopf. Er dachte ständig darüber nach und wusste tief in seinem Inneren, dass es möglich war. Er hatte das Gefühl, er müsse diesen Traum mit jemandem teilen. Nach vielen Diskussionen überzeugte er schließlich seinen Sohn Washington, der ein aufstrebender Ingenieur war, dass der Bau der Brücke doch durchführbar war.

Vater und Sohn arbeiteten das erste Mal zusammen und entwickelten Pläne, wie das Vorhaben realisiert und Hindernisse überwunden werden konnten. Mit großem Eifer und voller Inspiration angesichts der vor ihnen liegenden, großen Herausforderung, wie auch mit einer gehörigen Portion Starrsinn, stellten sie ihr Bauteam zusammen und begannen, die Traumbrücke zu bauen.

Das Projekt lief gut an, doch schon nach ein paar Monaten verlor John Roebling aufgrund eines tragischen Unfalls auf der Baustelle sein Leben. Drei Jahre später wurde Washington verletzt und erlitt dabei Hirnschädigungen, die dazu führten, dass er nicht mehr gehen, reden und sich bewegen konnte.

»Das haben wir doch gleich gesagt.«

»Verrückte Männer und ihre verrückten Träume.«

»Es ist töricht, seinen wilden Träumen hinterherzujagen.«

Jeder hatte eine negative Bemerkung parat und meinte, das Unternehmen solle eingestellt werden, zumal nur die Roeblings wüssten, wie die Brücke gebaut werden müsse. Erstaunlicherweise war Washington trotz seiner Behinderung nicht entmutigt und hatte immer noch dieses brennende Verlangen, die Brücke fertigzustellen. Sein Verstand war so scharf wie eh und je.

Er versuchte, einige Freunde mit seinem Enthusiasmus anzustecken, doch das Unternehmen wirkte zu einschüchternd auf sie. Während er auf seinem Krankenhausbett lag und die Sonne durch die Fenster flutete, bewegte ein schwacher Luftzug die leichten Gardinen und er konnte einen Augenblick lang den Himmel und die Baumkronen draußen sehen.

Für ihn war es wie ein Zeichen, nicht aufzugeben. Plötzlich hatte er die Idee. Er konnte noch einen Finger bewegen und entschloss sich, das Beste daraus zu machen. Durch die Bewegung seines Fingers entwickelte er langsam einen Code und konnte auf diese Weise mit seiner Frau kommunizieren.

Er berührte ihren Arm mit seinem Finger und zeigte ihr damit, dass sie noch einmal die Bauleiter rufen sollte. Dieselbe Methode benutzend, tippte er auf ihren Arm, um so den Bauleitern mitzuteilen, was sie tun sollten. Er erschien zwar töricht, doch damit war das Projekt wieder aufgenommen.

Elf Jahre lang tippte Washington seine Anweisungen mit dem Finger auf den Arm seiner Frau, bis die Brücke schließlich vollendet war. Heute steht die spektakuläre Brooklyn Bridge in ihrer ganzen Pracht als Zeichen des ehrenvollen Andenkens an einen Mann, der sich aufgrund seines unbezähmbaren Willens und seiner Entschlossenheit nicht von Umständen besiegen ließ.

Ebenso ist sie eine Erinnerung an die Bauingenieure und ihr Team, die an einen Mann geglaubt hatten, der von vielen für verrückt erklärt worden war. Sie ist aber auch ein handfestes Denkmal für die Liebe und Hingabe seiner Frau, die elf Jahre lang geduldig die Botschaften ihres Mannes entschlüsselte und den Bauingenieuren sagte, was sie zu tun hatten.

Verfasser unbekannt
http://www.dizzyboy.com/stories/inspirational-stories/inspirational_story_three.html

Der Geist eines Bezwingers

Washington Roebling hatte genau das, was ich den »Geist eines Bezwingers« nennen würde und ich ermutige Sie, auch dahin zu kommen, aus diesem Geist heraus zu leben. Ich möchte Ihnen helfen und Sie dazu anregen, sich selbst mit anderen Augen zu sehen als sonst. Betrachten Sie sich einmal als jemand, der Schwierigkeiten bewältigt und nicht als jemand, der voller Angst zurückschreckt und sich überfordert fühlt, wenn die Probleme kommen. Sehen Sie sich und handeln Sie angesichts von Schwierigkeiten wie jemand, der couragiert ist und diese Probleme voller Mut, Zuversicht, Weisheit und Glauben angehen kann.

Man kann sich seine Probleme nicht aussuchen, aber man muss ein Bezwinger sein, um sie zu bewältigen. Jesus selbst sagt: *Ich habe euch das alles gesagt, damit ihr in mir Frieden habt. In der Welt werdet ihr hart bedrängt. Doch ihr braucht euch nicht zu fürchten: Ich habe die Welt besiegt* (Johannes 16,33; NGÜ).

Man kann sich seine Probleme nicht aussuchen, aber man muss ein Bezwinger sein, um sie zu bewältigen.

Paulus hatte das verstanden und schrieb in Römer 8,35-37: *Wer wird uns scheiden von der Liebe Christi? Bedrängnis oder Angst oder Verfolgung oder Hungersnot oder Blöße oder Gefahr oder Schwert?*

Wie geschrieben steht: »Um deinetwillen werden wir getötet den ganzen Tag; wie Schlachtschafe sind wir gerechnet worden.« Aber in diesem allen sind wir mehr als Überwinder durch den, der uns geliebt hat. Was bedeutet das, mehr als ein Überwinder zu sein? Ich glaube das heißt, bevor man mit Problemen konfrontiert wird, bevor der Kampf, der gegen Sie gerichtet ist, überhaupt losgeht, wissen Sie bereits, dass Sie am Ende der Sieger sein werden, wenn Sie nicht aufgeben.

Schauen wir uns auch mal Römer 8,31 an: *Was können wir jetzt noch sagen, nachdem wir uns das alles vor Augen gehalten haben? Gott ist für uns; wer kann uns da noch etwas anhaben?* (NGÜ). Ich verspreche Ihnen, wenn Gott für Sie ist, dann gibt es gar keinen Grund, eine andere innere Haltung als die eines Bezwingers einzunehmen. Er ist auf Ihrer Seite und er gibt Ihnen den Geist eines Bezwingers.

Möglicherweise haben Sie keine Beziehung zu Gott und empfinden deshalb auch nicht, dass er für Sie ist. Ist er aber. Glauben Sie und vertrauen Sie ihm, dass er sowohl Ihre Sünden vergibt als Ihnen auch in Ihrem Leben hilft. Bitte schlagen Sie einmal das Gebet am Ende dieses Buches auf. Wenn Sie Jesus Christus in Ihr Herz aufnehmen, dann bekommen Sie auch den Geist eines Bezwingers.

Ganz gleich, was Sie im Leben durchmachen müssen: Mit dem Herzen eines Bezwingers und dem Wissen, wer Sie in Christus sind sowie der Gewissheit, dass Gott auf Ihrer Seite ist, werden die Schwierigkeiten, die Ihnen begegnen, Sie nicht mehr einschüchtern oder überwältigen. Dabei ist es egal, ob Sie versuchen, einen Berg von Schulden abzutragen, eine Ausbildung abzuschließen, eine Krankheit zu bekämpfen, eine missbräuchliche und bedrohliche Beziehung zu beenden, Ihr eigenes Geschäft zu eröffnen, in den vollzeitlichen Dienst zu gehen oder so grundlegende Dinge zu tun, wie das Haus sauber zu machen. *Sie schaffen das,* weil Gott auf Ihrer Seite ist. Sie müssen nur in Ihrem Herzen den Geist eines Bezwingers entwickeln.

Erinnern wir uns an den Vers, über den ich schon etwas geschrieben haben: *Mit strenger Hand erzogen zu werden tut weh und scheint zunächst alles andere als ein Grund zur Freude zu sein. Später jedoch trägt eine solche Erziehung bei denen, die sich erziehen lassen, reiche Früchte: Ihr Leben wird von Frieden und Gerechtigkeit erfüllt sein* (Hebräer 12,11; NGÜ). Wenn Sie mit den Widrigkeiten des Lebens konfrontiert werden, sagen Sie nie: »Ich halte das nicht mehr aus.« Haben Sie stattdessen den Geist eines Bezwingers und sagen Sie: »Gott ist für mich. Er ist auf meiner Seite und ich kann durch Christus, der mich stärkt, alles bewältigen.«

Dem Teufel widerstehen

Viele Christen scheinen davon auszugehen, dass ihr Glaube sie gegen die Attacken und Schikanen des Feindes immun machen würde und sind dann sehr überrascht, wenn er anfängt, sie zu ärgern. Die Annahme stimmt einfach nicht. Wir haben in diesem Kapitel erfahren, dass wir durch Schwierigkeiten hindurchgehen *werden*. Das, was wir als »Unglücksserie«, »eine schwierige Lage« oder als »nicht mein Tag« bezeichnen, kann durchaus ein Angriff des Teufels sein. Was tun wir angesichts solcher Schwierigkeiten?

Zuerst einmal müssen wir uns daran erinnern, dass wir Autorität über Satan *haben*. Die Bibel ruft uns dazu auf, ihm *standhaft* zu widerstehen. In Jakobus 4,7 werden wir aufgefordert: *Unterwerft euch nun Gott! Widersteht aber dem Teufel! Und er wird von euch fliehen*. Wir müssen begreifen, dass wir in der Tat nicht die Kraft haben, Satan zu widerstehen, wenn wir uns nicht zuerst Gott unterwerfen. Das ist so wichtig, dass ich es noch mal wiederholen möchte: Wir werden Satan gegenüber keine Kraft ausüben können, wenn wir uns nicht zuerst Gott unterwerfen – und das heißt eigentlich nur, ihm gegenüber gehorsam zu sein. Wenn wir dem Herrn von ganzem Herzen gehorchen und uns ihm hingeben, dann gibt uns das die Autorität und Fähigkeit, dem Teufel zu widerstehen.

Dem Teufel zu widerstehen heißt nicht, bloß zu wollen, dass unsere Probleme verschwinden. Es bedeutet vielmehr, dass wir entschlossen sind, standhaft zu bleiben und uns jederzeit so zu benehmen, wie es Gott gefällt. *Denn der, der in euch lebt, ist größer ›und stärker‹ als der, von dem die Welt beherrscht wird* (1. Johannes 4,4; NGÜ). Wenn Gottes Kraft in Ihnen wirkt, dann haben Sie nicht nur einen längeren Atem als der Feind, sondern Sie können selbst im Kampfgetümmel weiterhin Gott dienen.

Vergessen Sie nicht, in Jakobus 4,7 steht, wir müssen dem Teufel widerstehen, also standfest bleiben. Er wird nicht einfach weggehen, nur weil wir auf einen Altarruf reagiert haben oder irgendwelche Schmuckstücke mit christlichen Symbolen tragen. Er wird sich nicht aus dem Staub machen, nur weil wir jeden Sonntag zur Kirche gehen oder eine ganze Bibliothek voller christlicher Bücher und CDs haben. Wir können ihn nur besiegen, indem wir fest in unseren Entscheidungen bleiben und entschlossen sind, niemals aufzugeben.

Voll durchstarten und gut ankommen

Alles was wir im Leben unternehmen, hat einen Anfang und ein Ende. In der Regel freuen wir uns am Anfang einer Sache, einer Beziehung oder einer Unternehmung; wir sind auch glücklich, wenn wir unsere Leistungen feiern können und erleben die Zufriedenheit, die ein erfüllter Wunsch mit sich bringt. Doch zwischen Anfang und Ende einer bestimmten Situation oder eines jeden Strebens liegt die »Mitte«. Und genau in dieser Mitte werden wir oft mit den größten Herausforderungen, Hürden, Straßensperren, Hindernissen, Umleitungen und Prüfungen konfrontiert. Menschen, die sich leicht von ihren Emotionen leiten lassen, beenden meistens nicht, was sie angefangen haben. Sie geben auf, wenn ihr Vorhaben ihnen keinen Spaß mehr macht und sie nur noch harte Arbeit vor Augen haben. Gott möchte, dass wir Menschen sind, die das beenden, womit sie angefangen haben. Er wird uns helfen, wenn wir ihn lassen.

Vielleicht stecken Sie gerade mittendrin in verschiedenen Dingen. Sagen wir, Sie sind dabei, Ihre Schulden abzubauen. Sie haben alle Konten bis auf eines ausgeglichen und denken: *Ich habe mich bisher gut geschlagen. Heute werde ich, glaube ich, einmal wieder shoppen gehen, denn immerhin ist momentan Schlussverkauf.* Sich »gut geschlagen haben«, ist nicht gut genug – schließlich war das nicht das ursprüngliche Ziel. Disziplinieren Sie sich noch ein wenig länger. Sie werden so glücklich sein, wenn Sie auch Ihr letztes, noch ausstehendes Konto ausgeglichen haben und komplett schuldenfrei sind. Wenn Sie mal wieder etwas für sich tun wollen, was Spaß macht oder Ihre inneren Spannungen abbaut, dann suchen Sie sich etwas, das nicht Ihr Konto belastet. Egal wo Sie drinstecken, seien Sie fest entschlossen, durchzuhalten und es bis zum Ziel zu schaffen.

Wir müssen in der Zeit zwischen dem Anfang und dem Ende den Mut und die notwendige Entschlossenheit entwickeln, die wir brauchen, um die überwältigenden Situationen, die uns in der Mitte begegnen, zu bezwingen. Der Feind möchte, dass wir uns mit weniger als dem Besten zufriedengeben, das Gott für unser Leben bereithält, und er will verhindern, dass wir alles empfangen und genießen, was Gott geben möchte. Der Teufel hasst es, wenn wir Fortschritte machen und drängt uns zum Aufgeben. Doch auf der anderen Seite steht Gott und will unser Bestes. Er möchte, dass wir den Wettlauf, in den er uns hineingestellt hat, auch mit Freuden beenden (siehe Hebräer 12,1). Fragen Sie sich einmal, ob Sie bereit sind, die Kosten zu tragen, um den Lauf zu beenden.

Die Menschen, die das Leben gut bestehen, haben einen starken Charakter. Sie haben »Durchhaltekraft«. Jesus gab nicht auf, als es in seinem Leben stürmisch wurde und er ist unser Vorbild. Die Bibel fordert uns sogar auf, von allem wegzuschauen, was uns ablenken will und aufzublicken zu Jesus, dem Anfänger und Vollender unseres Glaubens (siehe Hebräer 12,2).

Washington Roebling war zweifellos ein Vollender. Ein anderer großer Vollender war der Apostel Paulus. Laut Apostelgeschichte 20,24 konnte ihn kein Hindernis, auf das er traf, vom Weg ablenken noch in irgendeiner Weise negativ beeinflussen. In diesem Vers sagt Paulus auch, dass er seinen Lauf mit Freuden beenden will. Das heißt nicht, dass die Dinge, durch die er hindurchmusste, nicht schwierig gewesen wären. Sie konnten ihn nur nicht aufhalten.

Ich denke, die meisten von uns wollen so handeln und sein, wie Gott es für sie geplant hat und diesen Weg auch genießen. Doch große Freude erleben wir, wenn wir den Wettlauf, zu dem Gott uns berufen hat, beenden. Genießen Sie die Reise und behalten Sie die Belohnung im Auge. Jesus hielt das Kreuz aus, um die Freude, die er am Ende erfahren würde, auch zu erlangen.

Paulus hatte einen außergewöhnlichen Dienst und konnte viele Dinge in seinem Leben zu Ende bringen. Als sich seine Reise hier auf Erden dem Ende näherte, schrieb er: *Ich habe den guten Kampf gekämpft, ich habe das Ziel des Laufes erreicht, ich habe am Glauben festgehalten* (2. Timotheus 4,7; NGÜ). In diesem Vers sagt er im Grunde: »Ich musste durch vieles hindurch. Doch ich bin immer noch da. Der Feind hat versucht, mich zu vertreiben, aber er hatte keinen Erfolg!«

Ich glaube, wenn wir sagen können »Ich bin immer noch da«, dann bezeugen wir mit diesen fünf Worten etwas Großartiges: »Ich habe nicht aufgehört. Ich habe nicht aufgegeben. Ich bin immer noch da.«

Möglicherweise stecken Sie gerade in so einer »Mitte« auf dem Weg zum Ziel. Lesen Sie noch einmal die eine oder die andere Geschichte des Buches. Die Lebensgeschichten der Menschen, die unglaubliche Dinge getan haben, indem sie durch schwierige Zeiten hindurchgegangen sind und die Ziellinie erreicht haben, werden Sie ermutigen.

Lassen Sie sich durch Probleme nicht vom Weg abbringen

Paulus schreibt in 1. Thessalonicher 3,3-5:

Damit keiner von euch durch die Verfolgungen, denen ihr ausgesetzt seid, ›in seinem Vertrauen auf Gott‹ erschüttert wird. Ihr wisst ja selbst, dass solche Leiden zu unserem Leben als Gläubige gehören. Im Übrigen hatten wir euch, schon als wir bei euch waren, immer wieder darauf hingewiesen, dass es zu Verfolgungen kommen wird, und was das bedeutet, wisst ihr inzwischen aus eigener Erfahrung. So kam es also, dass ich Timotheus zu euch geschickt habe. Ich konnte ›die Ungewissheit‹ nicht mehr ertragen und wollte erfahren, wie es mit euch steht. Meine Sorge war, dem Versucher könnte es gelungen sein, euch vom Glauben abzubringen, sodass unsere ganze Arbeit vergeblich gewesen wäre (NGÜ).

In diesem Abschnitt sagt Paulus: »Ich habe mir Sorgen gemacht, dass ihr womöglich aufgrund all der Prüfungen und Versuchungen und Nöte, die euch widerfahren sind, aufgegeben habt.« Er ermutigte die Thessalonicher, indem er sagte: »Wenn euch Probleme treffen, lasst euch nicht von ihnen beeindrucken. Lasst euch nicht von ihnen herumstoßen. Lasst euch nicht von ihnen ärgern. Sagt einfach: ›Auch das geht vorbei.‹ Das gehört zum Leben und deshalb gebt dem Druck nicht nach.«

In Situationen, in denen Dave und ich durch Schwierigkeiten herausgefordert werden, ist seine erste Reaktion meistens: »Das beeindruckt mich gar nicht!« Er ist der Meinung, wenn wir uns von den Problemen nicht *beeindrucken* lassen, dann werden sie uns weder *bedrücken* noch *niederdrücken* können. Wir müssen lernen, im Sturm fest zu bleiben, damit wir sicher am Ziel ankommen.

Sobald wir uns auf den Weg machen und etwas für Gott tun wollen, wird der Feind sich gegen uns stellen. Das war schon immer so und ist auch unvermeidbar. Das hat Paulus mit Sicherheit erwartet, als er in 1. Korinther 16,9 schrieb: *Denn eine Tür hat sich mir aufgetan, weit und vielversprechend; und es gibt viele Widersacher* (Schlachter 2000).

Im Laufe der Jahre haben schon viele Menschen bei Joyce Meyer Ministries gearbeitet. Manche von ihnen sind von anderen Staaten nach St. Louis gezogen und mussten sich mit den Herausforderungen auseinandersetzen, eine neue Wohnung zu finden, umzuziehen, ihre Kinder umzuschulen und in einer neuen Stadt Fuß zu fassen. Einige waren erstaunt darüber, wie viele Schwierigkeiten sie in den ersten Wochen ihrer Neuanstellung meistern mussten. Immer wieder musste ich dabei zusehen, wie der Feind diese Probleme nutzte, damit sie sich fragten: *Vielleicht habe ich mich doch falsch entschieden? Ich dachte eigentlich, dass dieser Umzug Gottes Wille war, aber möglicherweise habe ich mich geirrt? Vielleicht sollte ich einfach mit meiner Familie wieder nach Hause zurückgehen, wo alles viel einfacher war.*

Oft mussten Dave und ich mit diesen Menschen reden und ihnen sagen: »Die Tatsache, dass ihr eine schwierige Zeit erlebt und innerlich noch nicht angekommen seid, bedeutet nicht, dass ihr nicht Gottes Stimme gehört habt. Ihr müsst einfach standhaft bleiben. Folgt wieder eurem Herzen. Konzentriert euch nicht auf die Umstände. Schaut darauf, was in eurem Herzen ist.«

Halten sie es für den Willen Gottes, ermutigen Dave und ich sie: »Entschließt euch, hierzubleiben. Seid nicht hin und her gerissen und hinterfragt nicht ständig eure Entscheidung. Entschließt euch, durch diese schwierige Zeit hindurchzugehen und untersagt es euch selbst, über eure Rückkehr nachzudenken. Wenn ihr wirklich glaubt, dass Gott euch hierher geführt hat, dann verpflichtet euch zu bleiben, egal was kommt.«

Wenn wir sagen: »Schau her, Teufel, ich weiß, was in meinem Herzen ist, ich weiß, was Gott mir gesagt hat. Ich werde hier bleiben und sehen, was Gott für mich hat, ganz gleich wie schwer es ist oder wie lange es dauert«, wird der Feind erkennen, dass er uns durch Prüfungen und notvolle Zeiten nicht länger beeinflussen kann. Dadurch wird eine neue Stufe des Glaubens und der Stärke in uns aufgebaut und wir nehmen die Geisteshaltung eines Bezwingers ein.

Schwierigkeiten sind laut Paulus unvermeidbar. Sie werden mit ihnen konfrontiert, wenn Sie an Reife in Gott zunehmen und ihm folgen. Lassen Sie sich nicht vom Weg abbringen, sondern seien Sie entschlossen, sie zu überwinden. Ich weiß, Sie können es schaffen. Sie müssen zwar Ihren Teil dazu beitragen, und das bedeutet Arbeit, doch es wird klappen!

Sich mit Schwierigkeiten auseinandersetzen

Ein Mensch, der die Schwierigkeiten, denen er gegenübersteht, bezwingen will, muss sich mit ihnen auseinandersetzen und darf ihnen nicht aus dem Weg gehen. Wir können schwierige Situationen nicht einfach vermeiden oder ihnen entfliehen. Fast immer, wenn wir vor einer Situation weglaufen, können wir davon ausgehen, dass wir wieder zurückmüssen, um uns damit auseinanderzusetzen. Oder wir müssen uns später einmal im Leben mit etwas Ähnlichem herumschlagen.

Denken wir an Mose. Er rannte aus Ägypten weg und verbrachte vierzig Jahre in der Wüste, wo Gott ihn darauf vorbereitete, ein großer Führer zu werden. Als Gott ihm im brennenden Dornbusch erschien, sagte er im Grunde: »O. k., ich möchte, dass du jetzt zurück nach Ägypten gehst« (siehe 2. Mose 3,2-10). Ja, Gott sandte Mose direkt an den Ort zurück, dem er entfliehen wollte.

Die Bibel ist voll von ähnlichen Geschichten und sie genügen, um mich davon zu überzeugen, dass niemand etwas davon hat, vor Schwierigkeiten davonzulaufen. Wenn Sie vor einer schwierigen Situation weglaufen, wird immer schon eine neue auf Sie warten. Gott weiß ja, dass Sie durch diese Schwierigkeiten genau die Fähigkeiten, die Stärke und das Training bekommen, das Sie brauchen. Deshalb wird er Sie in neue Probleme hineinführen, wenn Sie es geschafft haben, dem einen zu entkommen.

Angenommen Sie leben Tür an Tür mit Nachbarn, die Sie überhaupt nicht leiden können und Ihre Abneigung ist so groß, dass Sie sich entscheiden, von ihnen wegzuziehen. Es kann sein, dass Sie in eine neue Nachbarschaft ziehen, wo Sie plötzlich rechts und links mit Nachbarn zu tun haben, die genau die gleiche Persönlichkeit haben wie die Leute, von denen Sie unbedingt wegziehen wollten. Vielleicht ist das nur schwer vorstellbar, doch es besteht die Möglichkeit, dass Gott dies so vorbereitet hat. Warum? Möglicherweise gibt es da etwas in Ihnen, mit dem Sie sich noch auseinandersetzen müssen und das nur zutage tritt, wenn Sie mit diesem Typ Mensch konfrontiert werden.

Es fiel mir früher immer schwer, Menschen zu begegnen, die eine ähnliche Persönlichkeit hatten wie mein Vater. Aufgrund seines Missbrauchs an mir, wollte ich nicht mit Menschen zusammen sein, die so sprachen wie er, die sich verhielten wie er oder die mich irgendwie an ihn erinnerten.

Im Laufe der Zeit bemerkte ich, dass Gott mich ständig mit Menschen umgab, die mich an meinen Vater erinnerten. Immer, wenn ich mit solchen Personen in Berührung kam, fühlte ich mich unsicher, hatte Angst und rutschte in alte Verhaltensmuster.

Ich mochte es überhaupt nicht, wie ich mich verhielt und ich verstand eine Zeit lang auch nicht, woher dieses Verhalten kam. Doch ich rief zu Gott und bat ihn, mich zu verändern und mir die Wahrheit zu zeigen. Mittlerweile habe ich begriffen, dass er mich mit Situationen konfrontierte, in denen mir meine Schwachheit bewusst wurde, damit ich sagen konnte: »Oh, okay Gott, ich verstehe, dass du mich davon frei machen willst!« Er versuchte, mich zu einem reiferen, stärkeren und mündigen Christen zu machen. Oftmals bitten wir Gott, uns von den falschen Dingen zu befreien. Wir wollen, dass er uns von den Prüfungen befreit, doch wir sollten ihn bitten, uns von den Dingen in unserem Herzen zu befreien, die uns daran hindern, seine Bestimmung für unser Leben zu erfüllen.

Gott nutzt Schwierigkeiten, um uns zu Menschen zu machen, auf die er sich verlassen und die er einsetzen kann. Wenn wir mit Widrigkeiten konfrontiert werden, dann brauchen wir den Geist eines Bezwingers. David musste sich mit Goliath auseinandersetzen, bevor er König werden konnte. Wir sollten nicht versuchen, schwierige Situationen, durch die wir hindurchmüssen, zu vermeiden oder vor ihnen wegzulaufen. Stattdessen sollten wir sagen: »Gott, wenn ich hier durch muss, dann werde ich siegreich hindurchgehen. Ich will mit der Einstellung eines Bezwingers an die Sache herangehen. Was auch immer du durch diese Situation in meinem Leben tun willst, tue es! Doch um eines bitte ich dich, Gott. Hilf mir auf dem Weg hindurch, damit ich nicht auf meine Gefühle schaue, sondern mich so verhalte, wie du es für richtig hältst.« Unser Ziel sollte es nicht sein, den Schwierigkeiten aus dem Weg zu gehen. Es geht vielmehr darum, sie mit einer christusähnlichen Haltung und einem ihm ähnlichen Verhalten zu bezwingen. Gott lehrt uns, unsere Feinde zu segnen und für sie zu beten (siehe Matthäus 5,44) und nicht vor ihnen wegzulaufen. Er sagt uns, dass wir Böses mit Gutem überwinden sollen (siehe Römer 12,21). Ganz gleich, was um Sie herum geschieht, tun Sie das, was Sie als richtig erkannt haben und Sie werden siegen!

Tun Sie es für Gott

Nachdem Sie nun dieses Kapitel gelesen haben, möchte ich Sie bitten, sich folgendes Ziel zu setzen: Wenn Sie das nächste Mal mit einem Problem konfrontiert werden, achten Sie auf Ihre innere Einstellung, auf Ihre Gefühle, auf das, was Sie sagen und auf das, was Sie denken, damit Sie sich auf dem Weg hindurch so verhalten, wie es aus Gottes Sicht richtig ist. Das wird schwierig sein. Sie werden spüren, wie Ihr Fleisch dagegen rebelliert. Doch sagen Sie: »Gott, ich tue es für dich. Ich kann es nicht selbst tun und ich will es auch nicht für mich tun. Ich will es für dich tun und dir damit meinen Gehorsam zeigen.« Jesus gab nicht auf. Er ging den ganzen Weg hindurch und wir können das Gleiche für ihn tun!

Vor einigen Jahre forderte mein Pastor einmal die Versammlung dazu auf, den Sitznachbarn zu begrüßen, ihn zu umarmen und ihm zu sagen, dass wir ihn gern haben. Ich schaute meine Sitzreihe entlang und sah eine Frau, die mich sehr verletzt hatte. Ich spürte, wie der Geist Gottes mich nachdrücklich dazu aufforderte, sie zu umarmen und sie wissen zu lassen, dass ich sie gern hatte. Das erforderte große Selbstaufgabe, denn eigentlich erwartete ich von ihr eine Entschuldigung. Sie hätte mich um Vergebung bitten müssen. Ihr war jedoch gar nicht bewusst, wie sehr sie mich verletzt hatte! Es kostete mich wirklich etwas, zu ihr hinzugehen und ihr zu sagen, dass ich sie gern hatte! Ich weiß nicht, ob ich es auch so meinte, doch ich weiß, dass ich Gott gehorsam war.

Einige Monate später forderte Gott mich auf, dieser Frau etwas von meinen Lieblingssachen zu schenken. »Gott!«, antwortete ich. »Ich habe nichts dagegen, es zu verschenken. Natürlich würde ich es lieber behalten, doch wenn ich es schon weggeben soll, dann lass es mich einer Person geben, die ich auch mag, damit ich es genießen kann, wenn ich sie damit sehe!«

Gott antwortete mir: *Joyce, wenn du ihr das schenken kannst, wenn du etwas, was du so gerne besitzt, jemandem schenken kannst, der dich sehr verletzt hat, der es am wenigsten verdient hat, dann wirst du die Macht des Feindes brechen. Du wirst seinen Plan, mit dem er dich zerstören will, zerstören.*

Wir gehen solche Gehorsamsschritte oder überwinden schwierige Zeiten nicht, weil wir uns danach fühlen oder Gehorsam für eine gute Idee halten. Nein, wir handeln so, weil wir Gott lieben und wissen, dass er uns liebt. Wir wollen ihm gehorchen und sind uns gewiss, dass seine Wege die besten für uns sind.

Egal mit welchen Schwierigkeiten Sie jetzt zu kämpfen haben oder mit welchen Sie in der Zukunft noch konfrontiert werden, ich bitte Sie nachdrücklich, sich mit ihnen auseinanderzusetzen, sich ihnen zu stellen und sie zu bewältigen. Begegnen Sie ihnen wie ein Bezwinger. Vergessen Sie nicht, Sie werden Ihnen zum Besten dienen und Gott wird Sie durch sie stärken. Stellen Sie sich diesen Problemen mit der Haltung eines Bezwingers, und Sie werden größere Reife, mehr Weisheit und größere Fähigkeiten in sich selbst entdecken, von denen Sie vorher gar nichts wussten.

Sorgen, Nöte, Leiden und Verfolgung sind an sich nichts Gutes. Sie kommen vom Feind, doch Gott will aus allem, womit Satan uns schaden will, etwas Gutes machen. Vielleicht ist die Situation selbst nicht gut, doch Gott ist gut und wenn wir ihn weiterhin lieben und ihm vertrauen, dann wird er aus allem etwas Gutes herausholen (siehe Römer 8,28). Der Glaube daran, gibt uns die notwendige Stärke und den Mut, die schwierigen Zeiten durchzustehen. Wir brauchen Hoffnung. Wir müssen glauben, dass wir die Güte des Herrn in unserem Leben erleben werden (siehe Psalm 27,13).

Das volle Potenzial ausschöpfen

Ich bin sicher, dass wir unser Potenzial nur in dem Maße ausschöpfen, wie wir auch mit Widrigkeiten umgehen können. Winston Churchill sagte: »Gemeisterte Schwierigkeiten sind gewonnene Möglichkeiten«, und diesem Ausspruch stimme ich voll und ganz zu. Wenn Sie sich von Schwierigkeiten und Problemen frustrieren, einschüchtern oder entmutigen lassen, dann werden Sie diese niemals überwinden. Schauen Sie ihnen stattdessen ins Auge; überwinden Sie die Widrigkeiten, mit denen Sie zu tun haben; weigern Sie sich, mittendrin aufzugeben; drängen Sie mit dem Geist eines Bezwingers weiter vorwärts! Und dann werden Sie die notwendige Fähigkeit und Entschlusskraft entwickeln, die Sie brauchen, um Ihr ganzes, von Gott gegebenes Potenzial zu entfalten und alles erleben, was Gott für Sie bereithält.

Vom Baumwollfeld zur Aktiengesellschaft

Die Frau, die als Madam C. J. Walker bekannt wurde und die die erste afroamerikanische Millionärin der USA war, wurde 1867 als Sarah Breedlove auf einer Plantage in Louisiana geboren. Ihre Eltern waren Sklaven, die beide starben, als sie sieben Jahre alt war und sie als Waise zurückließen. Sie und ihre Schwester überlebten aber, weil sie bereit gewesen waren, die äußerst schwere und dreckige Arbeit eines Baumwollpflückers auf den Feldern von Louisiana und Mississippi zu tun.

Im Alter von vierzehn Jahren heiratete sie einen Mann, der sechs Jahre später starb und sie mit einer kleinen Tochter zurückließ. Sarah zog mit ihrer Tochter nach St. Louis, Missouri, wo ihre vier Brüder Arbeit als erfolgreiche Friseure gefunden hatten. Sie nahm eine Stelle als Waschfrau an und verdiente $ 1,50 pro Tag.

1890 bemerkte Sarah merkwürdige Veränderungen an ihrer Kopfhaut, durch die sie fast ihr ganzes Haar verlor. Sie probierte alle möglichen Heilmittel aus, damit ihr Haar wieder wuchs, doch vergeblich.

Sarah wurde Verkaufsrepräsentantin einer Firma, die Haarpflegemittel herstellte, und zog nach Denver, Colorado. Dort lernte sie Charles Joseph Walker kennen, heiratete und wurde nun als »Madam C. J. Walker« bekannt.

Sie litt zwar immer noch unter Haarausfall, fand aber schließlich auf ungewöhnliche Weise die Lösung für ihr Problem. Sie träumte von einem alten Mann, der ihr sagte, welche Wirkstoffe sie miteinander kombinieren solle, damit ihr Haar wieder wachsen würde. Am nächsten Tag mischte sie die einzelnen Stoffe zusammen, probierte das Mittel aus und es half!

Madam C. J. Walker realisierte schnell, dass sie ihr Produkt vermarkten und verkaufen konnte. Sie eröffnete ihr eigenes Geschäft, in dem sie »Madam Walkers wunderbares Haarwuchsmittel« produzierte und vertrieb. Um ihrem Geschäft zu einem guten Start zu verhelfen, reiste Madam Walker mehr als ein Jahr lang Kilometer für Kilometer durch die USA, ging von Tür zu Tür, informierte die Menschen über ihre Produkte und führte diese, wo auch immer sie auf eine Zuhörerschaft traf, vor. Mit Fleiß und Entschlossenheit entwickelte und perfektionierte sie kontinuierlich die Strategien zur Steigerung des Verkaufs und der Vermarktung ihrer Produkte.

1908 ging Madam Walker nach Pittsburgh, Pennsylvania, um hier eine Schule zu gründen. Dort schulte sie ein Team von Mitarbeitern im Bereich der »Walker Haarkosmetik«, die ihr bei ihrem wachsenden Geschäft helfen sollten. Zwei Jahre später ließ sie sich in Indianapolis, der Metropole der verarbeitenden Industrie der damaligen Zeit, nieder, und baute eine Fabrik zur Herstellung und zum Vertrieb ihrer Produkte auf. Noch bevor das erste Jahr in Indianapolis vergangen war, spendete Madam Walker eintausend Dollar für den Bau eines örtlichen YMCAs (entspricht dem CVJM, christlicher Verein junger Menschen) für Afroamerikaner – eine bemerkenswerte Leistung für eine Frau, die früher zur eigenen Versorgung Baumwolle pflücken musste. Dies alles wurde möglich, weil sie hart arbeitete und sich weigerte, aufzugeben.

1916 verließ Madam Walker Indianapolis, um nach New York zu ziehen. Ihre Fabrik in Indianapolis wurde unter der Leitung einer Vorarbeiterin, die sie selbst ausgebildet hatte, weitergeführt. Weil Madam C. J. Walker trotz ihres Haarausfalls nicht aufgeben wollte, wurde aus der Baumwollpflückerin eine Pionierin der Kosmetikindustrie und die erste afroamerikanische Frau, die in den USA Millionärin wurde. Lassen Sie sich durch ihre Geschichte inspirieren, auch angesichts von Schwierigkeiten nicht aufzugeben, sondern kreativ, fleißig und entschlossen zu sein, bis Sie Ihr volles Potenzial entfaltet haben.

KAPITEL 7

Geben Sie das nicht auf, was Ihnen wichtig ist

»Auch wenn die Fischer wissen, dass die See gefährlich und der Sturm schrecklich ist, waren diese Gefahren für sie nie Grund genug, an Land zu bleiben.«
Vincent van Gogh

Was ist Ihnen wichtig? Halten Sie einmal inne und denken Sie darüber nach: Was ist für Sie bedeutungsvoll? Ist es Ihr Beruf, Ihr Ruf, Ihre Gesundheit, Ihre Familie, Ihre Beziehung zu Gott, Ihr Besitz, ein Projekt oder irgendein Anlass?

Unterschiedliche Menschen finden unterschiedliche Dinge wichtig. Im Alten Testament war es für einen Mann namens Nehemia extrem wichtig, die zerstörten Mauern seiner Heimatstadt Jerusalem wieder aufzubauen. Es war ihm so wichtig, dass er seinen Arbeitgeber, den König von Persien, bat, es ihm zu gestatten, nach Jerusalem zurückzukehren, um dieses Projekt zu beaufsichtigen. Der König gewährte ihm die Bitte.

Nehemia hatte ganz sicher den Geist eines Bezwingers, das werden Sie feststellen, wenn Sie seine Geschichte lesen. Er begegnete einem Sturm des Widerstands, der Verhöhnung und der Einschüchterung, als er versuchte, diese Aufgabe zu vollenden, die für ihn so wichtig war und zu der ihn Gott berufen hatte. Genau wie er werden auch Sie einigen Stürmen ins Auge sehen, wenn Sie tun, was Ihnen wichtig ist. Nehemias Geschichte wird Ihnen zeigen, wie Sie diese Stürme überstehen und am Ende siegreich aus ihnen hervorgehen können.

Schutz suchen

Man kann sich am besten vor einem Sturm schützen, indem man einen Schutzort aufsucht. Wer nicht in Deckung geht, wird vom Wind hin und her getrieben und kann vielleicht vor lauter Regen nicht mehr klar sehen. Außerdem kann man von einem Blitz getroffen werden. Der Sturm hat den im Griff, der keinen Schutz sucht. Doch wenn man bei einem Sturm im Haus bleibt, wird man ihn aussitzen und heil überstehen können.

Psalm 91,1 gibt uns Anweisungen für die geistlichen Stürme des Lebens: *Wer im Schutz [im geheimen Ort, Anmerkung der Übersetzerin] des Höchsten wohnt, bleibt im Schatten des Allmächtigen.* Wenn Ihr Leben in einen Sturm kommt, dann müssen Sie als Erstes zu diesem geheimen Ort des Höchsten laufen, das ist die Gegenwart Gottes. Lesen Sie sein Wort, beten Sie, preisen Sie ihn, sagen Sie ihm, dass Sie ihm vertrauen, wenn die Schwierigkeiten Ihnen kalt ins Gesicht wehen. Das sind die geistlichen Maßnahmen, denen kein Feind widerstehen kann. Sie bauen durch dieses Verhalten geistliche Schutzmauern um sich herum auf. Diese werden zwar die Stürme des Lebens nicht verhindern, doch sie werden Ihnen Schutz geben und Ihnen helfen, standhaft zu bleiben.

Viele Lebensstürme kommen direkt vom Feind. Er ist ein Meister darin, bestimmte Lebensumstände so zu manipulieren, dass sie ein Leben, einen Traum, eine Ehe, eine Familie, ein Unternehmen, eine Schule oder eine Region zerstören. Er will nicht, dass Sie Schutzwälle um Ihr Leben herum aufbauen. Er will alle Ihre Mauern niederreißen, damit er Sie weiterhin erfolgreich angreifen kann.

Mauern halten den Feind draußen

Als Nehemia in Jerusalem ankam, sah er, wie das Volk Gottes von den Feinden ausgebeutet wurde, denn die Stadt hatte keine Mauern, um die Feinde draußen zu halten. Als er sich das erste Mal mit den Einwohnern Jerusalems traf, sagte er: *Ihr seht das Unglück, in dem wir sind, dass Jerusalem verödet daliegt und seine Tore mit Feuer verbrannt sind. Kommt und lasst uns die Mauer Jerusalems wieder aufbauen, damit wir nicht länger geschmäht werden können! Und ich berichtete von der Hand meines Gottes, die gütig über mir gewaltet hatte, und auch von den Worten des Königs, die er zu mir geredet hatte. Da sagten sie: Wir wollen uns aufmachen und bauen! Und sie stärkten ihre Hände zum Guten* (Nehemia 2,17-18).

Das gleiche Prinzip, wie in dieser Geschichte, können auch Sie anwenden, wenn Sie feststellen, dass Ihr Leben ein reines Chaos ist und der Feind Sie aufgrund Ihrer früheren Lebensgewohnheiten angreift. Sie haben nicht auf Ihre Mauern geachtet und nun fehlt Ihnen der Schutz. Mit Gottes Hilfe können Sie anfangen, Ihr Leben wieder richtig aufzubauen. Sie können Schutzmauern errichten, die Sie vor dem Feind schützen. Er greift Sie vielleicht an, doch seine Pläne werden keinen Erfolg haben.

Wenn Sie der Meinung sind, dass die Stürme des Lebens Sie nun lang genug gerüttelt und geschüttelt haben, und Sie bereit sind, Schutzmauern aufzubauen, dann freue ich mich für Sie. Doch Sie müssen mit Widerstand rechnen. Das ist die Realität des Lebens. Sobald Sie vorwärtsgehen und das Richtige tun, wird der Feind unzufrieden sein. Machen Sie sich keine Sorgen wegen des Widerstandes. Sie haben alles, was Sie brauchen, um jeden Kampf zu gewinnen. Gott ist für Sie, in Ihnen, mit Ihnen und um Sie herum. Er wirkt durch Sie, damit Sie nicht nur Ihre eigenen Kämpfe gewinnen, sondern auch anderen bei den ihren helfen.

Ein Sturm braut sich zusammen

Die Juden »stärkten ihre Hände zum Guten« und sofort machte sich Widerstand bemerkbar. Als die Menschen von dem geplanten Wiederaufbau hörten, verhöhnten sie Nehemia und die Juden. Besonders drei Männer, Sanballat, Tobija und Geschem, begannen sie zu verspotten und sich über sie lustig zu machen. *So spotteten sie über uns und verachteten uns und sagten: Was ist das für eine Sache, die ihr da tun wollt?* (Nehemia 2,19).

Ich kann mich an eine ähnliche Erfahrung erinnern. Als ich Gottes Berufung für mein Leben erhielt, lachten viele über mich und sagten: »Wofür hältst du deinen Dienst eigentlich?« Das war für mich eine sehr schwierige Zeit, doch ich tat mein Bestes, dem Sturm der Ablehnung standzuhalten. Ich tat alles, um Gott so nahe wie möglich zu sein, indem ich die Bibel las, betete und Zeit in seiner Gegenwart verbrachte. Ich bemühte mich, meine innere Haltung, meine Ehe und die Beziehung zu meinen Kindern zu verbessern. Obwohl ich von allen Seiten missverstanden und belächelt wurde, arbeitete ich gemeinsam mit Gott daran, meine Probleme zu überwinden und ein gesundes Selbstvertrauen aufzubauen, indem ich immer mehr von seiner Liebe und Gnade lernte. Dadurch baute ich Schutzmauern um mich herum. Ich fügte meiner Mauer emsig immer mehr Steine hinzu, doch der Feind hörte nicht auf, mich zu bekämpfen.

Haben Sie schon einmal mit aller Kraft versucht, das zu tun, was richtig ist und gemerkt, dass der Sturm immer fürchterlicher tobt? Ich erinnere mich an eine bestimmte Situation, die sehr schwierig für mich war. Eines Tages kam eine Frau, die ich eigentlich für meine Freundin gehalten hatte, zu mir und sagte: »Joyce, jemand hat mir erzählt, dass du glaubst, Gott würde dir eines der größten von einer Frau geführten Missionswerke des Landes geben. Hast du das gesagt?«

Ich antwortete: »Ja, ich glaube wirklich, dass Gott das zu mir gesagt hat.«

Die Frau kicherte und sagte: »Nun, um die Wahrheit zu sagen, ein paar von uns haben darüber gesprochen und wir denken, dass so etwas mit einer Persönlichkeit, wie du sie hast, schier unmöglich ist.«

In derartigen Momenten fühlt man sich, als wäre man schutzlos inmitten eines schrecklichen Sturmes. Ich fühlte mich so, wie Nehemia sich gefühlt haben muss, als Sanballat, Tobija und Geschem zu ihm laut lachend sagten: »Was glaubst du eigentlich, was du hier tust? Das ist unmöglich!«

Doch Nehemia stand fest und zeigte, dass er den Geist eines Bezwingers hatte, als er sagte: *Der Gott des Himmels, er lässt es uns gelingen. Und wir, seine Knechte, wollen uns aufmachen und bauen. Ihr aber habt weder Anteil noch Anrecht, noch Gedenken in Jerusalem* (Nehemia 2,20).

Wenn der Feind Sie angreift, müssen auch Sie sagen: »Du hast weder Anteil noch Anrecht an mir, noch kannst du verhindern, dass Gottes Wille in meinem Leben geschieht!« Wenn Sie Jesus Christus Ihr Leben gegeben haben, dann gehören Sie ihm und nicht dem Teufel. Erinnern Sie ihn an diese Tatsache und widerstehen Sie ihm. Es geht nicht darum, laut oder dramatisch zu werden, doch Sie müssen die Autorität, die Sie in Christus haben, nutzen und sagen: »Niemals, Teufel, wirst du mich aufhalten. Ich werde nicht aufgeben. Egal womit du mich auch bewirfst, ich werde nicht aufgeben!«

Ich weigerte mich, aufzugeben. Letztendlich begann die Frau, die mir gesagt hatte, dass sie und ihre Freunde mich für unfähig hielten, für mich zu arbeiten. Gott wird uns immer verteidigen, wenn wir nur das tun, wozu er uns aufgefordert hat. Geben Sie niemals auf, nur weil Ihnen jemand gesagt hat, dass Sie es nicht schaffen können.

Geben Sie niemals auf, nur weil Ihnen jemand gesagt hat, dass Sie es nicht schaffen können.

Wir müssen wirklich entschlossen sein, um dem Feind inmitten der Stürme des Lebens die Stirn bieten zu können. Manchmal geben wir viel zu schnell auf. Wir lassen uns entmutigen; die »Sanballats« des Lebens verletzen uns innerlich und wir brechen unter dem Druck zusammen. Doch vergessen Sie nicht, gemäß des Wortes Gottes sind Sie *mehr als ein Überwinder* (siehe Römer 8,37).

Nicht jeder mag es, wenn es vorangeht

Sanballat war ein eindrucksvoller Gegner. Er gab nicht so schnell auf. Als er hörte, dass der Bau der Stadtmauer trotz seiner Einwände vorwärtsging, *da wurde er zornig und ärgerte sich sehr. Und er spottete über die Juden* (Nehemia 3,33). Je weiter der Bau voranschritt, desto zorniger wurde er.

Vielleicht kennen Sie auch Menschen, die zornig werden, wenn andere versuchen voranzukommen, sich zu verbessern oder etwas Neues oder anderes zu tun. Warum ist das so? Weil diejenigen, die nicht vorankommen wollen, auch nicht wollen, dass Sie Fortschritte machen. Sie verurteilen lieber kritisch, als sich mit der Tatsache auseinanderzusetzen, dass sie selbst das nicht tun wollen, was nötig wäre, um ihr eigenes Leben zu verbessern und ihre Träume zu verwirklichen. Anstatt in ihre eigene Zukunft zu investieren und ihrer Berufung zu folgen, werden sie lieber wütend und tun so, als stimme etwas mit Ihnen nicht. Auf diese Weise müssen sie nicht darüber nachdenken, ob vielleicht mit ihnen etwas nicht stimmt. So etwas nennt man »Schuldverschiebung«, diese Menschen möchten die Schuld dafür, dass sie selbst falsche Entscheidungen getroffen haben, nicht tragen, und richten stattdessen ihr Augenmerk auf Sie, um Sie in Verruf zu bringen.

Sanballat und seine Kumpels waren rasend vor Wut, weil Nehemia das Unternehmen anführte, um Menschen zu helfen und die Gemeinschaft zu stärken. Wenn Sie bemüht sind, sich und anderen Menschen zu helfen, seien Sie nicht überrascht, wenn Sie auf Leute treffen, die dem sehr ärgerlich und kritisch gegenüberstehen. Bieten Sie diesem Sturm die Stirn. Verlieren Sie nicht Ihren Frieden und tun Sie weiterhin das, was Sie in Ihrem Herzen für richtig halten.

Was für ein Chaos!

Sanballat schwang weiter wütende Reden: *Und er sprach vor seinen Brüdern und zu der Oberschicht von Samaria und sagte: Was machen die ohnmächtigen Juden? Wollen sie Jerusalem für sich befestigen? Wollen sie zum Opfer schlachten? Wollen sie es heute vollenden? Wollen sie die Steine aus den Schutthaufen wieder zum Leben bringen? Sie sind doch verbrannt* (Nehemia 3,34)!

Im Grunde sagte Sanballat: »Das Chaos ist viel zu groß, als dass man alles wieder aufbauen könnte!« Ja, die Mauern waren so zerstört, dass sie nicht mehr als ein Haufen verkohlter Steine waren. Und diese stellten überhaupt kein gutes Material zum Wiederaufbau der Mauer dar, zumindest nicht ohne großen Aufwand. In Sanballats Kopf war der Wiederaufbau der Mauer eine hirnrissige Idee und die Leute gingen seiner Meinung nach einfach zu weit.

Vielleicht schleudert der Feind Ihnen genau die gleichen Anklagen entgegen: »Was meinst du, wenn du sagst, du kannst noch mal von vorne anfangen? Schau dir einmal das Chaos an, in dem dein Leben steckt!« »Niemals wirst du einen Studienabschluss schaffen, nicht wenn es dir so schlecht geht!« »Du glaubst also, du könntest genug Geld sparen, um deinen Kindern ein Studium zu finanzieren? Deine finanzielle Lage ist doch so chaotisch, dass deine Bank sie gar nicht mehr in den Griff bekommt!« Egal was er Ihnen sagt, ich möchte, dass Sie wissen: Das Chaos, in dem Sie stecken, kann für Gott gar nicht zu groß sein, um Sie daraus zu befreien. Nichts ist ihm unmöglich – er kann alles neu machen.

Wenn überhaupt ein Leben im Chaos versunken war, dann sicher meins. Und wenn jemand Grund genug gehabt hätte zu glauben, dass es sich nicht lohnen würde, etwas zu verbessern, dann ich. Der Feind wusste das. Er versuchte oft, mich davon zu überzeugen, dass ich nie ein normales Leben führen würde. Er erzählte mir, dass ich nie »normal« sein würde, nie ein gesundes Selbstbild von mir haben könnte, weil ich ein Opfer von Inzest war. Er sagte, ich würde nie in der Lage sein, Männern noch einmal zu vertrauen, weil ich von Männern so mies behandelt worden war, ich würde mich meinem Ehemann nie so, wie Gott es für richtig hält, unterordnen können, ich würde nie aufhören, alles um mich herum kontrollieren zu wollen, ich würde immer wieder die Fassung verlieren, weil ich so viel angestaute Aggressionen in mir hatte. Er sagte, ich würde niemals nett, lieb und freundlich sein können, sondern aufgrund meiner Kindheit immer grob, scharf, hart, unhöflich und ungehobelt sein. Ich wollte mich von ganzem Herzen ändern und zu der Frau werden, die Gott aus mir machen wollte, doch ich musste den Kampf, der in meinen Gedanken und in meinen Gefühlen tobte, bestehen.

Der Teufel ist ein Lügner, so einfach ist das (siehe Johannes 8,44). Er sagt Ihnen nicht die Wahrheit, er erzählt Ihnen, was er will, um Sie zu zerstören. Rücksichtslos attackiert er Ihre Gedanken und Gefühle. Wenn Sie versucht sind, aufzugeben, weil Sie Ihre Probleme für zu groß halten, dann vergessen Sie nicht: Der Teufel ist ein Lügner und nichts ist für Gott unmöglich!

Der Teufel hasst es, wenn wir Fortschritte machen. Möglicherweise haben Sie sich vorgenommen, eine bestimmte Anzahl an Kilos abzunehmen und die Diät bereits eine Woche lang durchgehalten. Doch dann verlieren Sie ein einziges Mal Ihre Willensstärke und essen ein Vanilleeis mit heißer Schokoladensoße. Sofort ist der Feind da und sagt: »Siehst du? Das ist zu schwer für dich. Du schaffst das nicht. Du warst schon immer übergewichtig und deine Essgewohnheiten sind viel zu tief in dir verwurzelt, als dass du sie jetzt verändern könntest!«

Wenn er Ihnen diesen Sturm der Anklage entgegenschickt, dann stehen Sie auf und sagen Sie: »Höre mir mal zu, du *Lügner!* Ich hatte einen kleinen Rückschlag, doch ich bin noch nicht am Ende! Ich werde meine Ziele erreichen. Ich werde das tun, wozu Gott mich beruft. Es lohnt sich und du wirst mich nicht aufhalten!« Kämpfen Sie den guten Kampf des Glaubens. Sie sind ein Kämpfer in der Armee Gottes und er ist auf Ihrer Seite.

Wir alle erleiden Rückschläge, während wir lernen, die Dinge richtig anzugehen, doch wir können jeden Tag wieder von vorne beginnen. Jedes Kleinkind fällt hin, wenn es das Laufen lernt. Doch wenn es einmal gestolpert ist, dann bleibt es nicht für den

Rest seines Lebens am Boden liegen und weint. Es steht auf, klopft sich den Staub ab und versucht es noch einmal! Ganz gleich, wie oft es fällt, es gibt niemals auf.

Gebet!

Und in Nehemia 3,36 ist in der englischen *Amplified Bible* noch der Zusatz hinzugefügt: »Und Nehemia betete.« Das hat auch für uns eine große Bedeutung und wir sollten uns daran erinnern, wenn wir mitten im Sturm stehen. Wie hat er auf all die Angriffe reagiert, mit denen er konfrontiert wurde, auf das Gelächter, den Zorn, die Wut, die Verurteilung, die Kritik und die Aussage, dass sein Herzenswunsch unerfüllbar sei? Er betete!

Ich möchte Sie einmal fragen: Was würde passieren, wenn Sie jedes Mal, sobald Sie Angst haben oder eingeschüchtert sind, beten? Was wäre, wenn Sie immer, nachdem jemand Sie beleidigt oder Ihre Gefühle verletzt hat, beten? Was würde geschehen, wenn Sie sofort in dem Moment, wo Sie verurteilt oder kritisiert werden, beten? Würde sich Ihr Leben ändern? Wären Sie in der Lage, diesen Stürmen besser standzuhalten? Natürlich wären Sie das!

Wir können von Nehemias Gebet eine wichtige Lektion lernen. *Höre, unser Gott, wie wir zum Gespött geworden sind, und lass ihre Schmähung auf ihren Kopf zurückkommen und gib sie der Plünderung preis in einem Land der Gefangenschaft* (Nehemia 3,36)! Schauen Sie, Nehemia jagte nicht seinen Feinden hinterher, sondern er bat *Gott,* sich um sie zu kümmern. Er hatte die innere Einstellung: »Ich tue deinen Willen! Du hast mich aufgefordert, diese Mauer zu bauen und genau das tue ich auch. Deshalb kümmere du dich um meine Feinde!«

Oftmals ist es so, dass Gott uns auffordert, etwas zu tun und uns eine Aufgabe überträgt, mit der wir auch anfangen. Dann greift uns der Feind an und sobald wir uns ihm zuwenden, um gegen ihn zu kämpfen, wenden wir uns von Gott ab. Plötzlich hat der Feind unsere ganze Aufmerksamkeit. Wir verbringen unsere

Zeit damit, gegen ihn zu kämpfen, anstatt zu beten und Gott um sein Eingreifen zu bitten.

Nehemia wusste es besser, als sich von den Feinden diktieren zu lassen, wohin er schauen sollte. Er war sich ihrer zwar bewusst, doch er hielt seinen Blick auf Gott gerichtet und auf die Aufgabe, zu der Gott ihn berufen hatte. Er betete und bat Gott, sich um die zu kümmern, die ihn angriffen.

Die meisten von uns werden niemals den 11. September 2001 vergessen. Ich habe gerade neulich eine ermutigende Geschichte über Stanley Praimnath gelesen, der als Banker im Turm 2 des World Trade Centers arbeitete und auf wundersame Weise die Anschläge überlebte. Stanley erinnert sich: »Aus irgendeinem Grund habe ich mich an diesem Morgen dem Herrn (beim Gebet) ein wenig mehr hingegeben. Ich sagte: ›Herr, bedecke mich und meine Familie mit deinem kostbaren Blut.‹ Und obwohl ich es sagte und auch glaubte, wiederholte ich es immer und immer wieder.«

Bald schon, nachdem er in seinem Büro im einundachtzigsten Stock angekommen war, schaute Stanley aus dem Fenster und bemerkte, dass Turm 1 brannte. Er und ein Kollege entschlossen sich, ihr Gebäude zu verlassen, gingen dann aber wieder ins Büro zurück, weil ein Wachbeamter ihnen versichert hatte, dass Turm 2 sicher sei.

Stanley kam gerade noch rechtzeitig ins Büro, um ein Telefonat entgegenzunehmen, in welchem der Anrufer ihn fragte, ob er gerade Nachrichten schauen würde. Er antwortete, dass alles in Ordnung sei, dann schaute er auf und sah ein Flugzeug der American Airlines direkt auf sich zufliegen. Das Einzige, was ihm noch einfiel, war, unter seinen Schreibtisch zu springen, sich wie ein Embryo auf dem Boden zusammenzukauern und zu beten, während das Flugzeug nur sechs Meter von ihm entfernt in den Turm krachte und explodierte. Sobald er dort lag, wusste er, wie er sagte, »ohne jeden Zweifel, dass der Herr sich um mich kümmern würde«.

Stanley sah, wie ein Flugzeugflügel im Eingang zu den Büros seiner Abteilung in Flammen aufging. Wie durch ein Wunder war er unverletzt geblieben. Er wusste, dass er aus dem Gebäude hinausmusste, doch er war in den Trümmern gefangen und konnte sich nicht bewegen.

Stanley betete inbrünstig und bat Gott, sein Leben zu verschonen: »Herr, übernimm du die Kontrolle. Das hier ist jetzt dein Problem.« Er erinnert sich, wie er sich plötzlich »wie der stärkste Mann auf Erden« fühlte, als ihn eine ungeahnte Kraft durchzog und ihn befähigte, die Schuttmassen, die ihn gefangen hielten, abzuschütteln. Er kletterte über die Trümmer um sich herum hinweg, wich flackernden Flammen aus und sagte: »Herr, ich muss zu meiner Familie nach Hause. Ich muss es schaffen. Du musst mir helfen.«

Voller Schnitte und blauer Flecke taumelte er durch die gefährlichen Überbleibsel seines Büros, nur um festzustellen, dass alle Ausgänge blockiert waren. Er stand vor einer Wand und war in der Falle. Er fiel auf seine Knie und begann wieder zu beten. Auf der anderen Seite der Wand war ebenfalls ein Mann und Stanley fragte ihn: »Kennen Sie Jesus?« Als dieser bejahte, beteten beide Männer zu Gott und baten ihn, ihnen zu helfen, damit sie die Wand durchbrechen konnten. Sie schafften es und Stanley kletterte durch das kleine Loch hindurch und konnte das Treppenhaus des zusammenbrechenden Gebäudes erreichen.

Er und sein neuer Freund machten sich auf den Weg nach unten und hielten in jedem Stockwerk an, um nachzusehen, ob jemand Hilfe brauchte. Als sie schließlich die Eingangshalle erreichten, sahen sie nur noch Feuerwehrmänner, die »Lauft! Lauft!« schrien.

Die Männer wollten laufen, doch sie waren vom Feuer umzingelt. Entweder liefen sie nun durch die Flammen hindurch oder sie würden verbrennen. Sie ließen sich mit dem Wasser einer Sprinkleranlage des Gebäudes durchtränken und stürzten los, durch die Flammen, in Sicherheit.

Stanley war fest entschlossen, diese lebensbedrohliche Situation zu überleben, doch das konnte er nicht ohne die Hilfe Gottes. Die menschliche Entschlossenheit, niemals aufzugeben, ist zwar unbedingt notwendig, doch wir dürfen nicht vergessen, uns in jeder Situation auch auf Gott zu verlassen, anstatt die Dinge »nach eigenem Gutdünken« zu realisieren. Wir sollen auf jeden Fall unseren Teil dazu beitragen durchzuhalten, uns aber gleichzeitig auf Gott verlassen, dass er uns den Durchbruch schenkt, den wir brauchen.

Der Feind ist nicht unser Problem; er ist Gottes Problem. Sie verschwenden nur Ihre Zeit, wenn Sie Ihre Aufmerksamkeit von den Aufgaben und den Möglichkeiten, die Gott geschenkt hat, abwenden und anfangen, sich auf den Feind zu konzentrieren. Satan weiß, wenn er Sie ablenken kann, dann wird er Sie am Ende auch besiegen. Gott ist Ihr Verteidiger. Er verspricht uns, dass er die Kämpfe für uns austrägt. Wenn also der Feind anfängt, einen Sturm in Ihrem Leben aufkommen zu lassen, dann handeln Sie wie Nehemia: Beten Sie!

Mit ganzem Herzen bei der Arbeit

Nehemia kann in Kapitel 3 aber auch Gutes melden: *Wir aber bauten die Mauer weiter auf, so dass die ganze Mauer bis zur Hälfte geschlossen werden konnte, und das Volk war mit ganzem Herzen an der Arbeit* (Nehemia 3,38). Nehemias Leute waren entschlossen zu arbeiten, obwohl sie ständig von ihren Feinden angegriffen wurden. Sie bauten weiter, egal wie hartnäckig die Feinde waren.

Der Feind kann Sie nicht aufhalten, wenn Sie fest entschlossen sind! Sie müssen entschlossener sein als er, und das ist möglich, weil Gott auf Ihrer Seite ist. Vielleicht greift der Feind Sie voller Eifer an, doch Sie können Ihre Schutzmauern aufbauen und Ihre Ziele im Leben erreichen, wenn Sie sich schlichtweg weigern, aufzugeben.

Aber die Mauer wurde nicht nur immer höher, sondern auch die Lücken wurden geschlossen und die Risse beseitigt. Das machte die Feinde Nehemias richtig wütend.

Ich bin davon überzeugt, dass das Lesen dieses Buches dazu beitragen wird, die »Risse« Ihres Leben zu beseitigen! Sie werden in den Bereichen, in denen Sie schwach sind, Stärkung erfahren, weil Sie lernen, wie man ein Mensch sein kann, der nicht aufgibt. Das macht den Feind äußerst wütend, denn er will nicht, dass Sie in der Berufung, die Gott auf Ihr Leben gelegt hat, weiter vorwärtsgehen.

Manche Leute bekommen Angst, wenn sie daran denken, dass der Feind wütend ist, doch es gibt keinen Grund zur Furcht. Gott, »der uns im Triumphzug umherführt« ist auf Ihrer Seite (siehe 2. Korinther 2,14). Wenn Sie einen wütenden Feind besiegen wollen, suchen Sie die Gegenwart Gottes, bleiben Sie in seinem Wort, preisen Sie ihn und beten Sie, genau wie Nehemia es getan hat. Glauben Sie nur nicht, dass Sie den Teufel aus eigener Kraft besiegen müssen! Beten Sie – und tun Sie das, wozu Gott Sie auffordert! Beten Sie – und tun Sie das, was der Teufel Sie auf keinen Fall tun sehen will!

Nehemia hat nie aufgehört zu beten. Ich habe schon ein Gebet von ihm erwähnt, doch in Nehemia 4,3 lesen wir noch einmal, wie er betete: *Da beteten wir zu unserem Gott und stellten eine Wache gegen sie auf, Tag und Nacht zum Schutz vor ihnen.* Sie beteten also beständig.

Ich ermutige Sie, immer zu beten und nicht nur dann, wenn Sie eine Krise bewältigen müssen. Sie brauchen Gott immer, nicht nur inmitten einer Katastrophe. Pflegen Sie einen Lebensstil, der von Gebet geprägt ist, denn so werden Sie eine Schutzmauer um sich selbst und Ihre Familie herum bauen.

Kämpfen und keine Angst haben

Mittlerweile wissen wir alle, dass Nehemia ein starker und weiser Anführer war. Nicht nur, dass er das Angesicht Gottes suchte und sich ganz auf ihn verließ, er traf auch kluge Entscheidungen und wusste, wie er die Leute ermutigen konnte. In Nehemia 4,7-8 lesen wir:

> *Da stellte ich an Stellen, die niedriger waren als der Platz hinter der Mauer, an den offenen Stellen – da stellte ich das Volk auf,*

nach Sippen geordnet mit ihren Schwertern, ihren Lanzen und ihren Bogen. Und als ich ihre Furcht sah, da machte ich mich auf und sagte zu den Edlen und zu den Vorstehern und zum Rest des Volkes: **Fürchtet euch nicht vor ihnen!** *An den Herrn denkt, den großen und furchtbaren! Und kämpft für eure Brüder, eure Söhne und eure Töchter, eure Frauen und eure Häuser!*

Ich möchte heute Nehemias Worte einmal für Sie wiederholen: Kämpfen Sie für Ihr Zuhause! Kämpfen Sie für Ihre Kinder! Kämpfen Sie für Ihr Recht, frei von Schuld und Verdammnis zu leben! Kämpfen Sie für Ihr Recht, unter der Gnade Gottes und nicht in Gesetzlichkeit zu leben. Kämpfen Sie um Ihr Recht, glücklich zu sein! Kämpfen Sie für die Träume, die Gott in Ihr Herz gegeben hat! Kämpfen Sie für das, was Ihnen wichtig ist! Geben Sie sich nicht mit weniger zufrieden, als mit dem, was Gott für Sie hat.

Geben Sie sich nicht mit weniger zufrieden, als mit dem, was Gott für Sie hat.

Der Feind wird Sie angreifen, doch haben Sie keine Angst vor ihm. Denken Sie stattdessen an den Herrn und er wird Ihnen Mut geben.

Dies war ein Wendepunkt in der Geschichte Nehemias und er hatte den vollen Sieg: *Und es geschah, als unsere Feinde hörten, dass es uns bekanntgeworden war und dass Gott ihren Rat zunichte gemacht hatte, da konnten wir alle zur Mauer zurückkehren, jeder an sein Werk. Und es geschah von diesem Tag an: die eine Hälfte meiner jungen Männer war an dem Werk beschäftigt, und ihre andere Hälfte hielt die Speere, die Schilde und die Bogen und die Schuppenpanzer bereit. Und die Obersten standen hinter dem ganzen Haus Juda* (Nehemia 4,9-10).

Aus diesem Abschnitt lernen wir, dass wir unsere Deckung nicht sinken lassen dürfen, wenn sich die Situation etwas entspannt hat und wir einen kleinen Sieg errungen haben. Wir wollen doch ganz frei werden und nicht nur ein wenig Erleichterung verspüren. Nehemia hätte sagen können: »Hört mal her, Leute! Unsere Feinde wissen, dass wir ihre Verschwörung gegen uns aufgedeckt haben. Sie wissen, dass Gott ihr Vorhaben zunichtegemacht hat! Wir können uns nun entspannen!« Stattdessen stellte Nehemia mit Weitblick eine Armee gegen den Feind auf, obwohl er wusste, dass sich der Feind ein wenig zurückgezogen hatte. Er veränderte seine innere Einstellung nicht, die er bisher gehabt hatte: »Wir wollen mit allem Eifer das tun, was Gott will. Deshalb dürfen wir nicht nachlässig werden. Wir dürfen nicht lockerlassen. Wir müssen uns die Einstellung eines Kämpfers bewahren, auch wenn sich der Feind momentan nicht aktiv gegen uns aufmacht.«

Nehmt die Waffen mit zur Arbeit

Nehemia wusste, wie er die Arbeit beenden konnte. Seine Strategie lesen wir in Nehemia 4,11-12: *Und die Lastträger trugen ihre Last folgendermaßen: Mit der einen Hand arbeiteten sie am Werk, während die andere die Waffe hielt. Und von den Bauleuten hatte jeder sein Schwert um seine Hüften gegürtet, so bauten sie. Und der ins Horn zu stoßen hatte, war neben mir.*

Wir können auch mit einer Hand arbeiten und mit der anderen eine Waffe tragen, indem wir Gott während der Arbeit preisen. Unabhängig davon, was Sie im Moment aufbauen wollen, ob Ihr Zuhause, Ihre Ehe, Ihr Geschäft, finanzielle Sicherheit, körperliche Fitness oder eine intime Beziehung zu Gott, vergessen Sie nicht, Gott anzubeten, während Sie arbeiten. Denken Sie daran, Gott zu preisen und ihm für jeden kleinen Schritt zu danken, den Sie vorwärtsgehen. Sie müssen aus Ihrem Lobpreis nicht gleich eine Inszenierung machen. Haben Sie einfach ein dankbares Herz und beten Sie innerlich: »Ich liebe dich, Herr. Ich bete dich an. Ich kann das ohne deine Hilfe nicht schaffen. Ich brauche heute deine Hilfe. Danke, dass du mir dieses Ziel gegeben hast, auf das ich hinarbeite und danke, dass du mir dabei hilfst, es auch zu erreichen.«

Ich glaube, das Schwert, das die Bauarbeiter Nehemias immer an ihrer Seite trugen, symbolisiert die Notwendigkeit, dass wir das Wort Gottes bei uns führen. Gottes Wort ist ein Schwert für uns und wir sollen es auch gegen den Feind einsetzen. Unsere Schwerter werden uns nichts nützen, wenn wir sie in der Scheide stecken lassen. Genauso hilft uns auch die Bibel nichts, solange sie auf dem Regal verstaubt. Sie wird nichts gegen den Feind ausrichten können, außer wir setzen sie ein. Das können wir tun, indem wir das Wort Gottes kennen, es glauben und es laut aussprechen.

Wenn Sie irgendwann einmal morgens aufwachen und aufgeben wollen, benutzen Sie Ihr Schwert, indem Sie sagen: »Ich werde nicht aufgeben! Gott hat einen Plan für mich und er gibt mir eine Zukunft und eine Hoffnung. Ich werde so lange an der Arbeit bleiben, bis ich beides auch bekomme!« (siehe Jeremia 29,11). Gott gibt uns Waffen, damit wir sie im Kampf einsetzen. Wenn Sie gewinnen wollen, dann müssen Sie auch aktiv bleiben. Durch Passivität und Wunschdenken gewinnt man keinen Kampf.

Das Ende der Geschichte

Sie wollen bestimmt wissen, was aus Nehemia und der Mauer geworden ist. Sie können die ganze Geschichte im Buch Nehemia selbst lesen, doch eines kann ich Ihnen sagen: Der Bau war ein voller Erfolg. Nehemia musste mit dem Volk so lange die Feinde bekämpfen, bis der Bau der Mauer vollendet war. Er musste sich mit Regierungsbeamten auseinandersetzen, die das Volk nicht fair behandelten. Sanballat bedrängte ihn weiterhin und machte auch noch einen letzten Versuch, ihn durch Einschüchterung zum Aufgeben zu bewegen.

Was glauben Sie wohl, wie die Feinde des Volkes Gottes reagiert haben, als die Mauer wiederaufgebaut war? *Und es geschah, als alle unsere Feinde es hörten, da fürchteten sich alle Nationen, die rings um uns her waren, und unsere Feinde sanken sehr in ihren Augen. Und sie erkannten, dass dieses Werk von unserem Gott aus geschehen war* (Nehemia 6,16).

Selbst als der Bau der Mauer vollendet war, schickte Tobija immer noch Drohbriefe an Nehemia. Der Feind hatte sich zwar nicht zurückgezogen, doch er konnte Nehemia auch nicht davon abhalten, die Aufgabe zu erledigen. Nehemia hatte gelernt, im Sturm der feindlichen Übergriffe um das zu kämpfen, was ihm wichtig war, und am Ende siegreich zu sein. Genau das hält Gott auch für Sie bereit.

Die Rechtschaffenheit von Mr Penney

James Cash Penney war Sohn eines armen Predigers aus Missouri und gründete eines der erfolgreichsten Einzelhandelsunternehmen Amerikas auf einfachen und zeitlosen Werten wie Ehrlichkeit, Integrität, Respekt und harte Arbeit.

Penneys Vater war zusätzlich zu seiner Tätigkeit als Prediger auch Bauer und so lernte Penney auf dem Familienhof in der Nähe von Hamilton, Missouri, die Arbeit eines Farmers. Sein Vater wollte sichergehen, dass seine Kinder auch den Wert des Geldes schätzen lernten, und deshalb musste James vom achten Lebensjahr an arbeiten, um seine eigenen Kleidungsstücke kaufen zu können.

1893 machte Penney sein Abitur und hoffte, Rechtsanwalt werden zu können. Stattdessen wurde er Verkäufer in dem Textilwarengeschäft *J. M. Hale and Brothers* am Ort. Penney merkte schon bald, dass nicht jeder nach denselben Werten lebte, die für ihn wichtig waren. Andere Verkäufer nahmen ihm Aufträge weg und er musste lernen, selbstbewusster aufzutreten, seine Verkaufsqualitäten auszubauen und sich bei selbst erarbeiteten Verkaufsmöglichkeiten auch durchzusetzen.

Inmitten dieser Zeit des persönlichen und auch geschäftlichen Wachstums ging es mit seiner Gesundheit bergab. Um nicht an Tuberkulose zu erkranken, drängte ihn sein Arzt, von Missouri wegzuziehen in ein Gebiet, in dem ein trockeneres Klima herrschte. Schließlich kam er nach Denver, Colorado, wo er eine Anstellung in einem Textilwarengeschäft bekam. Hier konnte er das einbringen, was er bei Mr Hale gelernt hatte.

Der fleißige und ambitionierte Penney hatte bald genug Geld gespart, um sein eigenes Geschäft zu eröffnen, eine Fleischerei. Sein Betrieb scheiterte – nicht weil Penney ein schlechter Geschäftsmann gewesen wäre, sondern aufgrund seiner Rechtschaffenheit. Penney hielt es für richtig, jeden Kunden mit gleicher Freundlichkeit und gleichem Respekt zu bedienen. Als er sich weigerte, einem bestimmten und sehr einflussreichen Kunden eine besondere Behandlung zukommen zu lassen, nutzte dieser seinen Einfluss aus, um Penney aus dem Geschäft zu vertreiben.

Nachdem die Fleischerei geschlossen wurde, arbeitete Penney für die Textilfachgeschäftskette *Golden Rule*. Der Erfolg ließ nicht lange auf sich warten und führte später dazu, dass er Teilhaber des Geschäfts wurde. Als Penney in Wyoming lebte und für *Golden Rule* arbeitete, verliebte er sich in Berta Alva Hess und heiratete sie.

Gegründet auf den Werten von Ehrlichkeit, Integrität und Respekt wuchs Penneys Geschäft beständig. Bald schon eröffnete er sein eigenes *Golden-Rule*-Geschäft. Er stellte Qualitätswaren zu günstigen Preisen für Arbeiterfamilien her und wurde zunehmend für seinen erstklassigen Service bekannt. Die Kunden konnten ihre Einkäufe bei ihm nur bar bezahlen, denn er machte nichts auf Rechnung.

Die Eigentümer von *Golden Rule* verkauften schließlich die Firma an Penney, der die Verkaufskette in *J. C. Penney Company* umbenannte. 1914 verlagerte Penney die Firmenzentrale nach New York und eröffnete 1918 das erste offizielle *J.-C.-Penney*-Kaufhaus in Missouri.

Penney musste einige persönliche Tragödien überwinden, während er sein Firmenimperium aufbaute. 1910 durchlitt er den furchtbaren Verlust seiner Frau Berta, die einer Lungenentzündung erlegen war und ihn mit zwei Söhnen zurückließ. Er schrieb, dass die Welt nach ihrem Tod für ihn zusammenbrach. 1919 heiratete Penney noch einmal. Seine Frau Mary gebar ihm einen Sohn, starb aber 1923 und ließ ihn wieder als Witwer zurück. 1926 heiratete er ein drittes Mal. Er und seine Frau Caroline hatten zwei Töchter und blieben bis zu Penneys Tod verheiratet.

J. C. Penney baute sein florierendes Unternehmen und sein Leben auf guten, göttlichen Prinzipien auf. Er gab seine Rechtschaffenheit nie auf. Ganz gleich was Sie in Ihrem Leben auch erreichen wollen, halten Sie die im Wort Gottes verankerten Prinzipien hoch und Sie werden *immer* erfolgreich sein.

KAPITEL 8

Die Schlüssel zum Erfolg

»Unsere größte Schwäche liegt im Aufgeben.
Der sicherste Weg zum Erfolg ist immer,
es doch noch einmal zu versuchen.«
Thomas Edison

Es gibt bei jeder Anstrengung, die Sie unternehmen, vier Schlüssel zum Erfolg: verbindliche Hingabe, Entschlossenheit, Warten auf den Herrn und sich Zeit nehmen für die eigene Erfrischung und Erneuerung. Diese Charaktereigenschaften und Gewohnheiten gilt es zu entwickeln, damit sie Ihnen im Alltag dabei helfen, nicht aufzugeben, sondern auf den Erfolg zuzusteuern, den Sie sich wünschen.

Verbindliche Hingabe

Versucht man den Gedanken, der hinter dem »Nicht aufgeben« steckt, in einem Begriff zusammenzufassen, so ist das *verbindliche Hingabe*. Ohne verbindliche Hingabe geben Menschen leicht auf. Sie haben dann kein Durchhaltevermögen. Wenn Sie jemand sein möchten, der nicht aufgibt, dann ist verbindliche Hingabe der Schlüssel dazu.

Voller Einsatz

Mit circa einem Jahr fängt ein Adlerjunges an, eine gewisse Unabhängigkeit zu entwickeln. Es hat zu diesem Zeitpunkt bereits ein gutes Sehvermögen und seine Klauen sind scharf. Es kann selbst Nahrung finden, fliegen, und sogar ein wenig mit dem Wind segeln. Weitere drei Jahre wird es als Jungadler leben, wachsen und an Stärke zunehmen. Es wird bei dem, was es tut, Geschicklichkeit entwickeln und als Adler immer erfahrener und bewährter werden.

Doch wenn der Adler ungefähr vier Jahre alt ist, zeichnet sich bei ihm eine Veränderung ab – nicht willentlich, sondern instinktiv. Er fühlt sich unwohl, merkwürdig und unbehaglich. Wahrscheinlich versteht er nicht, was da mit ihm passiert. Mitten in dieser unangenehmen Zeit des Wachstums merkt er, dass er nicht nur zum eigenen Vergnügen geschaffen wurde. Er möchte, dass es in seinem Leben um mehr geht, als um ihn selbst.

Deshalb geht das Adlermännchen auf die Suche nach einem Weibchen. Wenn er es findet, beginnen sie, als eine Art Balzritual, Fangen zu spielen. Das Unwohlsein ist ein Sehnen nach Liebe! Es ist Zeit für ihn, erwachsen zu werden. Das Adlerweibchen steigt hoch in die Luft und fliegt dabei eine Acht. Das Adlermännchen jagt sie. Jetzt hat er nicht mehr nur seine eigene Flugrichtung – er folgt jemand anderem und dieser Jemand scheint komische Richtungen einzuschlagen.

Nach einer Weile fliegt sie im Sturzflug zur Erde, nimmt einen Zweig auf, begibt sich wieder auf eine Höhe von dreitausend Metern und lässt den Zweig fallen. Er stürzt sich mit einer Geschwindigkeit von etwa dreihundert Stundenkilometern dem Zweig hinterher, fängt ihn mitten in der Luft auf und bringt ihn zurück zu ihr. Und wie reagiert sie? Sie ignoriert ihn.

Auch wenn ihn das wahrscheinlich sehr kränkt, muss er an diesem Punkt eine Entscheidung treffen: »Will ich mich hier wirklich voll einsetzen und das Ganze bis zum Ende durchziehen? Ist es das, was ich will? Oder sollte ich das alles einfach vergessen und etwas suchen, womit ich mir leichter die Zeit vertreiben kann?«

Das Adlerweibchen wiederholt diesen Vorgang und macht dabei die Aufgabe für das Adlermännchen immer schwieriger. Jedes Mal, wenn sie fliegt, wird der Zweig größer und die Flughöhe geringer. Das bedeutet, der Zweig kommt schneller am Boden an und das Adlermännchen muss sich mehr anstrengen, wenn er sie für sich gewinnen will.

Dieses Spiel kann mehrere Tage dauern. Schließlich holt das Adlerweibchen einen Ast, der schwerer ist als das Adlermännchen selbst. Ich kann mir vorstellen, dass dieser am liebsten sagen würde: »Das ist nicht fair! Gott, du *weißt* doch genau, dass ich das nicht schaffen kann! Du *weißt* doch, dass das zu schwer für mich ist!« Dieses Mal fliegt das Adlerweibchen auf eine Höhe von nur einhundertfünfzig Metern und lässt den Ast fallen. Wenn er diesen auch fängt, dann werden sie ein Paar. Wenn nicht, fliegt sie davon und verlässt ihn. Sie hat sich entschieden, auf ein Adlermännchen zu warten, das genug Durchhaltevermögen besitzt, um ihr Mann zu werden.

Das Adlermännchen muss bereit sein, vollen Einsatz zu zeigen, um bei diesem Vorgang mitzuhalten. Wenn er erst mal die letzte Astprüfung bestanden hat, kommen die beiden Adler vom Balzritual hin zur letzten Prüfung der gegenseitigen Hingabe. Sie fliegt hoch in die Lüfte und er jagt sie. Plötzlich macht sie eine merkwürdige Bewegung. Mitten in der Luft dreht sie sich auf ihren Rücken und hält ihre Klauen hoch in die Luft. Das Adlermännchen fliegt über sie und greift mit seinen Klauen in die ihren, während sie zu Boden fallen. Jetzt hat er sich wirklich entschieden. Er will sich voller Hingabe für sie einsetzen und lieber sterben, als sie loslassen. Sie beginnen, ihr Liebeslied zu singen. Sie paaren sich fürs Leben. Keiner von beiden wird jemals einen neuen Partner haben, außer einer von ihnen stirbt. Wenn das Adlerweibchen stirbt, wird das Männchen die Kleinen großziehen.

Auch nachdem der Paarungsvorgang beendet ist, sie ihm gehört und beide in ihrem Nest sind, macht das Adlermännchen dem Weibchen bis zu ihrem Lebensende den Hof. Es wurde beobachtet, wie Adlermännchen die Federn ihrer Partnerin streichelten und ihr lange nach dem Balzritual noch grüne Zweige mitbrachten. Wenn Sie als Frau dieses lesen, wünschen Sie sich wahrscheinlich, dass jeder Mann auf Erden ein bisschen vom Adler lernen würde!

Hier geht es um hingebungsvolle Verbindlichkeit, die durchträgt und ein Leben lang hält. Ich hoffe, dass auch Sie diese von Einsatz geprägte Hingabe entwickeln werden. Vielleicht sind Sie in diesem Bereich noch nicht perfekt, doch wenn Sie mit Gott vorangehen und gesegnet leben wollen, brauchen Sie solch eine vollständige Hingabe. Eine Hingabe, die auch dann stark bleibt, wenn man sich alleine und abgelehnt fühlt oder die Umstände nicht gut aussehen und die Zeiten rau sind. Denken Sie an den königlichen Adler, der auch dann noch seine Hingabe beweist, wenn ihm sein Einsatz das Leben kosten könnte. Und lernen Sie, aus Ihrem tiefsten Inneren heraus zu sagen: »Nichts kann meine Hingabe in dieser Situation erschüttern. Ich werde es bis zum Ende durchziehen. Und ich *werde nicht aufgeben*, egal was kommt.«

Gott, der Adler und Sie

Manchmal fühlen wir uns unwohl aus dem gleichen Grund wie der vierjährige Adler: Es wird Zeit, dass wir erwachsen werden. Oftmals haben wir so ein vages Gefühl der Unzufriedenheit und kämpfen mit einem gewissen Maß an Ruhelosigkeit, wenn Gott uns auf eine neue Stufe stellen will. Doch wir sollten dann unsere Gedanken frei und unsere Emotionen ruhig halten. Immerhin besteht die Chance, dass eigentlich nichts Ernsthaftes los ist. Es ist nur an der Zeit, stärker und reifer zu werden und wir müssen auf diesen Prozess eingehen.

Ist es einfach, Hingabe zu leben? Nein, aber es ist alles wert, was dazu notwendig ist. Ich habe schon viele Kämpfe in meinem

Leben gekämpft und mittlerweile bin ich glücklich, erfüllt und zufrieden. Nein, es war nicht leicht und ja, ich wollte sehr oft aufgeben. Doch ich habe mich Gott und der Arbeit, zu der er mich berufen hat, gegenüber verpflichtet. Das bedeutet nicht, dass ich überhaupt nicht mehr in der Versuchung stehe, aufzugeben. Es bedeutet nur, dass meine tiefe Hingabe mir die Kraft gibt, der Versuchung zu widerstehen.

Ist es einfach, Hingabe zu leben? Nein, aber es ist alles wert, was dazu notwendig ist.

Gott möchte Ihnen eine neue Stufe der Hingabe zeigen. Sein Wunsch ist es, dass Sie genau wie der Adler der Berufung leidenschaftlich verpflichtet sind, die er auf Ihr Leben gelegt hat, und Sie sich ihm weihen. Er möchte, dass Sie in einer Beziehung mit ihm leben, die von Hingabe geprägt ist – so lange Sie leben. Ich kann mir nichts Erfüllenderes, Lohnenderes und Abenteuerlicheres vorstellen. Er hält mehr für Sie bereit, als Sie jemals von ihm erbeten haben oder sich vorstellen können. Doch Sie müssen voller Hingabe leben, wenn sein Plan in Ihrem Leben Realität werden soll!

Entschlossenheit

In dem Moment, in dem wir Jesus als unseren Retter annehmen, empfangen wir den Geist Gottes. Wir empfangen ein neues »Ich will«, eine Entschlossenheit, die uns befähigt, Ziele zu erreichen und Träume zu verfolgen, die unerreichbar erscheinen. Tatsache ist, Ihr Wille ist eine der stärksten Kräfte auf Erden. Ist er richtig ausgerichtet, werden Sie in der Lage sein, erstaunliche Dinge in Ihrem Leben zu bewerkstelligen. Ich habe in meinem eigenen Leben entdeckt, es lohnt nicht, Entschuldigungen für irgendetwas zu suchen, denn die Wahrheit ist: Was ich wirklich tun will, das tue ich auch!

Der renommierte Kinderneurochirurg Ben Carson hatte einen schweren Start im Leben. Er wurde im Stadtzentrum von Detroit als Sohn einer Mutter geboren, die die Schule nach der dritten Klasse verlassen und mit dreizehn Jahren geheiratet hatte. Seine Eltern ließen sich scheiden, als er acht Jahre alt war. Um Ben und seinen Bruder Curtis mit dem Notwendigsten versorgen zu können, hatte seine Mutter immer zwei oder drei Arbeitsstellen gleichzeitig. Seine »Gib niemals auf«-Geschichte zeugt nicht nur von seiner Entschlossenheit und Beharrlichkeit, sondern auch von der seiner Mutter.

Weder Ben noch Curtis waren gute Schüler. Als Ben in der fünften Klasse war, hatte er die schlechtesten Zensuren in seiner Klasse und seine Mitschüler nannten ihn nur »Dummkopf«. In dieser Zeit waren seine unkontrollierbare Wut und seine wechselhaften Stimmungen auffällig.

Bens Probleme machten seiner Mutter große Sorgen. Sie wusste, dass sie etwas tun musste. Zuerst begann sie zu beten. Sie betete inständig um Weisheit, um zu erkennen, wie sie Ben und Curtis beim Lernen helfen konnte, damit sie besser in der Schule wurden. Sie führte zu Hause strikte Regeln ein, begrenzte die Zeit, in der die Jungen fernsehen durften und erlaubte ihnen erst dann, spielen zu gehen, wenn sie die Hausaufgaben fertig hatten. Außerdem verlangte sie von ihnen, dass sie pro Woche zwei Bücher lasen und darüber Berichte schrieben. Bens ganze Aufmerksamkeit galt nun den Schularbeiten und er entwickelte einen schier unersättlichen Lesehunger. Nicht nur seine Noten wurden wesentlich besser, sondern er gelangte auch zu der Überzeugung, dass er nicht »dumm« war und genauso gut lernen konnte wie alle anderen. Mit der Zeit lernte er auch sein Temperament zu zügeln und mit den anderen gut auszukommen.

Als herausragend guter Schüler machte Ben sein Abitur und erhielt einen Abschluss mit Auszeichnung. Auf der Yale-Universität, die er danach besuchte, schloss er ein Psychologiestudium ab. Er plante, sein Studium fortzusetzen und Psychiater zu werden. An der medizinischen Fakultät der Universität von Michigan entschied er sich jedoch, Neurochirurg statt Psychiater zu werden. Ben beendete seine Facharztausbildung in Neurochirurgie an einem der renommiertesten Krankenhäuser der Welt, dem *Johns Hopkins* in Baltimore, Maryland. Mit Anfang dreißig war er der Leiter der Abteilung für pädiatrische Neurochirurgie dieses Krankenhauses. Er war der Jüngste, der im *Johns Hopkins* jemals solch eine Position innehatte. Bis zum heutigen Tag bekleidet er diese Position, arbeitet als Professor für Neurochirurgie, Onkologie, Plastische Chirurgie und Pädiatrie an der medizinischen Fakultät des *Johns Hopkins*. Außerdem hält er viele Vorträge vor jungen Menschen, in denen er sie ermutigt, ihr intellektuelles Potenzial auszuschöpfen.

Wenn Sie davon träumen, ein Ziel zu erreichen, das für Sie unerreichbar erscheint, dann denken Sie an Ben Carson, den schlechtesten Schüler seiner Schulklasse, aus dem einer der hellsten Köpfe in der heutigen Medizin wurde. Das war nur möglich, weil seine Mutter ihn nie aufgegeben hat und er sich selbst auch nicht.

Möglicherweise haben Sie ein Kind, das Schwierigkeiten in der Schule oder auf einem anderen Gebiet hat. Lassen Sie sich durch die Geschichte von Ben Carson ermutigen. Denken Sie daran, welche Veränderungen seine Mutter in seinem Leben bewirkt hat und tun Sie es ihr nach: Beten Sie und bitten Sie Gott um Weisheit, wie Sie Ihren Kindern helfen können, erfolgreich zu sein. Unterstützen Sie sie darin, die notwendige Disziplin aufzubringen und nicht aufzugeben!

Wollen Sie wirklich frei werden von den Dingen, die Sie zurückhalten? Dann schaffen Sie es! Wollen Sie Ihre Vergangenheit hinter sich lassen und darüber hinaus wachsen? Dann schaffen Sie es. Sind Sie entschlossen, eine positive Haltung statt einer negativen zu entwickeln? Dann schaffen Sie es. Wollen Sie wirklich auf die richtige Person warten, um sie zu heiraten, und nicht den »Zweitbesten« nehmen, weil Sie Angst haben, dass sonst keiner mehr kommt? Dann schaffen Sie es!

Wenn Sie innerlich fest entschlossen sind, dann wird niemand, keine Macht der Hölle und auch kein Mensch auf Erden, Sie davon abhalten können, Ihr Ziel zu erreichen. Wenn Sie Gott gehorchen und das tun, was er Ihnen aufträgt und nicht klein beigeben, wenn der Teufel Sie angreift, dann wird Sie nichts vom Erreichen Ihrer Ziele abhalten können.

Seien Sie fest entschlossen

Das Wort »entschlossen sein« bedeutet auch, »einen Konflikt durch eine verbindliche Entscheidung oder Aussage klären«. Diese Definition ermutigt mich, denn ich nutze »Aussagen« oft, um meine Entschlossenheit in bestimmten Bereichen zu stärken. Wenn ich zum Beispiel genug gegessen habe, aber am liebsten noch mehr essen möchte, dann setze ich mich an den Tisch zurück und sage laut: »So, das war mein letzter Bissen! Ich *beende* diese Mahlzeit!«

Sollten Sie in bestimmten Bereichen ähnlich entschlossen sein, müssen Sie vielleicht auch gelegentlich in dieser Weise mit sich selbst reden. Manchmal kann man die Versuchung, aufgeben zu wollen, am besten überwinden, indem man zu sich selbst sagt: »Oh nein, das wirst du nicht tun! Hör sofort auf zu heulen und schau nach vorne!« Wenn ich in all den Jahren nahe dran war, aufzugeben und niemanden hatte, der mich ermutigte, sagte ich zu mir selbst: »Joyce, du schaffst das! Vielleicht ist es schwer, doch du *kannst* es schaffen und wage ja nicht zu glauben, dass du es nicht schaffst!«

Manchmal kann man die Versuchung, aufgeben zu wollen, am besten überwinden, indem man zu sich selbst sagt: »Oh nein, das wirst du nicht tun! Hör sofort auf zu heulen und schau nach vorne!«

Zehn Jahre meines Lebens musste ich durch eine Zeit hindurch, in der ich diverse körperliche Leiden hatte. *Zehn Jahre!* Ich litt unter verschiedenen Symptomen, die zum Teil mit einem zu niedrigen Blutzuckerspiegel zu tun hatten, aber vor allen Dingen auf Stress zurückzuführen waren, denn ich arbeitete zu viel. Auch litt ich unter den »Wechseljahren«, was nicht leicht für mich war. Hormonschwankungen verursachten Migräne und

1989 erkrankte ich sogar, wie bereits erwähnt, an Brustkrebs und musste operiert werden.

Ich kann Ihnen gar nicht sagen, wie oft ich in diesen zehn Jahren hinter einer Kanzel stand und beim Predigen dachte: *Ich frage mich, ob ich heute noch vor dem Ende meiner Botschaft umkippe.* Ich betete inständig zu Gott um Heilung. Er nahm mir meine Schwierigkeiten nicht vollständig weg, aber er gab mir die Kraft, das zu tun, was ich tun musste, und zwar *trotz* meiner Probleme – jedes Mal. Ich wollte eigentlich gar nicht die Stärke, es hindurchzuschaffen; ich wollte, dass die Probleme verschwanden! Es war schwer, durch diese Jahre hindurchzugehen, *wirklich* schwer, doch ich war fest entschlossen, mich nicht besiegen zu lassen und nicht aufzugeben. Mittlerweile sehe ich im Rückblick, dass mein Glaube in diesen Jahren stärker wurde und ich nun mit Kranken aufrichtig mitfühlen kann.

Ich danke Gott, dass er mir die Lösungen für meine Schwierigkeiten nach zehn Jahren präsentierte. Ich wollte sie zwar früher haben, doch unsere Zeit liegt in seiner Hand. Jetzt geht es mir gut und ich genieße es, das zu tun, was ich tue und fühle mich gut dabei! Zuvor musste ich oftmals sagen: »Natürlich würde ich mich lieber besser fühlen bei dem, was ich tue, doch hör mir gut zu, Teufel: Ich tue, was ich zu tun habe, ob ich mich nun gut fühle oder nicht.«

Während dieser Leidenszeit musste ich mir oft laut Worte der Entschlossenheit zusprechen: »Natürlich würde ich diese Arbeit lieber mit einer besseren Befindlichkeit tun. So ist es wirklich schwer, doch ich werde der Berufung, die Gott auf mein Leben gelegt hat, nachkommen, egal wie ich mich fühle. Ich tue alles, womit Gott mich beauftragt hat, und ich werde so sein, wie er mich haben will!« Ich erinnere mich an einen Morgen, an dem ich mich besonders schlecht fühlte. Kraftlos betete ich und sagte zum Herrn: »Vielleicht habe ich nicht viel Kraft, doch das, was mir geblieben ist, werde ich dafür einsetzen, dir für den Rest meines Lebens zu dienen.« Jedes Mal, wenn ich solch eine Entscheidung traf, verlor Satan und Gott gewann.

Der Hauptgrund, warum ich fest entschlossen war, dem Willen Gottes ungeachtet meiner Befindlichkeit zu gehorchen, war meine Liebe zu Gott. Ich wusste, dass ich mich auch dann schlecht fühlen würde, wenn ich nicht alles, wozu Gott mich berufen hatte, tun würde. Vielleicht wollen Sie gar nicht immer die Anstrengung unternehmen, entschlossen zu sein, doch ich versichere Ihnen, Sie möchten ganz bestimmt auch nicht das Risiko eingehen, außerhalb des Willens Gottes zu leben, nur weil Sie sich nicht verpflichten wollen, alles zu tun, um ihm zu gehorchen.

Den Konflikt klären

Denken Sie daran, die Definition von *entschlossen sein* beinhaltet den Gedanken, einen Konflikt zu klären. Das ist wichtig, denn sich einer Sache ganz zu widmen bedeutet, den nie enden wollenden Konflikt in Ihrem Inneren zwischen Ihrem Fleisch und Ihrem Geist zu klären. Ich sage oft, das Fleisch ist ein »Spieler« und der Geist ist ein »Investor«. Wenn Sie dem Heiligen Geist folgen und so handeln, wie er Sie in Ihrem Herzen (Ihrem Geist) führt, dann werden Sie durch die richtigen Entscheidungen, die Sie heute treffen, in Ihre Zukunft investieren.

In Galater 5,17 lesen wir: *Denn das Fleisch begehrt gegen den Geist auf, der Geist aber gegen das Fleisch; denn diese sind einander entgegengesetzt.* Dieser Vers berichtet uns von einem Krieg, der die ganze Zeit in uns tobt. Das Fleisch und der Geist kommen überhaupt nicht miteinander aus. Sie kämpfen unaufhörlich gegeneinander.

Das geschieht in jedem von uns. Wir haben eine Sehnsucht, einen Impuls oder einen Eindruck in Bezug auf eine bestimmte Sache und wissen in unserem Herzen, dass es richtig ist. Unser Verstand hingegen versucht, uns davon zu überzeugen, diesbezüglich nichts zu unternehmen. Nehmen wir einmal an, Sie haben den Eindruck, einer Not leidenden Familie ein wenig Geld zukommen zu lassen. Sie glauben in Ihrem Inneren, dass das richtig ist, und Sie meinen auch, dass Sie Gott damit erfreuen und sogar durch seinen Heiligen Geist den Anstoß dazu bekommen haben. Ihr Fleisch sagt aber: »Du solltest das Geld nicht weggeben. Du brauchst es selbst.« Oder: »Diesen Leuten solltest du wirklich nichts geben; die haben auch nie etwas für dich getan.« Das Fleisch tobt gegen den Geist und Sie versuchen dann herauszufinden, auf wen Sie hören sollen.

Wir verpassen meines Erachtens viele Segnungen in unserem Leben, weil wir immerfort versuchen, die Dinge zu verstehen, anstatt es einfach dem Heiligen Geist zu gestatten, uns zu leiten. Wir müssen den Konflikt zwischen dem Fleisch und dem Geist klären, indem wir uns dazu entschließen, Gott zu gehorchen, ganz gleich was kommt.

Auf den Herrn warten

Gott vergleicht sein Volk mit Adlern: *Aber die auf den HERRN harren, kriegen neue Kraft, dass sie auffahren mit Flügeln wie Adler, dass sie laufen und nicht matt werden, dass sie wandeln und nicht müde werden* (Jesaja 40,31; Luther). Ich glaube, dass Gott uns mit Adlern vergleicht, weil er uns dazu motivieren will, unser ganzes Potenzial in unserem Leben auszuschöpfen. Er will uns ermutigen, auf ihn zu warten und unsere Stärke in ihm zu finden. Wenn sich der Erfolg nicht gleich einstellt, wenn wir bei unseren ganzen Anstrengungen plötzlich frustriert und müde werden, dann müssen wir auf den Herrn warten.

Was bedeutet es eigentlich, auf den Herrn zu warten? Es bedeutet, Zeit mit ihm zu verbringen, in seiner Gegenwart zu sein, über sein Wort nachzudenken, ihn anzubeten, ihn zum Zentrum unseres Lebens zu machen. Das Wort *harren* hat unter anderem auch die Bedeutung »miteinander verflochten und verwoben sein«. Bei geflochtenen Zöpfen können wir nicht sagen, wo eine Haarsträhne aufhört und eine andere anfängt. Genauso sollen wir unsere Einheit zu ihm leben. Wir sollten so innig mit ihm verbunden und fest mit ihm verwoben sein, dass wir wirklich eins mit ihm sind und sein Wesen widerspiegeln. Während wir auf ihn warten, werden wir immer mehr wie er. Warten ist nichts Passives. Es ist geistlich gesehen ein aktiver Vorgang.

Während wir warten, sollten wir sehr aktiv von Gott erwarten, dass er handelt und Großartiges in uns und unserem Leben tut.

Eine innige Beziehung zu Gott wird Sie in Ihrem tiefsten Inneren stärken. Sie wird Ihr Herz festigen und Sie durch die schweren Zeiten Ihres Lebens hindurchtragen. Sie wird Ihnen ein Gefühl des Friedens und der Zuversicht geben, dass alles gut ist, ganz gleich was auch geschieht. Sie wird Ihnen die Stärke geben, schwierige Situationen so zu meistern, dass die meisten Menschen in Ihrem Umfeld noch nicht einmal einen Anflug von Stress bemerken werden. Wenn Sie so, wie ich es beschrieben habe, auf den Herrn warten, dann erwarten Sie alles von ihm. Er ist Ihre Zuflucht, Ihr Wegbereiter, Ihre Freude, Ihr Friede, Ihre Gerechtigkeit und Ihre Hoffnung. Er gibt Ihnen alles, was Sie brauchen, um mit jeder Situation siegreich umgehen zu können.

Warten ist nichts Passives. Es ist geistlich gesehen ein aktiver Vorgang.

Jesaja verspricht uns neue Kraft, wenn wir auf Gott warten, Zeit mit ihm verbringen und dabei immer mehr so werden wie er. Wie die Adler können wir dann hoch über den Stürmen des Lebens fliegen. Wir können gehen und laufen und werden nicht müde. Wir können die Situationen, die uns ermüden ließen, mit neuer Energie und Leidenschaft angehen. Wir werden ermutigt, erfrischt und stehen weniger in der Gefahr aufzugeben, wenn der Erfolg ausbleibt.

Ein Grund, warum Adler immer ein Synonym für Stärke sind, liegt daran, dass sie genau wissen, wie sie ihre Kraft einsetzen müssen. Sie verschwenden niemals ihre Energie. Diese majestätischen Vögel wissen, wie sie die Thermik unserer Welt für sich selbst und ihren Flug nutzen können. Genauso verstehen »Adler-Christen« auch das Wehen des Heiligen Geistes richtig zu nutzen. Sie nehmen die Bewegungen des Geistes wahr und können sich durch das Leben tragen lassen, ohne dabei unnötig beansprucht, angestrengt oder gestresst zu sein. Das können sie, weil sie auf Gott warten. So gehen sie voller Stärke, Kraft und Vitalität durchs Leben.

Oft fragen die Menschen mich: »Wie schaffen Dave und du das bloß, in eurem Alter noch all diese Sachen zu tun?« Vermutlich fühlen wir uns besser als viele der Dreißigjährigen, die unter den Zuhörern sitzen. Ein Grund dafür ist, dass wir auf unser körperliches Wohlergehen achten. Wir essen gesund, treiben Sport, trinken sehr viel Wasser und schlafen genug. Wir sind bemüht, exzessiven Stress von unserem Leben fernzuhalten, und haben gelernt, auf den Herrn zu warten. Jesus sagt, dass die Müden, die Beladenen und die Erschöpften zu ihm kommen sollen und er ihnen Ruhe geben wird (siehe Matthäus 11,28).

In den Pausen zwischen zwei Lehrveranstaltungen unserer Konferenzen liege ich häufig in meinem Hotelzimmer auf dem Bett, um meinem Körper Ruhe zu gönnen. Ich nutze diese Zeit auch zum Gespräch mit dem Herrn. Ich rede dann mit ihm und sage Dinge wie: »Ich liebe dich Herr. Ich brauche dich. Hilf mir heute Abend. Danke für das, was du heute getan hast.« In diesen Zeiten erholt sich nicht nur mein Körper, sondern ich ruhe mich auch geistlich gesehen aus, denn ich vertraue Gott, dass er mein Helfer und meine Kraft ist.

Manchmal werde ich müde, und zwar nicht nur körperlich, sondern auch in anderen Bereichen, und brauche dann mehr als nur eine kurze Pause. Ist das der Fall, verbringe ich ein oder zwei Tage, so weit es möglich ist, alleine. Dann will ich mich nur irgendwo mit meinem Kaffee hinsetzen und einfach still sein. Ich weiß, dass meine Kraft erneuert wird, wenn ich mit Gott eine Zeit der Stille verbringe.

Wir alle brauchen Erneuerung und niemand ist davon ausgenommen. Jeder braucht Zeiten der Ruhe, der Erfrischung und der Wiederherstellung. Auf unserem Lebensweg ermüden wir: Enttäuschungen ermüden uns. Das Einhalten von Fristen, Budgets und Quoten ermüdet uns. Für Prüfungen zu lernen, ermüdet uns.

Wenn sich bei uns eine gewisse Müdigkeit eingestellt hat, können ungute Situationen entstehen. Müde Menschen reden oft gedankenlos daher, nehmen Abkürzungen, die sie später bereuen, und geben sich mit weniger als dem Besten zufrieden, weil sie keine Lust mehr haben zu warten. Müde Menschen handeln unklug, wenn sie ihrer Kraft keine Erneuerung gönnen. Ich glaube, viele Menschen treffen schlechte Entscheidungen, weil sie müde geworden sind, und es versäumt haben, näher an Gott heranzurücken und auf ihn zu warten, um so neu gestärkt und aufgebaut zu werden.

Ich bin davon überzeugt, dass Menschen bessere Entscheidungen in ihrem Leben treffen, wenn sie nur regelmäßig Zeit mit Gott verbringen. Wer Gottes Angesicht sucht, hört seine Stimme. Oft merkt man noch nicht einmal, dass er spricht, aber am Ende weiß man, was in bestimmten Situationen zu tun und zu lassen ist.

Nehmen Sie sich Zeit, auf Gott zu warten und lassen Sie ihn Ihre Kraft erneuern, damit Sie sich aufschwingen können.

Nehmen Sie sich Zeit, auf Gott zu warten und lassen Sie ihn Ihre Kraft erneuern, damit Sie sich aufschwingen können.

Fangen Sie heute damit an, Ruhepausen einzulegen, sobald Sie sich müde fühlen und sagen Sie: »Ich liebe dich Herr. Ich brauche dich. Ich fühle mich so müde, Herr. Stärke mich.«

Vielleicht können Sie sich keinen zweiwöchigen Soforturlaub gönnen, doch Sie können mit mehreren Fünfminutenurlauben am Tag beginnen. Ziehen Sie sich mit Gott für ein paar Minuten zurück, auch wenn Sie sich dabei auf eine Toilette flüchten oder sich im Auto ein Anbetungslied anhören. Sagen Sie: »Jesus, ich brauche ein wenig Erneuerung. Ich liebe dich. Ich bete dich an. Stärke und erneuere mich.« Er möchte Sie stärken und erfrischen, damit Sie durchhalten und am Ende den Erfolg genießen können. Es muss nicht kompliziert sein, auf den Herrn zu warten. Setzen Sie ihn einfach auf den ersten Platz Ihrer Prioritätenliste. Er möchte Ihnen echte Lebensqualität geben, die Sie auch genießen sollen. Doch vielleicht verpassen Sie genau das, weil Sie keine Zeit mit ihm verbringen.

Erneuerung

In Psalm 103,2-5 lesen wir:

> *Preise den HERRN, meine Seele, und vergiss nicht alle seine Wohltaten! Der da vergibt alle deine Sünde, der da heilt alle deine Krankheiten. Der dein Leben erlöst aus der Grube, der dich krönt mit Gnade und Erbarmen.* ***Der mit Gutem sättigt dein Leben. Deine Jugend erneuert sich wie bei einem Adler.***

Viele von uns finden diesen Gedanken der erneuerten Jugend sehr attraktiv. Wir sähen gerne jünger aus und hätten am liebsten wieder die Energie, die wir in unserer Jugend hatten. Doch ich glaube, dass der Psalmist hier mit »Jugend« so etwas wie ein »junges Herz« meint, also eine frische, lebensbejahende Einstellung zum Leben im Gegensatz zu einer müden, erschöpften und negativen Haltung. Jugend hat nicht nur etwas mit dem äußerlichen Alter zu tun, sondern mit dem, wie es innerlich in einem Menschen aussieht. Sie leben in einem Körper, doch Sie sind ein Geist und wenn Sie Ihren Geist stark halten, dann wird er einen positiven Einfluss auf Ihren Körper, Ihre Gedanken, Ihre Gefühle und Ihre Entscheidungen haben.

Der Psalmist hätte nicht erwähnt, dass sich die Jugend wie bei einem Adler erneuert, außer der Adler könnte uns hier eine Lektion lehren. Ich finde den Erneuerungsprozess des Adlers sehr faszinierend und grandios und ich hoffe, Sie auch.

Der Prozess der Erneuerung

Es kommt auch in einem Adlerleben die Zeit, in der er nicht mehr so flink ist, wie er früher einmal war. Er steigt nicht mehr so schnell in die Lüfte, sein Flug ist langsamer, seine ehemals scharfen Klauen sind stumpf geworden, sein Schnabel ist von Kalkablagerungen überzogen, seine Federn sind ausgefranst und geben nun ein verräterisches Pfeifen von sich, wenn er im Sturzflug seiner Beute nachstellt. Er ist immer noch ein Adler, hat aber viel von seiner Stärke und seinem Können verloren.

Tritt diese Situation ein, dann lässt sich der Adler auf einem sehr hohen Felsen nieder und ist dabei so nahe wie möglich an der Sonne. Er fängt an, sich eine Feder nach der anderen herauszuziehen, manchmal bis zu siebentausend Federn. Dabei kümmert er sich nicht so sehr um den Schmerz, sondern mehr darum, dass er vorankommt. Im Anschluss daran hält er nach einem kühlen, erfrischenden Strom Ausschau, um sich zu reinigen. Das Wasser wäscht den ganzen verkrusteten Dreck und Schmutz sowie die Parasiten und Insekten weg, die sich im Laufe der Zeit bei ihm abgelagert haben. Wenn er dann frisch, rein und praktisch nackt ist, stellt er sich in die Sonne und beginnt zu warten.

Das Nachwachsen seiner Federn dauert ungefähr vierzig Tage. In dieser Zeit schärft er seine Klauen und seinen Schnabel, indem er sie am Felsen hin und her schleift. Am gleichen Felsen klopft er sich auch die Kalkablagerungen vom Schnabel. Andere Adler, die diesen Prozess schon hinter sich haben, lassen manchmal Nahrung über ihm fallen. Er geht durch eine ruhige Zeit, in der er relativ schwach ist, doch danach ist seine Stärke wiederhergestellt.

Ich glaube, dass Gott uns durch diesen Prozess, den der Adler erdulden muss, etwas deutlich machen will. Es gibt Zeiten, in denen wir uns ausgetrocknet, schwach, besiegt und entmutigt fühlen. Es gibt Zeiten, in denen uns die Winde des Lebens scharf ins Gesicht blasen und unsere Träume vor unseren Augen zerplatzen. Jemand, den wir lieben, verletzt uns; jemand, dem wir vertrauen, betrügt uns; etwas klappt nicht, obwohl wir davon ausgingen, dass es irgendwann klappen würde. Das sind Situationen, in denen wir am liebsten aufgeben würden. In solchen Zeiten brauchen wir dringend Erneuerung. Wenn wir uns keine Zeit für Erneuerung nehmen, stehen wir in der Gefahr, auf unsere Umstände rein emotional zu reagieren. Das bedeutet, wir reagieren ohne Weisheit und machen oftmals alles nur noch schlimmer.

Genau in diesen Zeiten müssen wir Gott ernsthaft suchen. Wir brauchen mehr, als wir durch unsere normalen täglichen Andachtszeiten erhalten. Manche sollten sich vielleicht den Adler als Vorbild nehmen und sich vierzig Tage fastend und betend zurückziehen, Gott suchen, ihn anbeten und ihr Herz bei ihm ausschütten. Das klingt möglicherweise für diejenigen, die noch nie gefastet haben, sehr extrem, doch verzweifelte Menschen tun in extremen Situationen auch extreme Dinge. Andere wiederum sollten *radikale* Maßnahmen treffen, um wieder Frieden in ihr Leben zu bringen, indem sie den Fernseher für eine Weile ausschalten oder ihr Handy jeden Abend für eine gewisse Zeit abstellen. Vielleicht brauchen Sie Zeit, um festzustellen, welcher Bereich Ihres Lebens keine Frucht bringt und abgeschnitten werden sollte.

Ich bin davon überzeugt, dass wir alle mehr und intensivere Zeiten der Wiederherstellung und Erneuerung nötig haben. Ich persönlich plane für mich drei oder vier Mal im Jahr eine Woche ein, in der ich alleine bin. Ich fahre dann weg, denn ich glaube, dass die Zeit, die wir mit Gott verbringen, das beste Geschenk ist, das wir uns selbst machen können.

Ich glaube, dass die Zeit, die wir alleine mit Gott verbringen, das beste Geschenk ist, das wir uns selbst machen können.

Wir brauchen Zeiten echter Ruhe, denn wir können Gott an solchen Orten des tiefen Friedens und der Ruhe auf unglaubliche Weise erleben. Es geht nicht unbedingt darum, ein klares »Wort« von Gott zu hören oder ein übernatürliches Erlebnis zu machen. Wenn wir Gott ehren, indem wir mit ihm besondere Zeiten in Abgeschiedenheit verbringen, dann werden wir diese Zeiten als Erneuerung und Erfrischung erleben, die Großartiges bewirken. Wir werden bessere Entscheidungen treffen, leichter das Wesen Gottes widerspiegeln und das Leben viel mehr genießen. Zeit gehört mit zu den wichtigsten Dingen, die wir Gott geben können. Damit zeigen wir ihm, dass er uns wichtig ist und uns klar ist, dass wir unser Leben gar nicht ohne ihn meistern können.

Wenn Sie den Erfolg im Blick haben, denken Sie daran, Hingabe und Einsatz zu zeigen, entschlossen zu sein, auf den Herrn zu warten und Ihre Kraft zu erneuern. Tun Sie das, dann werden Sie die Stärke haben, weiterzugehen und nicht aufzugeben.

Eine Stimme in der Wüste

Marian Anderson wurde 1897 im »Schwarzenviertel« Philadelphias in eine liebevolle Familie, die mit Elend und Verfolgung vertraut war, hineingeboren. Als sie zehn Jahre alt war, starb ihr Vater unerwartet und die ohnehin schon begrenzten finanziellen Mittel wurden noch knapper. Ihre Mutter arbeitete als Putzfrau und Wäscherin, um Marian und ihre beiden Schwestern zu versorgen.

Marians unglaubliche Gesangsqualitäten eröffneten ihr Möglichkeiten, die ihr sonst versagt geblieben wären. Sie begann im Chor der *Union Baptist Church* zu singen. Schnell erkannte man dort, dass Marian von der Qualität, dem Tonumfang und ihrer Intensität eine ungewöhnliche Stimme hatte. Die Chorleitung wusste, sie war etwas Besonderes. Klar war auch, dass Marians Familie sich niemals Gesangsunterricht würde leisten können. Deshalb veranstaltete die Kirchengemeinde ein Benefizkonzert, bei dem die zehnjährige Marian als Solistin auftrat. Mit den Einnahmen dieses Konzerts wurde ihre Gesangsausbildung finanziert.

Ihre Familie konnte auch keinen Klavierunterricht bezahlen und so brachte sich Marian das Klavierspielen selbst bei. Als sie das Geigenspiel erlernen wollte, nahm sie einen Job an, bei dem sie Treppen schrubben musste. Auf diese Weise sparte sie das Geld für ein eigenes Instrument zusammen. Es war offensichtlich, dass sie Musik über alles liebte.

Schließlich bewarb sie sich um Aufnahme bei einer Musikschule in Philadelphia. Hier wurde sie von der jungen Empfangsdame sehr unfreundlich behandelt. Als Marian ihren Wunsch ausdrückte, aufgenommen zu werden, antwortete die junge Frau: »Wir nehmen keine Farbigen.«

Mit neunzehn Jahren wurde sie dem bekannten Gesangslehrer Giuseppe Boghetti vorgestellt, der über viele Jahre ihr Lehrer, ihr Trainer und auch ihr Freund war. Als ihr Können und ihr Bekanntheitsgrad zunahmen, bekam sie Einladungen zu Einzelauftritten und auch zu Gesangstourneen. Aufgrund ihres großen Selbstvertrauens und der starken Unterstützung ihres Umfelds, konnte sie 1924 in der Stadthalle New Yorks singen. Das Konzert war jedoch so schwach besucht und erntete derartig schlechte Kritiken, dass sie in Betracht zog, die Musik ganz aus ihrem Leben zu verbannen.

Doch Marian kam zurück. Sie gewann einen Gesangswettbewerb, der von der *Philadelphia Philharmonic Society* gesponsort wurde und triumphierte im *Lewisohn Stadium* über 300 Mitbewerber. Sie ging noch einmal auf Tournee und gab 1928 sogar ein Solokonzert in der *Carnegie Hall.*

Aufgrund der herrschenden Rassendiskriminierung wurden Anderson 1939 einige Auftrittsmöglichkeiten verweigert. Im gleichen Jahr erlaubten ihr die Eigentümer der *Constitution Hall* in Washington D. C. aus diesen Gründen auch nicht, dort aufzutreten. Als Eleanor Roosevelt, die Frau des amerikanischen Präsidenten, davon erfuhr, organisierte sie stattdessen einen Auftritt für Marian am *Lincoln Memorial.* Ungefähr fünfundsiebzigtausend Menschen nahmen an dem Konzert unter freiem Himmel teil. Diese Veranstaltung war ein wichtiger Meilenstein in der Durchsetzung der Bürgerrechte in den USA und gab vielen Menschen, die unter Rassismus und Ungerechtigkeiten litten, den Mut, ihre Träume weiter zu verfolgen.

Anderson war schließlich die erste Afroamerikanerin, die als Solistin in der New Yorker *Metropolitan Opera* auftrat. Sie sang auch bei Einweihungszeremonien und erhielt viele bedeutende Auszeichnungen, unter anderem 1963 die *Presidential Medal of Freedom* und 1991 einen Grammy für ihr Lebenswerk. Als das Ende ihrer überragenden Karriere näherrückte, eröffnete sie ihre Abschiedstournee 1956 mit einem triumphalen Konzert an dem Ort, zu dem ihr früher der Zutritt verweigert worden war: die *Constitution Hall* in Washington D. C.

Egal, welche Türen für Sie heute verschlossen scheinen, machen Sie weiter und geben Sie niemals auf. Halten Sie durch, bleiben Sie entschlossen und die Möglichkeiten, die sich Ihnen heute nicht erschließen, eröffnen sich vielleicht morgen für Sie.

KAPITEL 9

Hindernisse auf dem Weg zum Erfolg überwinden

»Wenn du in die Enge getrieben wirst und sich alles gegen dich wendet, bis es so aussieht, als ob du es nicht eine Minute länger aushalten kannst, gib nicht auf, denn genau das ist der Augenblick, in dem das Blatt sich wendet.«
Harriet Beecher Stowe

Ein Esel fiel in einen Brunnen und der Farmer, dem der Esel gehörte, wusste nicht, wie er sein Tier dort wieder herausholen sollte. Nachdem er lange darüber nachgedacht hatte, entschied er, die beste Lösung sei, einige seiner Freunde zu holen, die ihm helfen sollten, den Esel im Brunnen zu begraben. Immerhin, so dachte er, war der Esel alt und ihn aus dem Brunnen herauszuholen, würde große Schwierigkeiten bereiten.

Die benachbarten Bauern kamen also mit ihren Schaufeln und schippten Erde in den Brunnen, die auf den Esel fiel. Der Esel begann, schreckliche Laute von sich zu geben – doch nur für eine gewisse Zeit. Dann blieb es still. Die Männer schauten in den Brunnen hinunter und es bot sich ihnen ein erstaunliches Bild: Jedes Mal, wenn sie eine Schaufel Erde in den Brunnen geschippt hatten, schüttelte der Esel die Erde ab. So landete sie unter seinen Füßen, anstatt auf ihm liegen zu bleiben. Die Männer schaufelten und schaufelten und versuchten, den hilflosen Esel zu begraben, doch dieser schüttelte die Erde einfach von sich ab. Nach kurzer Zeit wurde der Erdhaufen, mit dem er eigentlich begraben werden sollte, so hoch, dass der Esel in dem Brunnen immer höher stieg. Schließlich war der Erdhaufen auf gleicher Höhe wie der Boden und der Esel ging ebenerdig hinaus.

Hätte der Esel nur dagestanden und sich von der Erde begraben lassen, hätte er nicht überlebt. Doch er war entschlossen, aus der Grube herauszukommen. Jedes Mal, wenn eine Schippe Erde auf ihm landete, schüttelte er sie ab und trat auf sie.

Seien Sie wie dieser Esel. Benutzen Sie die Schwierigkeiten und Hindernisse, mit denen Sie konfrontiert werden, als Trittsteine hin zu den Zielen, die Sie sich für Ihr Leben gesetzt haben. Wenn Sie einer scheinbar ausweglosen Situation ins Auge schauen, dann lassen Sie sich nicht von ihr begraben. Werden Sie kreativ, um sie zu überwinden und seien Sie entschlossen, sie für sich zu nutzen. Wenden Sie sie zu Ihren Gunsten, auch wenn Sie die Situation erst Schritt für Schritt in den Griff bekommen. Lassen Sie die Umstände, an denen Sie ersticken könnten, zu Chancen werden, die Sie stärken und zu neuen Ufern führen. Seien Sie ein Mensch, der bereit ist, sich mit Gott zusammenzutun, und der eine fest entschlossene Haltung entwickelt, die bezeugt: »Ich schaffe das!« Seine Kraft ist in Ihnen am Werk und Sie können alles durch Christus schaffen, der Sie stärkt (siehe Philipper 4,13). Bauen Sie auf diese Wahrheit, egal, was sich Ihnen in den Weg stellt.

Sie schaffen es, ganz sicher

Erfolg stellt sich für niemanden schnell oder ohne irgendwelche Hindernisse ein. Er ist das Ergebnis von harter Arbeit, Geduld, Entschlossenheit, Kreativität, Opferbereitschaft und der Bereitschaft, über die eigenen Fehler hinauszuwachsen – aber er wird sich einstellen. Sie werden nur dann wirklich zum Versager, wenn Sie aufgeben und in diese Versuchung werden Sie kommen, sobald Sie Widerstand erleben.

In der Schrift lesen wir ganz klar, dass der Feind uns entmutigen und besiegen will. Sein Hauptziel ist, zu *stehlen, töten und verderben* (Johannes 10,10; Schlachter 2000) und er verbringt seine Zeit damit herumzugehen *wie ein brüllender Löwe und sucht, wen er verschlingen kann* (1. Petrus 5,8). Er wird sich uns und unserem Erfolg, wann immer es ihm gelingt, in den Weg stellen und dabei sein Möglichstes tun, uns zu entmutigen, damit wir aufgeben.

Ich möchte, dass Sie in jedem Bereich Ihres Lebens erfolgreich sind – bei der Arbeit, in Ihren Beziehungen, in Ihrer Ehe, als Eltern, mit Ihren Finanzen, im gesundheitlichen Bereich, in Ihrem Dienst, bei Ihren kreativen Ausdrucksformen, in Ihrem Bestreben, nach Gottes Plan zu leben, und bei allem, was Sie tun. Doch ich weiß, um dauerhaft Erfolg zu haben, muss man sehr viel tun und während Sie daran arbeiten, ist der Feind da, um dies zu stehlen, zu töten und zu verderben. Es ist wirklich unerlässlich, dass Sie lernen, auch dann noch voller Kraft vorwärtszugehen, wenn sich der Erfolg nicht so schnell einstellt, wie Sie es gerne hätten, und Sie mit unvermeidbaren Hindernissen konfrontiert werden.

Die erste Hürde nehmen: Versucht sein, aufzugeben

Es gehört zur Aufgabe des Teufels, die Gläubigen zu versuchen. Solange wir leben, werden wir versucht werden, und solange wir Jesus nachfolgen, ist es unsere Aufgabe, den Versuchungen zu widerstehen.

Es gehört zu unserer menschlichen Natur, dass wir versucht sind, aufzugeben, doch erst wenn wir dieser Versuchung nachgeben, haben wir tatsächlich aufgegeben. Wir umgehen diese Versuchung nicht, indem wir still sitzen bleiben und uns nicht damit auseinandersetzen oder uns wünschten, Gott würde sie einfach wegnehmen. Sie gehört zu den Realitäten im Leben eines Christen und ist gleichzeitig eine Hürde, die wir nehmen müssen, um zum

Erfolg zu kommen. In der Bibel lesen wir in Lukas 22,40: *Betet, dass ihr nicht in Versuchung kommt.*

Es gehört zur Aufgabe des Teufels, die Gläubigen zu versuchen. Solange wir leben, werden wir versucht werden, und solange wir Jesus nachfolgen, ist es unsere Aufgabe, den Versuchungen zu widerstehen.

Weil uns nicht immer bewusst ist, dass dieses Gefühl der Entmutigung und die Gedanken, am liebsten alles an den Nagel zu hängen, vom Feind kommen, widerstehen wir den Versuchungen auch nicht in dem Maße, wie wir es sollten. Einige dieser Gedanken, die der Feind in uns hineinlegt, um uns zum Aufgeben zu bewegen, klingen vielleicht so:

- Das ist zu schwierig. Der Arbeitsaufwand ist zu groß.
- Ich bin dafür wirklich nicht qualifiziert.
- Ich habe zu viele Probleme und kann sie nicht alle lösen.
- Ich habe niemanden, der mir hilft.
- Meine Freunde und meine Familie halten mich für verrückt, dass ich dem nachgehe.
- Das wäre ein zu großes Opfer für mich.
- Mir fehlt das Geld dazu.
- Ich werde das nicht zu Ende bringen können.
- Was habe ich mir bloß dabei gedacht, als ich diese Aufgabe angenommen habe?
- Ich wusste, dass dies nicht funktioniert.
- Ich sollte wirklich zu meinem früheren Ausgangspunkt (Arbeitsstelle/Stadt/Lebensstil/Dienst) zurückkehren. Da hatte ich es besser.

Ich möchte Sie ermutigen, es als Werk des Feindes zu erkennen, wenn Sie versucht sind, aufzugeben. Fangen Sie an, diesen Versuchungen mit ganzer Kraft zu widerstehen. Liebäugeln Sie nicht mit Versuchungen und glauben Sie auch nicht, dass sie unbedeutend wären. Lassen Sie sich vom Feind nicht in die Passivität locken. Warten Sie auch nicht, bis Sie drei Tage lang depressiv in einem hoffnungslosen Tief sitzen und zuhören, wie er Ihnen Gründe aufzählt, warum Sie Ihr Ziel aufgeben sollten. Widerstehen Sie dem Teufel von Anfang an. Sagen Sie der Versuchung den

Kampf an. Zeigen Sie dem Feind keine Gnade. *Sobald* Sie merken, dass Sie in der Versuchung stehen, aufzugeben, sagen Sie laut: »*Ich werde nicht aufgeben.* Ich *weigere* mich aufzugeben. Ich werde das, wozu Gott mich berufen hat, auch *beenden.*«

In den über dreißig Jahren meines Dienstes war ich oft versucht, aufzugeben, besonders zu Anfang, als wir noch extrem viel gereist sind. Es passierte häufig, dass ich in einem Hotelzimmer aufwachte und noch völlig erschöpft war von meinem Predigtdienst am vergangenen Abend. Ich hatte auch keine Lust, von all den Problemen im Büro zu hören: Jemand kündigte, ich musste mich um eine dringende Angelegenheit kümmern, wir erhielten eine Rechnung, die wir nicht erwartet hatten und so weiter. Manchmal war ich so mutlos, dass ich in Tränen ausbrach. Ich hatte keine Lust mehr, mich schick zu machen und die Menschen in meiner Predigt aufzufordern, ihre Schwierigkeiten zu meistern, während mich der Druck, den ich in meinem eigenen Leben durchlebte, fast überwältigte.

Immer wieder musste ich der Versuchung widerstehen, aufzugeben. Dabei habe ich gelernt, dass man am besten durch Gebet widerstehen kann. Es ist viel klüger und effektiver, Gott um Hilfe zu bitten, den Versuchungen zu widerstehen, als es mit reiner Willenskraft alleine zu versuchen. Wenn Sie seine Stärke erbeten, dann gibt er sie Ihnen auch.

Jesus forderte seine Jünger an einem Tag zwei Mal auf zu beten, damit sie nicht in Versuchung fallen würden. Selbst er hielt dieses Thema für wichtig, deshalb sollten wir es ebenfalls ernst nehmen. Schauen wir uns einmal Lukas 22,40 und die folgenden Verse an:

Als er aber an den Ort gekommen war, sprach er zu ihnen: Betet, dass ihr nicht in Versuchung kommt! ... Und er stand auf vom Gebet, kam zu den Jüngern und fand sie eingeschlafen vor Traurigkeit. Und er sprach zu ihnen: Was schlaft ihr? Steht auf und betet, damit ihr nicht in Versuchung kommt! (Lukas 22,40.45-46).

Arbeiten Sie mit Gott zusammen und beten Sie, dass Sie der Versuchung nicht nachkommen, aufzugeben. Bitten Sie Gott um seine Hilfe in den folgenden Bereichen: die Dinge zu beenden, die er Ihnen aufgetragen hat; so zu werden, wie Gott Sie meint; die Bestimmung zu erfüllen, die er für Sie hat; alles zu empfangen, was er Ihnen geben möchte.

Die zweite Hürde nehmen: Persönliche Probleme

Wenn der Feind sieht, dass wir eine Aufgabe, die Gott uns gegeben hat, auch entschlossen zu Ende führen wollen, dann setzt er eine seiner liebsten und effektivsten Methoden ein, uns zum Aufgeben zu bewegen – und das ist persönlicher Schmerz. Ich habe so viele Menschen getroffen, die auf ihrem Weg durchs Leben mit sehr vielen persönlichen Krisen und Problemen zu kämpfen hatten. Auch ich musste viel Schmerz erleiden, als ich auf dem Weg war, meine Ziele zu erreichen und meine Träume zu erfüllen.

Einmal musste ich ein Seminar halten in einer Zeit, in der mein Herz aufgrund einer Problemsituation mit einem meiner Kinder regelrecht zerbrochen war. Der Ort, an dem ich dieses Seminar hielt, hatte einen schönen, kleinen Raum hinter der Bühne, in dem die Seminarleiter zwischen den Einheiten Pause machen und sich erfrischen konnten. Als ich dran war, ging ich auf die Bühne und hielt wie gewohnt meinen Vortrag. Danach ging ich hinter die Bühne und weinte. Zur nächsten Einheit wischte ich mir meine Tränen wieder weg und nahm meine Verantwortung wahr. Anschließend kehrte ich zurück in den kleinen Raum und weinte weiter. So lief es für die gesamte Dauer des Seminars. Ich selbst war sehr verletzt, doch ich erfüllte immer noch meine Verpflichtungen.

Wenn wir entschlossene und gewissenhafte Menschen sein wollen, müssen wir lernen, wie wir durch die schweren Zeiten hindurchkommen, in denen wir tiefen Schmerz empfinden. Menschen mit Charakter sagen nicht einfach: »Ich werde meine Aufgabe heute Abend nicht erfüllen, denn ich habe ein Problem! Ich gehe gerade durch eine persönliche Krise. Wie können Menschen da von mir erwarten, dass ich für sie predige?«

Vielleicht erscheint es Ihnen seltsam, aber es gibt Leute, die lassen sich und ihr Leben von persönlichen Schwierigkeiten bestimmen. Ihre Probleme diktieren ihnen, welche Verpflichtungen sie einhalten und welche nicht. Taucht ein persönliches Problem auf, können sie den Kindergottesdienst, für den sie eingeteilt sind, nicht mehr machen. Sie nehmen ihre Zusage zurück, weil sie meinen, ihre persönliche Krise sei Grund genug, um sie aus ihren Verpflichtungen zu entlassen.

Natürlich ist es äußerst schwer, jemandem zu helfen, wenn man durch eigene Zeiten des Leids und des Schmerzes geht. Dazu braucht es Hingabe und Entschlossenheit. Als jemand, der im vollzeitlichen Dienst steht, weiß ich, wie herausfordernd es ist, verletzten Menschen eine Hilfe zu sein, wenn man selbst mit Verletzungen kämpft. Es ist nicht leicht, angesichts eigener Probleme den Problemen anderer zuzuhören. Doch es macht stärker und hilft, großes Mitgefühl zu entwickeln.

Wenn irgend möglich, halten Sie Ihr Wort trotz Ihrer leidvollen Situation und tun Sie Ihr Bestes, um anderen zu helfen. Seien Sie besonders in diesen Zeiten darauf bedacht, Ihren Verpflichtungen nachzukommen und aktiv nach Wegen Ausschau zu halten, Menschen in Ihrer Umgebung zu segnen. Zeiten der Prüfung sind Zeiten, in denen wir das, was wir Gott versprochen haben, auch wirklich voll und ganz tun und ihm weiter dienen *sollten*.

Dennoch gibt es Momente, in denen es uns unmöglich ist, unseren Verpflichtungen aufgrund von persönlichen Problemen nachzukommen. Wichtig ist, alles dranzusetzen, dass es sich hier nur um Ausnahmefälle handelt. Vielleicht betreffen diese herausfordernden Zeiten unsere Gesundheit, unsere Kinder, unsere Ehe, unsere in die Jahre gekommenen Eltern, den Stress bei der Arbeit, unser Zeitmanagement – und die Liste geht weiter. Wir dürfen uns durch solche schwierigen Umstände nicht aus der Fassung bringen lassen bei unserem Bestreben, Gottes Plan für unser Leben zu erfüllen. Menschen, die sich nicht abschrecken lassen, sind entschlossen, sich auf ihre Arbeitsstelle zu konzentrieren, weiterhin Gott hingegeben zu leben, ihren Familien treu zu bleiben und jedes Hindernis in ihrem Leben zu überwinden. Sie sind die Gewinner im Leben.

Die dritte Hürde nehmen: Ablehnung

Ablehnung durch Menschen kann dazu führen, dass Sie das, was Sie tun sollen, nicht mehr tun wollen. Viel lieber möchten Sie sich irgendwo verstecken und Ihre Wunden lecken. Tun Sie es nicht! Gehen Sie weiter, egal wer Sie kritisiert oder aufhalten will.

Schauen Sie sich den Verlauf Ihres Lebens einmal rückblickend an. Sie werden bestimmt feststellen, dass jedes Mal, wenn Gott Sie auf die nächste Stufe führen wollte, jemand sein Missfallen darüber ausgedrückt hat. Diese Person hat Sie dann auf irgendeine Weise wissen lassen: »Wenn du das tust, werde ich nicht mehr dein Freund sein.« Wissen Sie, warum das so häufig passiert? Mehr als alles andere benutzt Satan genau diesen Schmerz der Zurückweisung, um uns davon abzuhalten, Gottes Willen weiter zu verfolgen. Von Menschen abgelehnt zu werden, die wir lieben, verursacht einen so großen Schmerz, dass wir dazu verleitet werden, unsere Entschlossenheit aufzugeben, der Berufung Gottes nachzukommen. Ablehnung erzeugt das Gefühl, wir könnten nichts tun, um irgendjemanden zufriedenzustellen und deshalb wollen wir aufgeben. Wir müssen aber daran denken: Auch wenn wir Menschen nicht immer gefallen, ist doch das Wichtigste, dass wir Gott gefallen.

Jesus hat das Thema Ablehnung in Matthäus 10,5-14 angesprochen. In diesem Abschnitt bereitet er seine Jünger darauf vor, dass sie abgelehnt werden würden und zeigt ihnen, wie sie damit umgehen sollen: *Und wenn jemand euch nicht aufnehmen noch eure Worte hören wird – geht hinaus aus jenem Haus oder jener Stadt, und schüttelt den Staub von euren Füßen* (Vers 14). Sie sollten im wahrsten Sinne des Wortes die Ablehnung »abschütteln« und weitergehen.

Als Gott mich mit dem Heiligen Geist erfüllte, rüstete er mich damit für die Berufung aus – sein Wort zu lehren –, die er schon bald über meinem Leben aussprechen wollte. Kaum war das geschehen, erlebte ich Ablehnung. Fast alle meine Freunde dachten, ich sei verrückt geworden. Zu der damaligen Zeit predigten und lehrten Frauen nicht das Wort Gottes, zumindest nicht in den Kreisen, in denen ich mich bewegte. Obwohl mein Umfeld mich abzulehnen schien, musste ich mich innerlich dazu entschließen, nicht das, wozu Gott mich berufen hatte, an den Nagel zu hängen.

Viele Menschen werden sich an Sie »hängen« wollen, wenn es in Ihrem Leben »aufwärts« geht – Sie Dinge tun, die andere gutheißen, Sie verstärkt im Rampenlicht stehen, an Ansehen gewinnen oder Ihnen mehr Respekt entgegengebracht wird. Tun Sie hingegen Dinge, die unpopulär oder ganz gewöhnlich sind, verlieren Sie vielleicht ein paar Freunde. Wenn Sie für Gott etwas Großartiges tun wollen, dann müssen Sie auch bereit sein, eine Zeit lang Ablehnung und Einsamkeit auf sich zu nehmen. Es lohnt sich aber und am Ende werden Sie froh sein, dass Sie durchgehalten haben. Seien Sie sich bewusst, dass Gott Sie immer vollkommen akzeptiert, ganz gleich wie groß die Ablehnung auch sein mag, mit der Sie konfrontiert werden. Durchbrechen Sie die Mauern der Ablehnung und machen Sie Fortschritte auf Ihrem Weg hin zum Ziel.

Die vierte Hürde nehmen: Zu schnell zu viel wollen

Menschen haben mich in all den Jahren immer wieder gefragt: »Was war für dich der schwierigste Aspekt an deinem Dienst oder das schwierigste Erlebnis?« Meine Antwort war jedes Mal: »Nicht aufzugeben, als wir das Fundament legten.« Wir haben immer wieder Situationen erlebt, in denen wir versucht waren, aufzugeben. Nichts war hingegen herausfordernder, als in den ersten Jahren unseres Dienstes dranzubleiben und sorgfältig zu arbeiten, als noch so viele Bereiche unbekannt und nicht überschaubar waren. Natürlich wollten wir ein Werk aufbauen, das viel Frucht bringt, doch wir wussten, dass wir ein gutes Fundament brauchten, bevor wir mit dem Bau beginnen konnten. Und das hieß für uns, alles musste nach höchsten Standards ausgeführt werden.

In der Zeit, als wir versucht haben, das Werk, mit dem Gott uns beauftragt hat, vorwärtszubringen, sind Dave und ich selbst sehr gewachsen. Gott sprach zu unseren Herzen, dass wir in allen Bereichen hervorragende Leistung bringen, integer leben und Streit aus unserem persönlichen Leben und aus unserem Missionswerk heraushalten sollten. Dies beanspruchte uns aufs Äußerste. Dave und ich lernten, zusammenzuarbeiten und wir mussten hart daran arbeiten, Streit aus unserer persönlichen Beziehung herauszuhalten.

Wir hatten nicht viele Leute, die uns halfen, und wir hatten keine Erfahrung. Deshalb war alles, was wir taten, ein riesiger Glaubensschritt. Jede Entscheidung schien uns von größter Bedeutung und wir lernten, auf Gott zu hören. Es war oftmals ermüdend und enttäuschend, besonders dann, wenn wir unser Bestes getan hatten und nur wenig Wachstum zu sehen war.

Ich begann damit, fünf Jahre lang in meinem Wohnzimmer eine Bibelstunde abzuhalten. Nach zweieinhalb Jahren kam eine zweite Bibelstunde in einem anderen Haus dazu. Nun predigte ich also wöchentlich an zwei Orten, zu denen jeweils fünfundzwanzig bis dreißig Personen kamen. Ich engagierte mich auch noch in anderen Diensten, bot Seelsorge an, half Menschen, frei von verschiedenen Gebundenheiten zu werden, verteilte evangelistische Traktate in der Innenstadt, betete (viel) und tat alles, was ich konnte, um Gott zu dienen. Ich hatte meine Anstellung gekündigt, um anderen dienen zu können, und obwohl wir finanziell zu kämpfen hatten, gab Gott uns die Gnade, nicht aufzugeben.

Nach fünf Jahren wurde ich von Gott »befördert«. Ich fing an, in einer Kirche in St. Louis zu arbeiten und blieb dort fünf Jahre lang. Mein erster Gehaltsscheck war über fünfundsechzig Dollar und das erschien mir wie ein Vermögen. Ich rief dort Frauentreffen ins Leben und konnte sehen, dass Gottes Hand darauf ruhte. Schon bald kamen jede Woche rund fünfhundert Frauen.

Nach einiger Zeit wurde ich Copastorin und unterrichtete später auch an der Bibelschule dieser Kirchengemeinde. Gott schulte mich Schritt für Schritt und stärkte mich – doch ich wollte mehr.

Eines Tages sprach Gott zu meinem Herzen: *Deine Arbeit für mich hier in dieser Gemeinde ist beendet. Nimm deinen Dienst und gehe in den Norden, Süden, Osten und Westen.* Es dauerte eine Weile, bis ich seinem Wort gehorchte. Als ich es tat, hielt ich auf einmal mehr Treffen ab als je zuvor, die allerdings weniger stark besucht waren. Ich fühlte mich, als müsste ich noch einmal von vorne anfangen! Ich diente zwar mehr Menschen, doch die Gruppen waren kleiner: Fünfundsiebzig hier, sechzig dort, einhundert hier, fünfundachtzig dort. Wenn über einhundertfünfzig oder zweihundert Menschen zu unserer Versammlung kamen, war das für uns etwas Großartiges. Ich arbeitete mehr denn je und trug größere Verantwortung.

Unser Werk wuchs Jahr für Jahr und die Veranstaltungen wurden immer größer. Es kamen dreihundert Teilnehmer, dann vierhundert, dann vierhundertundfünfzig. Wir wurden bekannter und fingen an, in andere Städte zu reisen, um dort Veranstaltungen abzuhalten. Auf einmal stoppte das Wachstum – zumindest vorübergehend.

Eines Tages, als Dave sich gerade für die Arbeit fertig machte, suchte ihn der Geist Gottes in mächtiger Weise heim und er begann zu weinen. Gott zeigte Dave, in welchem Zustand viele Menschen leben und sagte ihm: *Die ganzen Jahre über habe ich euch auf eine Fernseharbeit vorbereitet. Jetzt sollt ihr damit beginnen. Es ist Zeit, dass euer Dienst auf die Bildschirme kommt. Ihr habt die Antworten, die die Menschen brauchen.* Wir hatten diese Antworten, weil Gott die Zeiten des langsamen Wachstums dazu genutzt hatte, uns das zu lehren, was wir nun an andere weitergeben sollten.

Wir kamen ins Fernsehen und unser Dienst verdreifachte sich in drei Monaten. Seitdem wächst er so schnell, dass wir laufen müssen, um mit Gott Schritt halten zu können. Zu unserem Mitarbeiterstab zählen nun mehr Menschen, als damals unsere Veranstaltungen besuchten. Wir haben großartige Visionen und Pläne für die Zukunft und ich kann ehrlich sagen, Gott ließ unseren Dienst zur rechten Zeit in der rechten Art und Weise wachsen. Ich bin froh, dass er uns mit aller Geduld geführt hat, auch wenn ich manchmal entmutigt war.

Egal was Gott Ihrer Meinung nach in Ihrem Leben tun will, bleiben Sie geduldig, während er es zustande bringt. Nehmen Sie die Zeiten des Lernens und der Vorbereitung, durch die er Sie führt, freudig an, auch wenn diese Zeiten nur schmerzlich langsam verstreichen. Erwarten Sie nicht zu schnell zu viel. Doch seien Sie dankbar für jeden Tag, an dem Gott Ihnen Wachstum, Entwicklung und neue Gelegenheiten schenkt. Es geschieht nach seinem perfekten Zeitplan.

Die fünfte Hürde nehmen: Unannehmlichkeiten

Wir leben in einer Gesellschaft, die alles sofort haben will. Wir wollen, dass alles leicht, bequem und angenehm ist. Wenn es ein bisschen anstrengend wird, sagen wir: »Oh, was für ein Unglück! Das ist zu schwer für mich. Ich muss die Geschirrspülmaschine ausräumen.« Ich lebte bereits, als es noch keine Geschirrspüler gab. Alles, was ich denjenigen sagen kann, die sich darüber beschweren, den Geschirrspüler ausräumen zu müssen, ist: Seid froh, dass ihr das Geschirr nicht mit der Hand abwaschen müsst! Und dass ihr es nicht abtrocknen müsst!

Wir haben Rolltreppen und Fahrstühle, damit wir nicht zu Fuß laufen müssen. Wir haben Mikrowellen, mit denen wir in Sekunden unser Essen zubereiten können, damit wir unsere Lieblingssendung im Fernsehen nicht verpassen. Es gibt Kartoffelbrei in Tüten, damit wir die Kartoffeln nicht mehr selbst schälen, kochen und stampfen müssen. Wir können bei einigen Fast-Food-Restaurants direkt aus dem Auto heraus bestellen und brauchen nicht einmal mehr auszusteigen. Wir haben hierfür einen Knopf und dafür einen Knopf, bekommen dies sofort und jenes sofort. Wir sind abhängig von Bequemlichkeit und Komfort.

Die dunkle Seite dieser Annehmlichkeiten ist, dass sie – auch wenn wir sie als »gut« empfinden – im Grunde in vielen Bereichen gegen uns arbeiten. Sie lassen uns immer nach einem leichten Weg Ausschau halten, obwohl der schwierigere Weg uns innerlich stärken würde. Sie werden nie auf ein Hindernis treffen, von dem Gott nichts wusste. Ist der Weg steinig, denken Sie daran: Die Welt würde vielleicht den einfachen Weg wählen, aber Gott hat für Sie nicht nur Bequemlichkeit vorgesehen. Er hat Sie mit der Fähigkeit geschaffen und ausgerüstet, Schwierigkeiten zu meistern, ob Ihnen das nun bewusst ist oder nicht. Sie sind so gebaut, dass Sie erst dann das Beste aus sich herausholen, wenn Sie mit schwierigen Situationen konfrontiert werden. Überwinden Sie diese, werden Sie mit Freude und Kraft erfüllt.

Die sechste Hürde nehmen: Neid

Vor Jahren haben Dave und ich Zigaretten geraucht und Gott forderte uns auf, es sein zu lassen. Es war nicht nur schlecht für unsere Gesundheit, es war auch eine stinkende und teure Angewohnheit. Dave sagte daraufhin zu Gott: »Ich weiß, dass ich eigentlich aufhören sollte, aber ich werde so lange weiterrauchen, bis du mir die Gnade schenkst, damit aufzuhören. Ich mache mir darüber keine Sorgen. Ich werfe meine Sorgen auf dich.« Am nächsten Morgen wachte er auf, ohne überhaupt rauchen zu wollen, und hat bis heute kein Verlangen mehr nach einer Zigarette verspürt.

Glauben Sie, dass ich das Rauchen auch so leicht aufgeben konnte wie Dave? Nein! Ich sage es noch einmal: Nein! Ich musste *leiden!* Ich habe so oft versucht aufzuhören, dass ich nicht mehr mitgezählt habe. Mein Tagesablauf während dieser Zeit sah folgendermaßen aus: Ich konnte es nicht ertragen, ohne Zigarette zu sein, also kaufte ich mir eine Packung. Dann erinnerte ich mich daran, dass ich ja mit dem Rauchen aufhören wollte und warf die Packung weg. Als ich dringend eine Zigarette haben musste, wühlte ich im Müll herum, um sie herauszufischen! Mir ging es schrecklich, weil ich wieder rauchte. Ich machte die Zigarette schnell aus und warf sie weg. Mitten in der Nacht kramte ich sie wieder hervor und zündete sie an! Da saß ich nun und rauchte am frühen Morgen eine Zigarette und fühlte mich dabei so schuldig – das können Sie sich gar nicht vorstellen!

Zu der Zeit gingen Dave und ich in eine geisterfüllte Kirchengemeinde. Nach dem Gottesdienst ging ich schnurstracks zum Parkplatz, kurbelte die Fenster meines Autos herunter, legte mich ins Auto und rauchte eine Zigarette. Unsre Freunde in der Gemeinde dachten wahrscheinlich, unser Auto würde gerade in Flammen aufgehen, bei dem ganzen Qualm, der aus den Fenstern quoll.

Und Dave lebte die ganze Zeit ein rauchfreies Leben. Oft fragte ich ihn: »Dave, ist das nicht *schwer* für dich?«

»Oh nein« antwortete er immer. »Gottes Gnade ist auf mir.«

Wütend und voller Verlangen nach einer Zigarette hätte ich am liebsten geschrien: »Und wo ist seine Gnade für *mich?*« Vielleicht hatte ich damals noch nicht genug Glauben, um seine Gnade auch für mich empfangen zu können. Egal wo das Problem lag, ich rauchte weiter und ärgerte mich über Dave, weil es für ihn so einfach gewesen war, das Rauchen aufzugeben.

Seit damals habe ich gelernt: Ein Hindernis, was uns davon abhält, die Durchbrüche zu erleben, nach denen wir uns sehnen, ist unsere Neigung, uns an anderen zu orientieren und neidisch zu werden, wenn Gott in ihrem Leben Durchbrüche schenkt. Wir halten etwas für unfair, weil die anderen scheinbar schneller und ohne jegliche Anstrengung zum Erfolg kommen, während wir noch kämpfen und leiden müssen. Wir überwinden dieses Hindernis des Neids jedoch, indem wir Gott vertrauen, dass der Plan, den er für jeden von uns hat, wirklich das Beste beinhaltet. Manchmal erscheint es uns zwar nicht fair, doch Gott weiß ja, was er tut, und er weiß auch, wie er uns in der Zukunft gebrauchen will.

Irgendwann war ich jedoch fest entschlossen und mit viel Gebet und Gottvertrauen sagte ich: »Ich werde mit dem Rauchen aufhören! Mit Gottes Hilfe *werde* ich mit Rauchen aufhören! Es ist mir egal, wie schwer das ist, ich *werde definitiv aufhören!«* Danach ging ich durch eine schwierige Zeit, die ungefähr dreißig Tage dauerte, und dann war es vorbei. Ich erlebte hier einen Durchbruch und habe seitdem nicht mehr geraucht und spürte auch kein Verlangen mehr, zu rauchen.

Warum hat Gott mich nicht so leicht vom Rauchen befreit, wie er es bei Dave getan hatte? Ich weiß es nicht. Doch ich weiß, dass ich eine wichtige Lektion gelernt habe, nämlich auf den von ihm gesetzten Zeitpunkt zu vertrauen, ohne neidisch darauf zu werden, wie er mit anderen umgeht.

Die siebte Hürde nehmen: Egoismus

Eine weitere Hürde auf dem Weg zu unseren Zielen ist unsere egoistische Haltung, besonders wenn es um den persönlichen Freiraum geht. Ist es uns ernst damit, niemals aufzugeben, dann müssen wir manchmal unsere egoistischen Wünsche opfern. Hartnäckigkeit und Entschlossenheit setzen dem »Ego« sehr zu. Irgendwann kommt immer der Zeitpunkt, wo ich keine Lust mehr habe, die Sache zu tun, der ich mich verschrieben habe. Wir halten Freiheit oft für einen Zustand, in dem wir das, wozu wir Lust haben, dann tun können, wann es uns passt. Solch ein Lebensstil würde jedoch dazu führen, dass wir immer egoistischer und selbstsüchtiger handeln.

Solange wir nicht fest entschlossen sind, niemals aufzugeben, hat der Teufel ein leichtes Spiel, uns Dinge auszureden, die wir tun sollten. Er wird einfach an unsere Wünsche appellieren. Beharrlichkeit erfordert hingegen von uns, unsere Gefühle zu disziplinieren und das zu tun, was richtig ist, unabhängig davon, wie wir uns fühlen.

Wir müssen hin und wieder auf unser Recht auf Freiheit und unseren persönlichen Freiraum verzichten und lernen, Nein zu uns selbst zu sagen. Wir dürfen unserer weltlich gesinnten Natur nicht vertrauen, denn sie bringt uns nicht zur rechten Zeit an den richtigen Ort. Sie will uns zum Aufhören bewegen, wenn wir uns eigentlich durchbeißen sollten. Und sie wird versuchen, uns mit dem Hinweis auf unseren persönlichen Freiraum und das Recht auf Freiheit zu locken. Doch das geht zu Lasten unseres persönlichen Wachstums.

Wir müssen hin und wieder auf unser Recht auf Freiheit und unseren persönlichen Freiraum verzichten und lernen, Nein zu uns selbst zu sagen.

Sie wird uns erzählen, dass es mehr Wert hat, sich jetzt gut zu fühlen, als ein diszipliniertes und engagiertes Leben zu führen, durch das wir am Ende unsere Ziele erreichen und unsere Bestimmung erfüllen.

Gott hat Sie dazu *geschaffen,* das Leben erfolgreich zu meistern. Geben Sie sich nicht mit weniger zufrieden. Lassen Sie sich nicht durch Versagen und Fehler zum Aufgeben bewegen, sondern lernen Sie daraus, was Sie beim nächsten Mal anders machen sollten. Warten Sie auf den Herrn, während Sie sich auf ein erfolgreiches Leben zubewegen und lassen Sie Ihre Kraft von ihm erneuern. Es wird nicht immer alles einfach sein, aber Ihr Leben *wird* gelingen, wenn Sie durchhalten.

Der Freiheitskämpfer

Der englische Politiker William Wilberforce gehört zu den bekanntesten Anführern im Kampf für die Freiheit und gegen Misshandlung und Ungerechtigkeit. 1780 wurde der in Cambridge ausgebildete Sohn eines reichen Kaufmanns im Alter von einundzwanzig Jahren das jüngste je zugelassene Mitglied des britischen Parlaments. Als gewandter und gut verständlicher Redner repräsentierte Wilberforce gerne seinen Wählerkreis im Parlament, schloss sich jedoch in den ersten Jahren keiner Gesetzesinitiative oder irgendeiner bestimmten Sache an.

1785 erlebte Wilberforce etwas, was man nur als eine unglaubliche Begegnung mit Gott bezeichnen kann. Danach wollte er alles ihm Mögliche tun, um Gott zu dienen und meinte, sich nun zwischen einer politischen Karriere und einem vollzeitlichen Dienst entscheiden zu müssen. Schließlich erkannte er, dass er an Gottes Werk nicht nur als Pastor mitarbeiten konnte, sondern er Gottes Reich auch sehr nachhaltig außerhalb von Kirchenmauern mitbauen konnte, nämlich in den Regierungshallen.

Ab 1787 war Wilberforce im Parlament die stärkste Stimme gegen den Menschenhandel. Er wurde dabei nur von wenigen unterstützt, weil der Wohlstand des britischen Königreichs vom Sklavenhandel abhing. Immerhin war England führend, wenn es darum ging, Sklaven aus Afrika unter schrecklichsten Umständen in die weltweiten Häfen zu verschiffen, wo sie wie Vieh an Plantagenbesitzer verkauft wurden. Diese zwangen sie zu schwerer Arbeit und behandelten sie oft grausam.

Wilberforce sagte in Bezug auf den Sklavenhandel: »Mag die Politik sein, wie sie ist, mögen die Konsequenzen sein, wie sie wollen, ich habe für mich beschlossen, dass ich keine Ruhe geben werde, bis ich die Abschaffung des Sklavenhandels durchgesetzt habe.« Und Wilberforce zeigte wirklich unermüdlichen Einsatz. Er musste durch Krankheit und Drangsal hindurch, erlebte Streit und den Treuebruch von Kollegen, die er eigentlich auf seiner Seite wähnte, und er wurde verspottet, als er sich voller Leidenschaft dafür einsetzte, den Menschenhandel zu unterbinden. Er beantragte vor dem Parlament insgesamt achtzehn Mal die Abschaffung des Sklavenhandels, bis dem Antrag schließlich stattgegeben wurde.

1807 erreichte Wilberforce das Ziel endlich, für das er gearbeitet, sich aufgeopfert und Gespött ertragen hatte. Der Sklavenhandel wurde offiziell abgeschafft. Doch das Ende des Sklavenhandels hieß nicht, dass die Menschen, die bereits versklavt waren, ihre Freiheit zurückbekamen. Dies wurde zum neuen erklärten Ziel von Wilberforce. Er starb 1833 in der Gewissheit, dass das Ende der Sklaverei unmittelbar bevorstand. Einen Monat nach seinem Tod trat das Gesetz zur Abschaffung der Sklaverei in Kraft.

Auch heute herrscht weltweit noch große Ungerechtigkeit. Vielleicht sind Sie ja dazu berufen, sich wie Wilberforce öffentlich für ein bestimmtes Thema einzusetzen, oder vielleicht auch nicht. Doch auch Sie können Menschen gut behandeln, sich für das einsetzen, was für Ihr Leben wichtig ist, und denen helfen, die nicht für sich selbst aufstehen können. Sie können, genau wie Wilberforce, Gott da dienen, wo Sie sind: ob Sie an einer Universität studieren, ein Unternehmen leiten, zu Hause für die Familie da sind, einen medizinischen oder einen juristischen Beruf ausüben oder was auch immer. Seien Sie ein Mensch, der weiß, was nach dem Wort Gottes richtig ist und der nicht aufgibt, bis er sieht, dass die Gerechtigkeit siegt.

KAPITEL 10

Vor dem Zeugnis kommt die Prüfung

»Nehmen Sie die Herausforderung an, damit Sie auch das Glücksgefühl eines Sieges erleben können.«
General George S. Patton

Ich bin sicher, dass Sie Menschen kennen, die Erstaunliches darüber erzählen können, wie Gott in ihrem Leben gewirkt hat. Ich höre immer gerne großartige Zeugnisse, aber ich weiß auch, dass hinter jeder außergewöhnlichen Geschichte eines Menschen viele Schwierigkeiten und Herausforderungen stecken. Niemand hat ein Zeugnis zu erzählen, wenn er nicht vorher eine Prüfung bestehen musste.

Wir müssen in unserem Leben alle möglichen Prüfungen bestehen. Das ist Teil des Nichtaufgebens. Es ist wichtig, dass wir die besondere Bedeutung von Prüfungen und Tests verstehen, weil wir diese Zeiten dann besser durchstehen können und durch sie stärker werden. Alles was Gott in unserem Leben zulässt, wird uns am Ende zum Besten dienen, egal wie weh es tut oder wie unfair und schwierig es sein mag.

Es ist wichtig, dass wir die besondere Bedeutung von Prüfungen und Tests verstehen.

Wenn wir mit Prüfungen konfrontiert werden, sie annehmen und nicht vor ihnen davonlaufen, dann werden wir etwas fürs Leben lernen, das uns in Zukunft helfen und stärker machen wird.

In diesem Kapitel möchte ich fünf der bekanntesten und

wichtigsten Prüfungen behandeln, die wir im Leben bestehen müssen.

Prüfungen und Tests

Prüfungen »prüfen« uns und Tests »testen« uns. Meistens dienen sie dazu, uns zu zeigen, wer wir wirklich sind. Sie offenbaren unseren Charakter. Wir können zwar eine hohe Meinung von uns haben, doch wir wissen erst, ob diese auch gerechtfertigt ist, wenn wir geprüft werden. Vielleicht halten wir uns für großzügig, ehrlich und einer bestimmten Wahrheit oder einem Ideal verpflichtet, doch erst unter Druck offenbart sich, wie tief diese Dinge in uns verankert sind.

Wir wissen erst, was wir wirklich glauben, wenn unser Glaube geprüft wird. Der auf die Probe gestellte Glaube zeigt uns, wie gläubig wir tatsächlich sind. Wir können nicht vorhersagen, wie wir unter Druck reagieren, bis der Stress seinen Höhepunkt erreicht hat. Sind wir wirklich nette Menschen? Das finden wir heraus, wenn wir freundlich zu jemandem sein sollen, obwohl uns nicht der Sinn danach steht. Erst durch Prüfungen erfahren wir, ob wir so charakterstark und hingegeben sind, wie wir dachten. Ich glaube, es ist sehr wichtig für uns, uns selbst zu kennen. Dafür sind Prüfungen gut: Sie bestätigen unsere Stärken und offenbaren unsere Schwächen. Haben Sie keine Angst, Ihren Schwächen zu begegnen. Gottes Kraft steht uns besonders dann zur Verfügung, wenn wir schwach sind.

Haben Sie keine Angst, Ihren Schwächen zu begegnen. Gottes Kraft steht uns besonders dann zur Verfügung, wenn wir schwach sind.

Warum musste Jesus – unser vollkommener Jesus – in die Wüste gehen, damit der Teufel ihn dort vierzig Tage und vierzig Nächte versuchen konnte? Gott der Vater wusste bereits, dass Jesus den Versuchungen nicht erliegen würde. Ich bin davon überzeugt, dass Jesus in seiner ganzen Menschlichkeit in die Wüste ging, um sein Vertrauen zu stärken und dem Teufel zu zeigen, dass er seinem himmlischen Vater treu bleiben würde, egal was kommt.

Andere Menschen können nicht immer alle Riesen für Sie wegbeten oder jeden Kampf für Sie kämpfen. Ihr Pastor kann nur bis zu einem gewissen Punkt mitgehen. Dann müssen Sie die Staffel übernehmen und ins Ziel bringen. Ihr bester Freund oder Ihr Arbeitskollege ist nur in der Lage, Sie einen Teil Ihres Weges im Gebet zu begleiten. Früher oder später müssen Sie selbst lernen zu beten, die Bibelstellen im Wort Gottes zu finden, und sich zu behaupten. Sie müssen an den Punkt kommen, wo Sie als Erstes zu Gott eilen, wenn Sie ein Problem haben. Erwarten Sie Antworten und Ratschläge von Gott und nicht von Ihrem Pastor, Ihrem besten Freund oder der Person, die bei der Arbeit neben Ihnen sitzt.

1. Petrus 4,12 gibt uns einen großartigen Einblick in den Zweck von Prüfungen. *Geliebte, lasst euch durch die unter euch entstandene Feuerprobe nicht befremden, als widerführe euch etwas Fremdartiges* (Schlachter 2000).

Prüfungen sind wie eine Feuerprobe, also eine Qualitätsprüfung, durch die wir alle hindurchgehen. Manchmal wünschen wir uns, einen Glauben zu haben wie Schwester Sowieso. Ich kann Ihnen versichern, wenn sie einen starken und lebendigen Glauben hat, dann ist er ihr nicht in den Schoß gefallen. Genauso, wie Muskeln erst durch Training aufgebaut werden, ist ein fester Glaube das, was übrig bleibt, wenn wir durch den Feuerofen der Bedrängnis gegangen sind.

Manchmal sagen Leute zu mir: »Oh, ich wünschte, ich hätte so einen Dienst wie du, Joyce.« Schön, doch ich habe ihn nicht bekommen, weil ich ihn mir gewünscht habe. Diese Menschen waren nicht dabei, als ich das Gefühl hatte, es nicht eine Sekunde länger aushalten zu können und Gott anbettelte, mir zu helfen, damit ich nicht alles hinwerfe und aufgebe. Sie haben keine Ahnung, durch welche Prüfungen und Tests ich auf meinem Weg gehen musste.

Niemand, der für Gott etwas Wertvolles tut, hat den einfachen Weg genommen.

Niemand, der für Gott etwas Wertvolles tut, hat den einfachen Weg genommen.

Um großartige Dinge für Gott tun zu können, braucht es Charakterstärke. Diese wird geformt, wenn man die Prüfungen des Lebens besteht und Gott in jeder Belastungsprobe treu bleibt.

Nach jahrelangen Tests und Prüfungen bin ich viel standhafter und geduldiger geworden, als ich es je für möglich gehalten hätte. Ich habe zwar in diesen Bereichen noch nicht ausgelernt, aber ich lasse mich längst nicht mehr wie früher von den Umständen bestimmen. In Jakobus 1,2-3 steht: *Meine Brüder und Schwestern, nehmt es als Grund zur Freude, zur reinsten Freude, wenn ihr in vielfältiger Weise auf die Probe gestellt werdet. Denn ihr wisst: Wenn euer Glaube erprobt wird, führt euch das zur Standhaftigkeit* (GN).

Ich muss gestehen, bevor die Prüfungen in meinem Leben Standhaftigkeit und Geduld bewirkten, brachten sie erst einmal die negativen Eigenschaften, Haltungen und inneren Einstellungen zutage, derer ich mir gar nicht bewusst war. Gott lässt uns durch Prüfungen und Tests hindurchgehen, damit die verborgenen Dinge in unserem Herzen sichtbar werden. Sobald wir sie bemerken, können wir uns mit ihnen befassen und Gott um seine Hilfe bei der Auseinandersetzung mit den Dingen bitten. Er lässt uns nicht durch schwierige Zeiten hindurchgehen, weil er uns gerne leiden sieht, sondern damit wir merken, wie sehr wir ihn brauchen. Haben Sie niemals Angst vor der Wahrheit, denn die Wahrheit macht uns frei (siehe Johannes 8,32).

Schauen Sie sich noch einmal Jakobus 1,3 an. Alles was Sie durchleiden müssen, wird Ihnen am Ende zum Guten dienen. Sie werden stärker, Ihre Ausdauer wird gefördert und ein Gott wohlgefälliger Charakter entwickelt sich. Außerdem lernen Sie sich selbst besser kennen und können sich vor Gott ganz ehrlich mit den Dingen auseinandersetzen, diese dann unter die Füße bekommen und weitergehen.

Wenn Sie das nächste Mal mit einem Test oder einer Prüfung konfrontiert werden, glauben Sie einfach, dass es Ihnen zum Guten gereichen wird. Sagen Sie zu Gott: »Okay, Herr, ich glaube, dass es sich gut für mich entwickeln wird. Es fühlt sich zwar nicht so an und mir gefällt das ganz und gar nicht. Ich verstehe es auch nicht und es tut weh! Es erscheint mir unfair! Doch ich glaube, dass du es nutzen wirst, damit es mir zum Guten dient.« Indem Sie Ihr Vertrauen auf Gott setzen, öffnen Sie ihm die Tür, um aus dem ganzen Schlamassel etwas Wunderbares zu machen!

Der »Komm-darüber-hinweg-Test«

Ein weiterer Test, den wir alle in unserem Leben bestehen müssen, ist der »Komm-darüber-hinweg-und-sei-nicht-beleidigt-Test«, der auch der »Verbitterungs-, Ablehnungs- und Unversöhnlichkeits-Test« genannt werden kann. Wenn wir verletzt sind, ist Vergebung der einzige Weg heraus. Je eher Sie vergeben, desto leichter wird es. Lassen Sie es nicht zu, dass dieses Gefühl der Kränkung und Verärgerung Wurzeln in Ihrem Herzen schlägt – es wird sonst immer schwieriger, sich damit auseinanderzusetzen.

Verletzt oder beleidigt uns jemand, sollte unsere erste Reaktion ein Gebet sein: »Gott, ich entscheide mich dafür, das Beste anzunehmen. Ich bin verletzt, doch du kannst mich heilen. Ich weigere mich, bitter zu werden. Ich weigere mich, verärgert und beleidigt zu sein.« Sie müssen laut mit Ihrem Mund bekennen, dass Sie nicht gekränkt sein werden, denn dieses Gefühl ist eine Falle! Satan setzt es als Lockmittel ein, um uns von Gott und seinen Prinzipien wegzuziehen.

Das griechische Wort für *Anstoß oder Ärgernis* ist *skandalon.* Ein Skandalon war der Teil einer Tierfalle, der das Lockmittel festhielt. Es hatte nur den einen Zweck, und zwar ein Opfer anzulocken. Ein Ärgernis ist das Lockmittel Satans, mit dem er uns in die Falle der kompletten Verbitterung, der Ablehnung und der Unversöhnlichkeit lockt, damit er unser Leben zerstören kann.

Wir Christen sollten wirklich gut darin sein, anderen zu vergeben, denn wir werden es unser ganzes Leben lang tun müssen. Wer vergibt, tut sich im Grunde selbst einen Gefallen. Wir befreien uns damit von dem Leidensdruck des Ärgers und der verbitterten Gedanken. Solange wir leben, werden wir auf Menschen treffen, die uns verletzen, uns ablehnen, uns enttäuschen, einen komischen Ton in der Stimme haben, wenn sie mit uns reden, uns nicht verstehen oder uns fallen lassen, wenn wir sie brauchen. Diese Eigenschaften gehören mit zur menschlichen Natur und sind Teil einer jeden Beziehung.

Wir Christen sollten wirklich gut darin sein, anderen zu vergeben, denn wir werden es unser ganzes Leben lang tun müssen.

Warum sollten wir unser Leben ruinieren, nur weil andere sich nicht benehmen können? Wir können souverän bleiben und vergeben!

Jesus wusste um diese Wahrheit. So ist auch seine Reaktion zu erklären, als Petrus ihn fragte:

Herr, wie oft soll ich meinem Bruder, der gegen mich sündigt, vergeben? Bis siebenmal? Jesus spricht zu ihm: Ich sage dir: Nicht bis siebenmal, sondern bis siebzigmal siebenmal (Matthäus 18,21-22). Was er meinte, war: »Vergib und höre nicht auf zu vergeben. Vergib noch einmal und noch einmal und noch einmal und noch einmal.« Jedes Mal, wenn Sie sich entscheiden zu vergeben, erhalten Sie sich Ihre Freiheit! Gleichzeitig verweigern Sie negativen Gedanken und Gefühlen den Zugang. Durch Ihre Entscheidung kann Gott Sie aus der Falle des Grolls herausholen.

Wir segnen die Menschen, indem wir ihnen vergeben, aber letztendlich profitieren wir selbst am meisten davon – mehr als diejenigen, die uns verletzt haben. Wir gewähren Vergebung um unserer selbst willen, denn das Festhalten an Verbitterung, Groll und Unversöhnlichkeit vergiftet unser Leben. Meistens wissen andere gar nicht, dass sie uns gekränkt haben und merken deshalb auch nicht, wie sehr wir darunter leiden.

Wenn Menschen Sie verletzen oder verärgern, können Sie vielleicht nicht viel an Ihren Gefühlen ändern, aber Sie können etwas daran ändern, wie Sie mit den Gefühlen umgehen. Wer verletzt ist, ist verletzt. Gott wird jedoch Ihre Gefühle heilen, wenn Sie *durch den Glauben* seinem Wort gehorchen, für Ihre Feinde beten und die segnen, die Sie schlecht behandelt haben (siehe Matthäus 5,44). Geben Sie die Situation an Gott ab und weigern Sie sich, gekränkt zu sein.

Ich hörte einmal eine Geschichte über einen Pastor, den ich kannte. Er hatte einen Gastsprecher in seine Gemeinde eingeladen und dieser Gast machte ein paar kritische Bemerkungen über die Art und Weise, wie der Gottesdienst abgehalten wurde. Der Gastsprecher war jung und unerfahren und so entschied sich der Pastor, sich nicht über die Kommentare zu ärgern. Er saß in der ersten Reihe in seiner Gemeinde und flüsterte immer wieder leise vor sich hin: »Ich werde nicht gekränkt sein, ich werde mich nicht ärgern.« Diese Geschichte hat mich lange begleitet, denn sie zeigt uns beispielhaft, wie man schnell reagieren kann, um keine Wurzel der Bitterkeit oder des Ärgers im eigenen Herzen zuzulassen.

Jesus fordert uns auf, diejenigen zu segnen, die uns verletzen (siehe Matthäus 5,44), doch wie bewerkstelligen wir das? Zum einen, indem wir nicht negativ über sie reden oder anderen erzählen, was sie uns angetan haben. Ich bin davon überzeugt, dass wir uns selbst Probleme bereiten, wenn wir mit anderen über jemanden herziehen, der uns falsch behandelt oder verletzt hat. Auf der Suche nach Mitleid wollen wir Leute wissen lassen, wer uns verletzt hat und wie das passiert ist. Gott hingegen will nicht, dass wir auf diese Art und Weise reagieren. Anstatt schlecht über sie zu reden, möchte er, dass wir unseren Mund halten, für sie beten und sie segnen. Dies ist eine Möglichkeit, das Böse mit Gutem zu überwinden (siehe Römer 12,21)!

Die Bibel ist voller Geschichten von Menschen, die sich weigerten, verärgert und beleidigt zu sein. Hiob erlebte einen doppelten Segen, als er für die betete, die ihn verletzt hatten (siehe Hiob 42,10). Mose betete sofort für Mirjam und Aaron, nachdem sie ihn verurteilt und angegriffen hatten (siehe 4. Mose 12,13). Sehen Sie, Mose war ein gottesfürchtiger Mann. Als ihm Unrecht angetan wurde, fiel er vor Gott auf sein Angesicht und sagte im Grunde nur: »Oh Gott, oh Gott, vergib ihnen, vergib ihnen, vergib ihnen. Sie wissen nicht, was sie tun.«

Das nächste Mal, wenn eine Person Sie verletzt, tun Sie sich selbst den Gefallen und vergeben ihr gleich. Weisen Sie jeden Anflug von Kränkung von sich, segnen Sie die Person und beten Sie für sie. Handeln Sie immer wieder so. Sie werden im Leben viele Gelegenheiten haben, diesen »Komm-darüber-hinweg-Test« zu machen und ich möchte, dass Sie ihn mit Bravour bestehen!

Das nächste Mal, wenn eine Person Sie verletzt, tun Sie sich selbst den Gefallen und vergeben ihr gleich. Weisen Sie jeden Anflug von Kränkung von sich, segnen Sie die Person und beten Sie für sie.

Der »Judas-Kuss-Test«

Judas war der Jünger, der Jesus mit einem Kuss verriet. Er war damit einverstanden, Jesus für dreißig Silberlinge preiszugeben und erklärte sich bereit, dies durch einen Kuss zu tun. Das war zur Zeit Jesu eine gebräuchliche Art der Begrüßung. Ein »Kuss« ist in der Regel eine Begrüßung voller Liebe und Zuneigung. Deshalb verursacht der »Judas-Kuss« auch eine tiefere Wunde als andere gewöhnliche Verletzungen. Dieser Angriff kommt von jemandem, mit dem man eine innige Freundschaft pflegt, jemand, den man liebt und dem man vertraut. Oftmals sind die »Judasse« in Ihrem Leben Menschen, denen Sie geholfen und die Sie gut behandelt haben.

Es gibt viele traurige Geschichten von Pastoren, die jungen Männern aus ihrer Gemeinde als Mentoren zur Seite standen, ihnen alles beibrachten, was sie selbst wussten, ihnen Gelegenheiten gaben, in ihrem Dienst zu wachsen, ihnen halfen, an Respekt zu gewinnen, nur um am Ende zu erleben, dass diese Männer die Gemeinde verließen, eine neue gründeten und viele Mitglieder der ursprünglichen Gemeinde dorthin mitnahmen.

Das ist beispielhaft für einen »Judas-Kuss«. Ich glaube, dass dies mit zu den schlimmsten Tragödien gehört, die eine Gemeinde erleben kann und es eine der schmerzhaftesten Erfahrungen ist, die einen Pastor treffen kann, besonders wenn er sich voll und ganz in die Ausbildung eines aufstrebenden Leiters investiert hat.

Die Ereignisse, wie in Lukas 22,48 beschrieben, nahmen einen traurigen Lauf, als Judas Jesus mit einem Kuss, eigentlich ein Zeichen der Liebe, verriet. Es war nicht irgendjemand, der Jesus verriet, es war einer seiner zwölf Jünger, einer seiner engsten Mitarbeiter, ein persönlicher Freund, einer, dem er eine Ehrenposition gegeben hatte. Judas verriet Jesus um des *Geldes* willen. Er war so geldgierig, dass er Jesus für ein paar Stücke Silber *verkaufte*. Und das auch noch mit einem Kuss!

Von jemandem verraten zu werden, den man liebt, gehört zu den schlimmsten Erlebnissen, die man überhaupt machen kann. Wenn das passiert, müssen Sie sich von Gott heilen lassen und mit seiner Hilfe darüber hinwegkommen, denn sonst wird es Sie zerstören. Sie werden dann mit Ihrer Verletzung, dem Ärger und dem Schmerz alleine bleiben. Außerdem wird Ihre Fähigkeit, sich an Gott und an dem, was er für Sie geplant hat zu erfreuen, verringert, oder sogar vollständig zerstört. Tun Sie sich den Gefallen und vergeben Sie vollständig. Gott fordert uns immer nur zu den Dingen auf, zu denen er uns auch befähigt. Sie müssen nicht Ihr Leben lang verletzt, verbittert, verärgert und beleidigt sein. Sie können vergeben und frei sein!

Der »Motivations-Test«

Ich bezeichne unsere Motivation immer gerne als »das Warum hinter dem Was«. Ein Motiv ist der Grund für das, was wir tun. Oft sagen wir zwar, dass wir Dinge für Gott tun, doch manchmal wissen wir selbst gar nicht, warum wir sie tun. Wir wissen nur, *was* wir tun, nehmen uns aber nicht die Zeit, wirklich einmal zu hinterfragen, was uns motiviert. Unreine Motive können viele Probleme verursachen. Überengagement führt in unserem Leben oft zu unnötigem Stress. Wenn wir Gott gehorchen und nur das tun, was er uns aufträgt, werden wir nicht unter extremem Stress leiden.

Tun Sie nie etwas, um Menschen zu beeindrucken oder weil Sie Angst davor haben, was die Leute wohl von Ihnen denken oder über Sie sagen, wenn Sie es nicht tun. Gott möchte, dass wir anderen helfen und sie segnen, doch wenn wir ein »gutes Werk« aus falschen Motiven heraus tun, ist es nicht länger ein gutes Werk. Sagen Sie nicht Ja mit Ihrem Mund, während Ihr Herz Nein schreit.

Wenden Sie so oft wie möglich den »Motivations-Test« an. Stellen Sie sich selbst folgende Fragen, die Ihnen helfen werden, Ihre eigenen Motive herauszufinden:

- Warum habe ich zugesagt, in diesem Ausschuss mitzuarbeiten? Suche ich nach Anerkennung?
- Warum möchte ich eine bestimmte Funktion ausüben? Will ich in der Gesellschaft einen gewissen Status erreichen?
- Warum habe ich mich bereit erklärt, das Evangelisationsteam der Gemeinde zu leiten? Habe ich wirklich ein Herz für Evangelisation und sehne ich mich danach, Gott zu dienen oder möchte ich, dass die Leute darüber reden, was für ein tolles Gemeindemitglied ich bin?
- Warum wünsche ich mir die Beförderung auf der Arbeit so sehr? Bin ich wirklich von Gott motiviert oder habe ich weltliche Ambitionen?

Bei der Auswertung Ihrer Motive werden Sie erkennen, was in Ihrem Herzen ist. Bestehen Sie den Test, indem Sie darauf achten, dass Ihre Motive vor Gott rein und richtig sind. Der »Motivations-Test« muss ein Leben lang immer wieder bestanden werden. Ich persönlich bewerte meine Motive häufig neu und höre auch mal mit Dingen auf, die ich meiner Erkenntnis nach aus falscher Motivation heraus tue. Das hilft mir dabei, meine Prioritäten richtig zu setzen.

Der »Schwierige-Typen-Liebestest«

Wir alle sind mit dem »Schwierige-Typen-Liebestest« konfrontiert. Wenn wir Gott darum bitten, uns mehr über Liebe zu lehren, dann sollten wir nicht erwarten, dass er uns jemanden in den Weg stellt, den man leicht lieben kann. Das wäre ja gar kein richtiger Test. Der Test, schwierige Personen zu lieben, beginnt in dem Moment, wo wir Menschen treffen, die wie Sandpapier für unsere Seelen sind. Das sind Menschen, die uns auf die Nerven gehen, Menschen, mit denen wir lieber nicht zusammen wären. Und doch wissen wir in unserem Herzen, dass Gott selbst diese Leute in unser Leben gestellt hat.

In Galater 6,1-3 erfahren wir, wie wir den »Schwierige-Typen-Liebestest« bestehen können:

> *Brüder, wenn auch ein Mensch von einem Fehltritt übereilt wird, so bringt ihr, die Geistlichen, einen solchen im Geist der Sanftmut wieder zurecht. Und dabei gib auf dich selbst acht, dass nicht auch du versucht wirst! Einer trage des anderen Lasten, und so werdet ihr das Gesetz des Christus erfüllen. Denn wenn jemand meint, etwas zu sein, während er doch nichts ist, so betrügt er sich selbst.*

Dieser Bibelabschnitt lehrt uns, dass Geistlichsein unter anderem bedeutet, Menschen, mit denen man nur schwer auskommt, gut zu behandeln und ihnen dabei zu helfen, heil zu werden. Als geistliche Menschen stellen wir ihre Fehler nicht über die Maßen in den Mittelpunkt und bemerken auch ihre guten Seiten, nicht nur die schlechten. Der Schwerpunkt liegt darauf, sie als Menschen zu sehen, und nicht darauf zu achten, was für ein Gefühl sie in uns auslösen. Anstatt sie zu verurteilen, hinterfragen wir uns selbst. Wir machen uns unsere eigenen Schwächen bewusst und bitten Gott, uns zu helfen, anstatt nur daran zu denken, wie sehr diese »Schwierigen« seine Hilfe benötigen. Wenn wir diejenigen lieben, die wir als wenig liebenswert ansehen, dann entwickeln wir eine der Eigenschaften Jesu.

Der »Bewährungs-Test«

Der letzte Test, auf den ich Sie aufmerksam machen möchte, ist der »Bewährungs-Test«. Werden Sie in fünf Jahren Gott immer noch nachfolgen, ihm gehorchen und nach seinem Wort leben? Werden Sie in zehn Jahren noch das tun, wozu er Sie berufen hat? Werden Sie für den Rest Ihres Lebens mit ihm leben, auch durch Schwierigkeiten hindurch, und sich weigern, aufzugeben?

Denken Sie einmal über den »Bewährungs-Test« nach. Tun Sie alles, damit Sie für Gott brennen. Und erlauben Sie es sich nicht, nach leidenschaftlichen sechs Monaten abzukühlen und lauwarm zu werden. Seien Sie nicht einen Tag lang diszipliniert, um dann am nächsten Tag faul zu sein. Seien Sie nicht eine Woche lang sehr darauf bedacht, nach Gottes Wort zu leben, um dann in der nächsten Woche sein Wort völlig zu ignorieren. Sie sollen Durchhaltekraft haben und über die Jahre beständig bleiben. Bleiben Sie auf lange Sicht gesehen voller Hingabe zu Gott. Ich diene Gott seit mehr als dreißig Jahren und ich glaube, mein größtes Zeugnis ist: »Ich bin immer noch dabei!«

Egal womit Sie gerade konfrontiert sind, gehen Sie weiter und gehen Sie auf dem richtigen Weg hindurch, damit Sie nicht ein weiteres Mal hindurch müssen. Bleiben Sie in Bezug auf Ihre innere Haltung und auf das, was Sie tun, fest. Halten Sie Ihre Verpflichtungen ein und hören Sie nicht auf, anderen liebevoll zu helfen, die auch verletzt sind.

Wenn wir in der Schule Gottes bleiben, dann fallen wir bei diesen Prüfungen nicht durch. Wir können sie so oft wiederholen, bis wir sie bestanden haben. Ich wünsche mir, dass Sie Ihre Prüfungen beim ersten Mal bestehen, damit Sie in Ihrem Leben nicht so viel Zeit verschwenden wie ich, weil ich immer und immer wieder um denselben Berg herumgewandert bin. Gottes Wege sind immer die besten und je eher wir uns ihnen unterwerfen, desto besser wird unser Leben werden.

Mehr als nur Kosmetik

Falls Sie einmal ein Fahrzeug in einem besonders auffallenden Pinkton sehen, dann wissen Sie, wem es gehört: einem außerordentlich erfolgreichen Verkaufsrepräsentanten des Kosmetikunternehmens *Mary Kay.*

1963 hatte das Unternehmen *Mary Kay* insgesamt elf Verkaufsrepräsentanten. 2007 waren es mehr als 1,7 Millionen sogenannter »selbstständiger Schönheitsberater« in mehr als dreißig Ländern der Erde. Was ist das Geheimnis hinter diesem phänomenalen Wachstum? Eine Frau, die nicht aufgab: Mary Kay Ash.

Sie wurde 1918 in Hot Wells, Texas, geboren. Als Mary Kay sechs Jahre alt war, hatte sie bereits die große Verantwortung, für einen sehr kranken Verwandten sorgen zu müssen, während ihre Mutter oftmals mehr als vierzehn Stunden am Tag arbeitete, um die Familie zu versorgen. Stand Mary Kay einer herausfordernden Situation gegenüber, sagte ihre Mutter immer zu ihr: »Du schaffst das.« Weil sie von ihrer Mutter so sehr ermutigt wurde, während sie aufwuchs, war sie voller Kraft und Zuversicht und glaubte von sich, wirklich alles schaffen zu können.

Als junges Mädchen hatte Mary Kay den Wunsch Ärztin zu werden, sobald sie erwachsen war. 1938 begann sie ihr Studium, um sich diesen Traum zu erfüllen. Nebenbei nahm sie einen Teilzeitjob bei *Stanley Home Products* an, um Haushaltswaren zu verkaufen. Schnell bemerkte sie, dass sie ein erstaunliches Verkaufstalent hatte. Bald schon zog sie das Geschäft der Medizin vor, weil sie unglaubliche Verkaufserfolge verzeichnen konnte.

Einige Jahre später begann Ash für ein Geschenkartikelunternehmen zu arbeiten, bei dem sie schließlich als nationale Verkaufsdirektorin eingesetzt wurde. Nachdem sie fünfundzwanzig Jahre im Direktverkauf vorbildlich für das Unternehmen gearbeitet hatte, kündigte Ash ihre Anstellung, weil ein Mann, den sie ausgebildet hatte, in eine Position über ihr befördert wurde, für die er doppelt so viel Gehalt bekam wie sie selbst.

Doch Mary Kay machte weiter. Sie erkannte, dass sie nicht die einzige Frau war, die von Unternehmen unfair behandelt wurde, und entschloss sich, ein Buch zu schreiben, um anderen Frauen dabei zu helfen, die Möglichkeiten auszunutzen, die ihr verschlossen geblieben waren. Als sie ihre Gedanken zu Papier brachte, stellte sie fest, dass sie nicht nur einen Ratgeber für Frauen schrieb, sondern eigentlich eine neue Firmenstrategie und -philosophie verfasste. Sie selbst sagte einmal: »Ich stellte mir eine Firma vor, in der Frauen so erfolgreich werden könnten, wie sie wollten. Den Frauen, die bereit waren, den Preis dafür zu bezahlen, und die Mut zum Träumen hatten, würden alle Türen offenstehen« (Originalzitat von ihrer Firmenhomepage).

Sie selbst war reich an Verkaufserfahrung, hatte einen Plan, verfügte über fünftausend Dollar und hatte einen zwanzigjährigen Sohn, der ihr 1963 bei der Gründung ihrer Firma »*Beauty by Mary Kay*« (Schönheit von Mary Kay) half. Auf der Firmenhomepage ist zu lesen: »Es war das erste Unternehmen, das das Leben für Frauen verschönern wollte. Es wurde nicht basierend auf den Regeln des Wettbewerbs gegründet, sondern auf Grundlage der Goldenen Regel, darauf, Menschen zum Erfolg zu loben und auf das Prinzip ›zuerst der Glaube, dann die Familie und an dritter Stelle die Karriere‹. Es war ein Unternehmen ›mit Herz‹, wie Mary Kay Ash häufig sagte.«

Als Frau musste Mary Kay sich in der Geschäftswelt durchbeißen, um ihr ganzes Potenzial entfalten zu können. Und weil sie sich weigerte aufzugeben, konnte sie eine außerordentlich erfolgreiche Firma gründen, die auch andere Frauen befähigt, Großartiges zu leisten. Ich möchte Sie mit einem Ausspruch dieser innovativen und fest entschlossenen Geschäftsfrau ermutigen: »Wenn Ihre Prioritäten richtig gesetzt sind, gehen Sie vorwärts und schauen Sie nicht zurück.«

KAPITEL 11

Versuchen Sie etwas Neues

»Man ist nie zu alt, sich neue Ziele zu setzen oder einen neuen Traum zu träumen.«
C. S. Lewis

Jemand sagte einmal: »Fürchte dich niemals davor, etwas Neues auszuprobieren. Denke daran: Amateure bauten die Arche. Profis bauten die *Titanic.*« Manchmal stehen wir in der Versuchung aufzugeben, weil alles, was wir anfassen, nicht klappt. In solch einer Situation, müssen wir etwas Neues ausprobieren. Solange wir im Leben Fortschritte machen und vorwärts kommen, werden sich uns neue Gelegenheiten eröffnen, aber auch neue Herausforderungen in den Weg stellen. Wir haben Träume und Ziele, die wir erreichen wollen, doch wir brauchen auch Lösungen für die Probleme, denen wir unterwegs begegnen. Wenn wir wissen, was zu tun ist, dann müssen wir es auch tun. Wissen wir es nicht, haben wir das Vorrecht, auf Gott zu vertrauen, dass er uns führt. In der Bibel steht, wir sollen tun, was in schwierigen Situationen erforderlich ist, und dann sicher an unserem Platz stehen bleiben (siehe Epheser 6,13). Tun Sie das, was Sie tun können, und Gott wird das tun, was Sie nicht tun können.

Während wir nun lernen, fest entschlossen zu sein und nicht aufzugeben, müssen wir auch wissen, wie man mit neuen Dingen umgeht. Wie oft sagen wir, dass wir etwas Neues wollen, und wenn dann das Neue kommt, haben wir Angst davor. Neue Erfahrungen und Gelegenheiten können uns sehr einschüchtern, aber das muss nicht so sein. Das Festhalten an alten Methoden, alten Ideen, alten Beziehungen und alten Denkmustern und die Weigerung, Neues zu akzeptieren oder anzunehmen, wird uns im Leben nicht voranbringen. Ich möchte, dass Sie vorwärtskommen, und zwar so weit und so schnell, wie Gott es bestimmt hat. Geben Sie nicht auf, sobald Sie mit einem Problem konfrontiert werden, das von Ihnen neue Denkansätze und eine andere Handlungsweise verlangt. Gott möchte etwas Neues in Ihrem Leben tun. Seien Sie bereit, es begeistert anzunehmen.

Sie wissen sicherlich, dass Gott Josua erwählt hatte, um als Moses Nachfolger das Volk Israel in das verheißene Land zu führen. Gott gab ihm die gewaltige Aufgabe, ein ganzes Volk an einen neuen Ort zu führen, einen Ort, an dem es nie zuvor gewesen war. Die Menschen hatten ein Land der furchtbaren Unterdrückung und harten Arbeit als ägyptische Sklaven hinter sich gelassen. Sie waren auf dem Weg in ein Land, in dem Milch und Honig flossen, doch das Land selbst hatten sie noch nie gesehen. Alles würde neu sein für sie. Auch wenn diese Geschichte vor Jahrtausenden geschah, können wir einige wichtige Lektionen aus ihr lernen, was neue Erfahrungen in unserem Leben betrifft.

In Josua 3 lesen wir, dass die Aufseher durch das israelische Lager gingen; *sie befahlen dem Volk: Sobald ihr die Lade des Bundes des HERRN, eures Gottes, seht, wenn die Priester, die Leviten, sie aufheben, dann sollt ihr von eurem Ort aufbrechen und ihr nachfolgen* (Vers 3).

Die Bundeslade enthielt die Zehn Gebote, die den Willen Gottes darstellten und ein Stück Manna – das gleiche Manna, mit dem Gott die Israeliten in der Wüste vierzig Jahre lang versorgt hatte. Das Manna stand für die Gegenwart Gottes und seine übernatürliche Versorgung. Auf dem Weg unseres Lebens werden wir immer wieder mit neuen Situationen konfrontiert. Wir müssen dann im übertragenen Sinne das tun, was die Israeliten auf dem Weg in ihre Heimat buchstäblich taten: der Bundeslade folgen. Das bedeutet, der Führung des Heiligen Geistes zu folgen, der in jedem Gläubigen lebt.

Angesichts einer neuen Situation müssen wir uns als Erstes fragen: »Ist das der Wille Gottes für mich?« Als Zweites dann:

»Habe ich inneren Frieden darüber?« Ebenso: »Spüre ich die Gegenwart des Herrn in dieser neuen Situation?« Wenn wir glauben, dass es der Wille Gottes ist, dann können wir ihm auch vertrauen, dass er sich um alles kümmern wird, was wir bei jedem nächsten Schritt brauchen.

Anders als heute wusste ich als junge Frau nicht so genau, wie man Gottes Angesicht sucht. So traf ich eine Entscheidung, die ich meiner Meinung nach nicht getroffen hätte, wenn ich gewusst hätte, wie man »der Bundeslade folgt«.

Im Alter von achtzehn Jahren heiratete ich den erstbesten jungen Mann, der mir etwas Aufmerksamkeit entgegenbrachte. Aufgrund des sexuellen Missbrauchs, den ich als Kind erlebt hatte, befürchtete ich, dass mich sonst niemand nehmen würde. Mit neun Jahren hatte ich zwar Jesus als Retter in meinem Leben aufgenommen, doch danach wurde ich nicht weiter geistlich geschult oder unterrichtet. Aus diesem Grund hatte ich auch keine Ahnung, was es heißt, »sich vom Heiligen Geist leiten zu lassen«. Ich wusste nicht, wie man sich nach seiner Führung ausstreckt, und dass es wichtig war, ihn um seine Leitung zu bitten.

Rückblickend erkenne ich, dass der Heilige Geist die ganze Zeit versucht hatte, mich zu führen, denn tief in meinem Herzen wusste ich, dass die Beziehung, die ich eingehen wollte, nicht richtig war. Mein Kopf sagte mir, ich sollte diese Gelegenheit nicht verstreichen lassen, doch im Inneren hatte ich ein ungutes Gefühl. Ich wusste aber nicht, was ich mit der leisen, feinen Stimme, die mir sagte: »Das wird nicht funktionieren!« anfangen sollte. Ich sehnte mich so sehr danach, von jemandem geliebt zu werden und wollte nicht auf das achten, was ich in meinem Herzen wusste. Ich folgte meinen Kopf, meinem Fleisch, meinen Gefühlen, meinem Plan und meinem »Ich will aber«.

Aus dieser Situation wurde ein fünfjähriges Drama. Dieser Mann reiste oft mit mir in andere Staaten und zwei Mal, einmal in Oakland, Kalifornien, und einmal in Albuquerque, Neumexiko, ließ er mich einfach im Stich. Ich musste dann meine wenigen Habseligkeiten zurücklassen und mit dem Bus nach Hause fahren. Ich war achtzehn Jahre alt, einsam, voller Angst und durcheinander.

Die meiste Zeit unserer Ehe weigerte er sich zu arbeiten. Er zog mit anderen Frauen los, log, bestahl mich und landete schließlich im Gefängnis, weil er ungedeckte Schecks ausgestellt hatte. Eines Nachts wachte ich auf, weil er gerade versuchte, mir den Ehering vom Finger zu ziehen, um ihn zu verkaufen. Ich hätte mir selbst fünf Jahre voller Probleme und Schwierigkeiten ersparen können, wenn ich nur gewusst hätte, wie man Gottes Stimme hört und es ihm erlaubt hätte, mich in das hineinzuführen, was er für mein Leben vorgesehen hatte.

Wir müssen »der Bundeslade folgen« und nicht unseren persönlichen Sehnsüchten, Ängsten, Gefühlen, guten Ideen oder den Ratschlägen anderer. Wir folgen der Bundeslade, indem wir einen Gehorsamsschritt nach dem anderen mit Gott gehen.

Die Bundeslade wird uns an neue Orte führen, genau wie bei den Israeliten im Alten Testament, denn Gott führt uns nicht zurück. Auf diesem Weg der Nachfolge werden wir uns an manch unbekannten und ungemütlichen Orten wiederfinden oder an Orten, an denen wir uns unserer selbst nicht mehr sicher sind.

Ich möchte Gott lieber an einen neuen, ungemütlichen Ort folgen, als an einem Ort zu bleiben, der für mich nicht mehr belebend ist.

Unser Weg mag nicht leicht sein, doch ich persönlich möchte Gott lieber an einen neuen, ungemütlichen Ort folgen, als an einem Ort zu bleiben, der für mich nicht mehr belebend ist.

Wenn Nachfolge nicht wirklich stattfindet

Tun wir Gottes Willen, dann ist seine Gegenwart mit uns und wir werden es ganz sicher schaffen. Folgen wir ihm jedoch nur halbherzig nach, holen wir uns Probleme ins Haus.

Manche Menschen sind nur deshalb so unglücklich, weil sie sich weigern, der Führung des Heiligen Geistes zu folgen. Andere halten an Freunden fest, die sie negativ beeinflussen. Vielleicht macht es Spaß, mit ihnen zusammen zu sein oder die Freundschaft besteht schon lange Jahre, doch sie wollen nicht auf Gott hören und seinem Willen gehorchen. Es ist immer besser, gute Freunde zu haben, die den Glauben an Gott stärken, als solche, die dazu beitragen, dass er abnimmt. Entscheiden Sie nicht einfach selbst, mit wem Sie sich befreunden, sondern bitten Sie Gott, Ihnen Beziehungen zu schenken, die gut für Sie sind.

Manchmal beten wir für etwas, sind aber nicht bereit, dem Heiligen Geist zu der Gebetserhörung zu folgen. Ich kenne Menschen, die partout an keinen Singletreffs teilnehmen, weil sie da nicht alleine hingehen möchten. Sie gehen selbst dann nicht hin, wenn sie sich von Gott dazu aufgefordert fühlen. Zwar wollen Sie einen Partner finden, den sie auch heiraten können, aber nur zu ihren eigenen Konditionen. Ich kann verstehen, dass man etwas Mut aufbringen muss, um alleine zu solch einem Treffen zu gehen, doch es ist nicht selten gut für uns, den schweren Weg zu gehen. Unser Glaube wird auf diese Weise geprüft und wir finden oft genau das, wonach wir suchen. Wir müssen darauf achten, dass wir nicht zuerst planen und dann beten, dass unser Plan in Erfüllung geht. Wir sollten erst beten und dann dem Plan Gottes folgen.

Sind Sie bereit, auch dann Ja zu Gott zu sagen, wenn Sie damit Nein zu Ihren Freunden oder gar zu sich selbst sagen müssen? Was ist, wenn Sie eingeladen werden, irgendwo mit Ihren Freunden oder Verwandten hinzugehen, doch Sie haben keinen inneren Frieden darüber, mitzukommen? Vielleicht geht es um eine Party, wo Drogen konsumiert werden oder um einen Film, in dem viele Nacktszenen zu sehen sind. Es würde Ihr Gewissen belasten, hinzugehen. Was werden Sie tun? Wären Sie bereit, den Abend alleine zu Hause zu verbringen, um Gottes Wegen zu folgen?

Menschen, die in den genannten Situationen einfach losgehen und das tun, was sie wollen, folgen ihren eigenen Sehnsüchten und nicht dem Willen Gottes. Würden sie der Führung des Heiligen Geistes vertrauen, könnte möglicherweise etwas ganz Wunderbares geschehen. Vielleicht hätten sie einen schönen Abend zu Hause, voller Frieden, Ruhe, Stille und Erholung, genau das, was sie nach einer hektischen Arbeitswoche brauchen. Oder vielleicht lernen sie neue Freunde kennen, mit denen sie wirklich gerne Zeit verbringen, wenn sie nur mutig genug wären, die Singletreffs auch alleine zu besuchen.

Meine Tochter Sandra traf ihren zukünftigen Mann, als sie einmal ganz alleine an einer Gemeindeveranstaltung teilnahm. Sie wollte unbedingt den Weg gehen, den Gott sie führte, und wurde dadurch sehr gesegnet. Es war sehr schwierig für sie, alleine dorthin zu gehen, doch sie sagte mir, sie wolle auf keinen Fall zu Hause herumsitzen, depressiv werden und sich über ihr Leben beschweren, wenn sie eine andere Möglichkeit hatte.

Wir sollten Menschen sein, die Gott gehorchen und ihm mehr als alles andere nachfolgen wollen. Wir sollten stark und mutig sein und das tun, was immer Gott uns auch zeigt. Selbst wenn Sie der einzige Mensch auf der Welt wären, der das Richtige tut, ermutige ich Sie, Gott zu gehorchen. Folgen Sie nicht Ihrem Fleisch, Ihren Freunden oder Ihren eigenen Wünschen. Seien Sie wie die Israeliten, die der Bundeslade hinterhergingen und damit Gott nachfolgten, der sie in das Gute hineinführte, was er für sie bereithielt.

»Ihr seid den Weg bisher noch nicht gegangen«

Ich glaube, dass in Josua 3 der vierte Vers mit der wichtigste Vers ist: *Doch soll zwischen euch und ihr ein Abstand von etwa zweitausend Ellen sein. Ihr dürft euch ihr nicht nähern. Nur dann werdet ihr den Weg erkennen, den ihr gehen sollt; denn* ***ihr seid den Weg bisher noch nicht gegangen.***

Diese Worte ergreifen mein Herz und ich möchte Ihre Aufmerksamkeit besonders darauf lenken: »Ihr seid den Weg bisher noch nicht gegangen.« Diese Worte können mit der Überschrift versehen werden: »Neu«. Ob es um eine Arbeitsstelle geht, eine Wohnung, eine Beziehung, Familienzuwachs, eine einflussreiche Position, ein Sportprogramm, eine Gemeinde, ein Hobby oder eine Möglichkeit, sich für Ihren Wohnort einzusetzen – wenn Sie *den Weg bisher noch nicht gegangen* sind, dann ist er neu für Sie. Vielleicht wissen Sie nicht, wie Sie dahin kommen können, oder was Sie tun sollen, sobald Sie erst einmal dort sind. Doch wenn Sie der Bundeslade (Gott) folgen, werden Sie das Ziel erreichen, und er wird Sie bei allem, was Sie tun sollen, führen und leiten.

Angst ist oftmals das größte Hindernis in der Nachfolge, und zwar aus dem einfachen Grunde, weil wir *den Weg bisher noch nicht gegangen* sind. Dinge, die wir bisher noch nicht gemacht haben, ängstigen uns immer ein bisschen mehr als gewöhnlich. Ich wurde schon gefragt, ob ich überhaupt noch nervös oder ängstlich werde und meine Antwort ist »Ja«. Wenn ich etwas zum ersten Mal angehe oder etwas tue, für das mir die Erfahrung fehlt, dann stehe ich immer in der Versuchung, genau wie jeder andere, mein Selbstvertrauen zu verlieren. Doch ich gebe Ihnen einen guten Rat: Drängen Sie vorwärts, und zwar dorthin, wo Gott Sie Ihrer Meinung nach haben will. Machen Sie Ihre Entscheidung nicht vom Gefühl der Angst abhängig. Setzen Sie alles daran, das Wort Gottes auch für Ihr Leben anzuwenden und nahe bei ihm zu bleiben.

Sobald Sie Gott an einen neuen Ort folgen, fühlen Sie sich vermutlich innerlich angespannt. Vielleicht werden Sie auf der Arbeit befördert, ohne dass Sie eigentlich die nötigen Fähigkeiten und das Wissen mitbringen, um die Stelle gut auszufüllen. Sie machen sich Sorgen und sind ängstlich, weil Sie meinen, dass das »über Ihren Horizont« geht. Das mag zwar sein, aber Gott ist und bleibt größer. Wenn er Sie in diese Stelle hineingeführt hat, dann wird er Ihnen auch helfen, die dazugehörige Verantwortung zu tragen. Mit Gottes Kraft und seiner Gegenwart können wir Dinge schaffen, die wir alleine nie geschafft hätten.

Es ist wichtig, dass Sie nicht vergessen: Gott steht Ihnen bei der Auseinandersetzung mit neuen Situationen zur Seite! Der Feind liegt auf der Lauer und wartet darauf, Sie von der Nachfolge abzuhalten. Meistens will er uns durch die »Was ist wenn …«-Strategie zur Umkehr bewegen, damit wir wieder zu unseren alten Lebensgewohnheiten zurückkehren. Mit dieser Fragestellung will er solch eine Furcht in uns aufwühlen, dass wir uns gegen den neuen Platz entscheiden. Im Grunde läuft es dann wie folgt ab:

Ein Mann bekommt in einer anderen Stadt eine neue Arbeitsstelle. Er und seine Frau haben für derartige Möglichkeiten und einen besseren Job für ihn gebetet und sie glauben, dass das jetzt die Chance ist. Sie sind sehr begeistert, denn Gott hat wirklich jedes Detail bei der Jobsuche, dem Vorstellungsgespräch und dem Jobangebot geleitet. Er hat den Mann sogar mit einer guten Gehaltserhöhung gesegnet und die neue Firma ist bereit, die Umzugskosten zu tragen.

Als er gerade die Kündigung für seine derzeitige Firma schreiben will, kommt ihm die Frage in den Kopf: *Was ist, wenn ich dort viel mehr Überstunden machen muss als jetzt?* Er wischt diesen Gedanken fort, doch schon bald fragt er sich: *Was ist, wenn die Lebenshaltungskosten dort viel höher sind als hier und wir von meiner Gehaltserhöhung gar nicht wirklich profitieren?* Dann fragt er sich: *Was ist, wenn mir der Job nach einiger Zeit gar nicht mehr gefällt?*

Am gleichen Abend sagt seine Frau zu ihm: »Ich habe noch mal nachgedacht: *Was ist, wenn die Kinder ihre neue Schule gar nicht so mögen wie ihre alte hier? Was ist, wenn wir keine Gemeinde finden, die so wunderbar ist wie unsere hier?*«

Der Mann und seine Frau stehen in der Versuchung, die Gebetserhörung einfach in den Wind zu schlagen, weil sie sich irreführenden »Was ist wenn…«-Fragen stellen. Sie müssen aufhören, sich auf ihren Verstand zu verlassen, und dem vertrauen, was Gott ihnen ins Herz gelegt hat. Sie müssen sich jedem Angstgefühl verweigern und stattdessen Gedanken zulassen wie: *Was ist, wenn wir in unserer neuen Stadt so überglücklich sind, dass wir nie wieder hierher zurückkehren wollen? Was ist, wenn der neue Job das Beste ist, was unserer Familie hätte passieren können?*

Der Feind wird Ihre Aufmerksamkeit auf jeden negativen Aspekt einer Situation lenken und sich dabei keine Mühe machen, auch die positiven zu erwähnen.

Um das Positive im Auge zu behalten, müssen Sie Zeit mit Gott verbringen und bereit sein, der Bundeslade so zu folgen, wie es die Israeliten taten.

Haben Sie keine Angst davor, herauszutreten und etwas Neues anzufangen. Vielleicht sind Sie diesen Weg bisher noch nicht gegangen, doch Gott ist mit Ihnen.

Haben Sie keine Angst davor, herauszutreten und etwas Neues anzufangen. Vielleicht sind Sie diesen Weg bisher noch nicht gegangen, doch Gott ist mit Ihnen! Deshalb gehen Sie durch all die Ängste und den Widerstand hindurch und geben Sie nicht auf.

Achten Sie auf den richtigen Zeitpunkt Gottes

Sobald Sie wissen, dass Gott etwas Neues für Ihr Leben bereithält, möchten Sie vielleicht sofort damit beginnen, ohne die Freigabe dazu von Gott erhalten zu haben. Oder, nachdem Sie eine Weile darauf warten mussten, entscheiden Sie sich, es doch nicht tun zu wollen! Wir sollten Gott nicht davonlaufen und ihm auch nicht hinterher hinken. Gott hat für alles unter dem Himmel den richtigen Zeitpunkt festgesetzt (siehe Prediger 3,1).

Ich habe versucht, ins Fernsehen zu kommen, und zwar bevor Gott die Türen öffnete. Dieses Vorhaben misslang gründlich. Als sein Zeitpunkt schließlich kam, hatte ich gerade überlegt, meinen Terminplan etwas zu entzerren und wollte keine neuen Anstrengungen mehr unternehmen. Ich hatte mir vorgenommen, weniger anstatt mehr zu arbeiten. Gott nachzufolgen kann bedeuten, dass sich die Dinge nicht so entwickeln, wie wir sie gerne hätten, und auch nicht zu dem von uns gewünschten Zeitpunkt.

Mose zum Beispiel war ein Mann, der sehr mit Gottes Zeitplan zu kämpfen hatte. Gott verschonte sein Leben, als er noch ein Baby war, und ließ ihn in dem Palast des Pharao aufwachsen.

Gott hatte für Moses Leben einen großartigen Plan; einen Plan, bei dem er sein Volk aus der Gefangenschaft und der Sklaverei Ägyptens heraus- und in die Freiheit hineinführen sollte. Doch Mose ging bereits eigene Schritte, noch bevor der richtige Zeitpunkt gekommen war und Gott ihm den Auftrag gab. Er sah, wie ein Ägypter jemanden aus seinem Volk misshandelte. Seine Gefühle kochten hoch und er tötete den Mann. Als er mitbekam, dass zwei Hebräer den Mord beobachtet hatten, bekam er Angst und floh in die Wüste, wo er vierzig Jahre lang blieb. Die Tatsache, dass Mose so emotional und ängstlich reagierte, zeigt uns, dass er für die Aufgabe, die Gott ihm zugedacht hatte, noch nicht bereit war.

Während dieser Zeit in der Wüste arbeitete Gott an Mose, half ihm innerlich zu wachsen und offenbarte sich ihm schließlich in dem brennenden Dornbusch (siehe 2. Mose 3,2). Als Gott dann vorhatte, ihn zu gebrauchen, wollte Mose nicht mehr kooperieren. Er bat Gott mehrfach, jemand anderen auszuwählen und nannte ihm alle möglichen Ausreden, warum er mit Sicherheit kein guter Befreier sein würde. Aber Gott hatte Mose erwählt, und obwohl dieser sich vehement dagegen gesträubt hatte, stand er am Ende doch vor dem Pharao und sprach im Namen Gottes. Er versuchte, wie viele von uns, viel zu früh mit etwas zu beginnen, und als dann der richtige Zeitpunkt kam, wollte er gar nichts mehr machen.

Ich möchte Ihnen sagen: Gott hat seinen eigenen Zeitplan. Vielleicht gibt er Ihnen zu einem bestimmten Zeitpunkt Ihres Lebens einen Traum, eine Vision oder eine Idee ins Herz und spricht Sie dann jahrelang nicht mehr darauf an. In Moses Fall bedeutete das eine vierzigjährige Vorbereitungszeit in der Wüste, bis er so weit war, die Bestimmung Gottes für sein Leben erfüllen zu können. Ich hoffe, dass Sie nicht so lange warten müssen; falls doch, dann seien Sie geduldig. Geben Sie dem Drängen nicht nach, ihm davonzulaufen. Und gestatten Sie es sich selbst auch nicht, ihm hinterherzuhinken. Wenn wir versuchen, uns außerhalb seines Zeitplanes zu bewegen, egal, ob wir zu schnell oder zu langsam sind, dann werden wir genau die Frustration erleben, die uns zum Aufgeben bewegen will, weil Gottes Gegenwart fehlt. Ob er Sie nun bittet, zwei Wochen oder zwei Jahrzehnte zu warten, bleiben Sie für den von ihm gesetzten, richtigen Zeitpunkt sensibel und warten Sie auf ihn, bis er Sie weiterführt, an den neuen Ort, den er für Sie hat.

Gott wird mit Ihnen sein

In Kapitel 3 habe ich mich kurz auf die Verheißung bezogen, die Gott Josua gab: *Wie ich mit Mose gewesen bin, werde ich mit dir sein* (Josua 1,5). Gott wiederholt sein Versprechen in Josua 3,7: *Heute will ich beginnen, dich in den Augen von ganz Israel groß zu machen, damit sie erkennen: Genauso wie ich mit Mose gewesen bin, werde ich mit dir sein.*

Gott berief Josua in ein neues Gebiet. Er sagte: »Komm, Josua, du hast das noch nie zuvor gemacht. Du bist diesen Weg bisher noch nie gegangen. In der Vergangenheit hast du unter Mose gearbeitet. Mose hatte die ganze Verantwortung zu tragen und du warst nur sein Helfer, aber jetzt ist er nicht mehr da. Doch mach dir keine Sorgen, und ich sage dir auch, warum: Wie ich mit Mose gewesen bin, so werde ich mit dir sein.«

Ich bin davon überzeugt, dass wir uns zu viele Sorgen wegen unserer Schwächen machen. Wenn wir einer neuen Situation oder einer neuen Gelegenheit gegenüberstehen, fallen uns als Erstes die Gründe ein, warum wir sie nicht meistern können: *Mir fehlt die Erfahrung. Ich habe kein abgeschlossenes Studium. Ich kann öffentlich nicht gut reden. Ich kenne mich mit dem Computer nicht so gut aus. Ich weiß nicht, wie man einen Haushalt organisiert. Ich bin mir nicht sicher, ob wir wirklich gute Eltern sein werden. Ich habe noch nie in meinem Leben eine Diät durchgehalten. Ich weiß nicht, ob ich diese neue Aufgabe überhaupt ausfüllen kann.* Diese Art von Selbstzweifeln werden Sie bereits lahmgelegt haben, noch bevor Sie überhaupt den neuen Platz, den Gott für Sie bereithält, erreicht haben. Sie lähmen sich selbst durch Ihre eigenen Gedanken. Ich nenne dies »die Paralyse der Analyse«.

Sie brauchen sich wegen Ihrer Schwächen keine Sorgen zu machen. Gott ist von Ihren Schwächen nicht überrascht. Er kennt jedes Detail Ihres Lebens. Gott sucht nicht nach *Fähigkeiten*. Er sucht nach Menschen, die sich ihm *zur Verfügung stellen.* Beginnen Sie den Tag mit folgendem Gedanken: »Hier bin ich, Gott. Gibt es etwas, was ich tun soll? Hast du etwas Neues für mich? Ich werde kühn und mutig in dir sein, Herr. Und wenn du willst, dass ich für die nächsten zehn Jahre immer wieder das Gleiche tue, dann schaffe ich das auch.

Sie brauchen sich wegen Ihrer Schwächen keine Sorgen zu machen. Gott ist von Ihren Schwächen überhaupt nicht überrascht.

Und wenn du mich in etwas hineinstellen willst, was ich noch nie zuvor getan habe, dann schaffe ich das auch, weil du mit mir bist.«

Der Bezwinger der Keime

Im neunzehnten Jahrhundert starben in Europa und in den USA viele Frauen, nachdem sie ihre Kinder in einem Krankenhaus zur Welt gebracht hatten. Bis zu 25 Prozent dieser frischgebackenen Mütter erkrankten an einer aggressiven Form der Blutvergiftung im Wochenbett, auch »Kindbettfieber« genannt, von dem sie sich nicht mehr erholten.

Um 1845 arbeitete Dr. Ignaz Semmelweis, ein junger ungarischer Arzt, auf der Entbindungsstation eines Krankenhauses in Wien. In diesem Krankenhaus gab es zwei Entbindungsstationen. Männliche Medizinstudenten und Ärzte halfen auf der einen Station beim Entbinden und auf der anderen Station arbeiteten Hebammen und ihre Schülerinnen. Semmelweis fiel auf, dass die Anzahl der Todesfälle auf der Station mit den Medizinstudenten drei bis fünf Mal höher lag als auf der Station, wo Hebammen die Säuglinge entbanden.

Zu der Zeit kannte man die Zusammenhänge zwischen Keimen und Krankheiten noch nicht. Semmelweis hatte nur eine Möglichkeit herauszufinden, warum so viele Frauen starben, wenn sie von den männlichen Ärzten und Medizinstudenten versorgt wurden, nicht aber, wenn die Hebammen sich um sie kümmerten. Er musste herausfinden, worin sich die Vorgehensweise der beiden Gruppen unterschied. Bald schon bemerkte er, dass die Medizinstudenten direkt aus ihren Vorlesungen kamen, in denen sie Autopsien durchgeführt und Körper seziert hatten, um dann den Frauen zu helfen, die in den Wehen lagen.

Semmelweis zog aus dieser Beobachtung die Schlussfolgerung, dass die Studenten vielleicht Krankheiten von verstorbenen Patienten auf die gebärenden Frauen übertrugen. Deshalb ordnete er an, dass alle Männer, die in einem Kreißsaal arbeiteten, ihre Hände mit einer Chlorkalklösung waschen mussten, bevor sie die Frauen untersuchten. Das Ergebnis war verblüffend: Mit dieser

Anordnung zum Händewaschen fiel die Todesrate auf der Station von mehr als 18 Prozent auf weniger als 1,5 Prozent.

Man könnte meinen, dass Semmelweis großen Beifall für seine herausragende Arbeit erntete, doch stattdessen wurde er weitestgehend kritisiert und sogar angefeindet. Der Direktor des Krankenhauses, an dem Semmelweis arbeitete, sah seine Führungsposition von Semmelweis untergraben und weigerte sich, den Arzt in irgendeiner Form zu befördern oder ihm die Lehrposition anzubieten, die er gerne gehabt hätte. Seine Kollegen verhöhnten ihn so sehr, dass er schließlich kündigte, seine Anstellung in dem Krankenhaus aufgab und nach Ungarn zurückkehrte. In Ungarn nahm Semmelweis erneut eine Arbeitsstelle in einem Krankenhaus an. Hier reduzierte er mit den von ihm eingeführten Maßnahmen die Sterberate durch Kindbettfieber auf weniger als ein Prozent.

Mitglieder der Medizinervereinigung lehnten jedoch weiterhin die Behauptung von Semmelweis ab, dass das Händewaschen ein notwendiger Schritt zur Verminderung von Infektionen und Tod sei. Inmitten des ihn umgebenden Widerstandes hielt er an seinen Erkenntnissen fest und schrieb darüber 1860 ein Buch. Die wissenschaftliche Führungsschicht verhöhnte sein Buch und kritisierte seine Arbeit weiterhin.

1865 erlitt Semmelweis einen Nervenzusammenbruch, der von einigen auf die andauernden Anfeindungen und Zurückweisungen zurückgeführt wurde, die er aufgrund seiner Erkenntnisse hatte durchleiden müssen. Seine Freunde brachten ihn in eine psychiatrische Anstalt, in der er sich ironischerweise durch einen Schnitt in den Finger am Kindbettfieber infizierte und starb.

Heute wissen wir, dass Semmelweis recht gehabt hatte. Die Wissenschaft hat den Zusammenhang zwischen Keimen und Krankheiten bewiesen und in allen medizinischen Bereichen ist eine gründliche Handreinigung vorgeschrieben. Gott sei Dank gab Semmelweis nie seine wissenschaftlichen Überzeugungen auf und war auch bereit, für sie zu leiden, um so zahllose Menschenleben zu retten.

KAPITEL 12

Ihr schlimmster Feind

»Nichts ist elender als ein Mann, dessen Gedanken ständig von Schuld erfüllt sind.«
Plautus

Die amerikanische Dichterin und Schriftstellerin Maya Angelou ist weltweit bekannt. Ich habe einmal ihre biografischen Aufzeichnungen gelesen und möchte Ihnen ein wenig davon weitergeben:

Maya Angelou wurde als Marguerite Annie Johnson in Saint Louis, Missouri geboren. Als sie gerade mal drei Jahre alt war, ließen ihre Eltern sich scheiden. Sie wurde gemeinsam mit ihrem Bruder, der ihr den Spitznamen »Maya« gab, zu ihren Großeltern in die Kleinstadt Stamps nach Arkansas geschickt, um fortan bei ihnen zu leben. Dort litt die kleine Maya unter der Rassendiskriminierung, die in den Südstaaten Amerikas zu jener Zeit legal war. Doch nahm sie in Arkansas auch einen starken Glauben an Gott wahr und erlebte, wie sehr die Traditionen der Afroamerikaner durch ein sanftes Auftreten und von Höflichkeit geprägt waren. Angelou sagte, dass die Werte, die ihre Großmutter und ihre Verwandtschaft ihr beibrachten, ihr späteres Leben stark beeinflusst haben.

Als Maya sieben Jahre alt war, besuchte sie ihre Mutter in Chicago. Hier wurde sie von dem Freund ihrer Mutter sexuell missbraucht. Die Scham über diesen Vorfall lähmte sie so sehr, dass sie sich niemandem anvertraute außer ihrem Bruder, mit dem sie ein enges Verhältnis hatte. Später erfuhr sie, dass ihr Onkel den Täter getötet hatte. Das kleine Mädchen glaubte, dass ihre Worte dem Mann irgendwie den Tod gebracht hatten und deshalb sprach sie fünf Jahre lang kein Wort mehr.

Können Sie sich vorstellen, wie schlimm es für ein Kind ist, derartige Schuldgefühle mit sich herumzutragen, dass es fünf Jahre lang nicht mehr spricht? Doch Schuld hat *solch* große Macht; sie bringt sogar eine redegewandte und kräftige Stimme wie die von Angelou zum Schweigen. Schuldgefühle sind wie eine unsichtbare Gefängniszelle. Sie nehmen dem Menschen den Glauben, im Leben Erfolg verdient zu haben. Man ist nie wirklich frei, solange man die Last der Schuld mit sich herumträgt.

Jesus kam, um die Fesseln der Schuld in unserem Leben zu lösen. Er zahlte mit seinem Leben für alles, was wir jemals falsch gemacht haben und falsch machen werden. Wenn wir an das, was er am Kreuz für uns getan hat, glauben und ihn als Herrn und Retter annehmen, dann sieht er uns an und sagt: »Nicht schuldig!« Wir sind durch Jesus Christus gerecht gemacht. Das bedeutet, dass Gott uns so sieht, als hätten wir nie gesündigt. Sein Opfer gab uns das Recht auf ein ganz neues Leben, das auch Erfolg und Freude mit einschließt.

Keine Verdammnis

»Wir alle machen Fehler.« Diesen Satz hört man immer wieder und er ist sicherlich auch richtig. Genauso richtig ist aber die Tatsache, dass die meisten von uns es *hassen*, Fehler zu machen, etwas Falsches zu tun oder Probleme zu verursachen.

Oft ist das Schuldgefühl, das wir in Bezug auf unsere Fehler haben, viel schlimmer als die Fehler selbst.

Oft ist das Schuldgefühl, das wir in Bezug auf unsere Fehler haben, viel schlimmer als die Fehler selbst. Natürlich soll es uns leidtun, wenn wir etwas falsch machen, und wir sollen auch Buße tun, d. h. bereit sein, uns von der Sünde abzuwenden, und mit Gottes Hilfe das zu tun, was richtig ist. Vielleicht müssen wir auch für eine kurze Zeit über schwere Fehler, die wir begangen haben, betrübt sein. Doch wir sollen uns selbst nicht hassen, uns ablehnen und uns tage- oder wochenlang aufgrund unserer Sünden oder Fehler schuldig fühlen. Wir sollen es zwar unbedingt *erkennen,* wenn wir etwas falsch machen, aber wir müssen uns nicht dafür verdammen. Wir sollen Gottes Vergebung, die er uns freimütig anbietet, annehmen und unser Leben weiterleben, und zwar immer im Bestreben, Gott besser kennenzulernen.

Der Apostel Paulus hatte viele Gründe, sich schuldig zu fühlen. Viele Christen wurden von ihm verfolgt und getötet, bevor er eine persönliche Begegnung mit Jesus Christus hatte und anfing, ihm nachzufolgen. In Römer 8,1 schreibt dieser Mann, der genau wusste, was es bedeutet, sowohl schuldig als auch frei von Schuld zu sein: *So gibt es jetzt keine Verdammnis mehr für die, welche in Christus Jesus sind, die nicht gemäß dem Fleisch wandeln, sondern gemäß dem Geist* (Schlachter 2000).

Unsere menschliche Natur verursacht Schuldgefühle, wenn wir Fehler machen, und niemand fühlt sich gern verdammt und verurteilt. Viele Menschen, mit denen ich zu tun habe, wollen alles richtig machen, doch das ist unmöglich, so lange wir in unseren irdischen Körpern sind. Wenn wir in unserem Verhalten perfekt wären, bräuchten wir Gott nicht und würden die ganze Freude und den Segen verpassen, den wir in der Beziehung mit ihm erleben. Jesus starb für uns, weil wir selbst nicht gut genug sein können, um in Beziehung mit Gott zu leben, der durch und durch heilig ist.

Aufgrund der durch Sünden und Fehler hervorgerufenen Schuldgefühle, fällt es uns schwer, uns an Gott oder an dem Leben zu erfreuen, das er uns gegeben hat. Wir werden nie vollständig fehlerlos sein, ganz gleich, wie sehr wir es auch versuchen. Wenn wir glauben, wir müssten jedes Mal, nachdem wir einen Fehler begangen haben, dafür leiden, uns mies fühlen und ein schlechtes Gewissen haben, werden wir ein erbärmliches Leben führen.

Durch den Glauben können wir das überwinden.

Wir müssen der Wahrheit des Wortes Gottes mehr glauben als unseren Gefühlen oder unseren Gedanken. Es ist tatsächlich möglich, tief in unserem Inneren die *Gewissheit zu haben*, nicht schuldig zu sein, selbst wenn wir es anders *empfinden*. In diesen Momenten müssen wir die Wahrheit des Wortes Gottes laut bekennen, anstatt uns auf unsere Gefühle zu konzentrieren.

Wir werden nie vollständig fehlerlos sein, ganz gleich wie sehr wir es auch versuchen.

Sie ehren Gott dadurch, dass Sie Ihren Glauben aktivieren und vertrauen, dass er Ihnen in dem Moment vergibt, in dem Sie ihn um Vergebung bitten. Selbst wenn Sie sich danach noch schuldig *fühlen*, können Sie sicher sein, dass Sie es nicht sind. In 1. Johannes 1,9 steht: *Wenn wir unsere Sünden bekennen, ist er treu und gerecht, dass er uns die Sünden vergibt und uns reinigt von jeder Ungerechtigkeit*. Sollten nun Gefühle der Schuld oder der Verdammnis aufkommen, drängen Sie im Glauben vorwärts und sagen Sie: »Es ist mir egal, wie ich mich fühle. Mir wurde vergeben!« Menschen werden sich nie an den Plänen Gottes für ihr Leben erfreuen, wenn sie nicht aufhören, ihre Entscheidungen aufgrund ihrer Gefühle zu treffen. Ehren Sie Gott, indem Sie sich entscheiden, mehr auf sein Wort als auf Ihre Gefühle zu vertrauen.

Vollkommen bezahlt

Berichten zufolge erhielt die amerikanische Bundessteuerbehörde IRS einmal einen Brief, in dem stand:

»Sehr geehrte IRS, ich habe häufig meine Steuern hinterzogen. Ich kann mich gar nicht daran erinnern, jemals wirklich die Summe an Steuern gezahlt zu haben, die ich hätte zahlen müssen. Ich fühle mich so schuldig, dass ich nachts nicht mehr schlafen kann. Anbei erhalten Sie einen Scheck über $ 20.000,00. PS:

Wenn ich immer noch nicht schlafen kann, schicke ich mehr Geld.«

Schuld lässt Menschen Ungewöhnliches tun. Meistens handelt es sich bei Schuldgefühlen um unseren armseligen Versuch, etwas zu opfern, um damit das wiedergutzumachen, was wir falsch gemacht haben. Aber es ist doch so: Entweder hat Jesus seine Aufgabe vollkommen und gründlich erledigt, indem er am Kreuz für unsere Sünden bezahlte, und braucht deshalb unsere Hilfe nicht, oder er hat sein Werk nicht ganz zu Ende gebracht. Doch ich versichere Ihnen, er hat ein vollständiges Werk getan. Er war das endgültige, das einzige und das vollkommene Opfer, das für unsere Sünden notwendig war. Es ist kein zusätzliches Opfer mehr nötig. Ich persönlich erkannte schließlich, dass ich mich selbst bestrafen wollte, indem ich mich schuldig fühlte und mir alles versagte, was mir nur im Entferntesten Spaß machte. Damit wollte ich für meine Unvollkommenheit bezahlen. Auch erkannte ich, dass meine armseligen Versuche Gott keinesfalls gefielen und er sie auch nicht akzeptierte.

Wir Menschen neigen dazu, unsere Sünden in Kategorien einzuteilen. Wir analysieren, wie groß oder wie schwer eine bestimmte Sünde sein mag, und dann legen wir fest, wie lange wir uns wohl scheußlich fühlen müssten, um dafür zu bezahlen. Auch meinen wir dann, kein Recht darauf zu haben, gesegnet zu werden, Erfolge zu erleben oder irgendetwas genießen zu dürfen, bis wir unsere Schuld wiedergutgemacht haben.

Vielleicht denken Sie jetzt: *Nun mach aber mal halblang, Joyce. Es kann doch nicht sein, dass man etwas falsch macht und sich dann einfach nicht mehr darum kümmert.* Auch ich habe früher so gedacht. Ich möchte aber Folgendes sagen: Wenn Sie Jesus Christus wirklich nachfolgen, dann ist es gar nicht möglich, etwas falsch zu machen, ohne dass es Ihnen etwas ausmacht. Es geht nicht, weil er Ihnen ein neues Herz gegeben hat. Sie wissen, dass Sünde Gott beleidigt und Sie lieben Gott doch. Natürlich wird es Ihnen etwas ausmachen, wenn Sie sündigen. Doch es ist ein Unterschied, ob Sünde einem etwas ausmacht oder ob man deswegen Verdammnisgefühle hat. Wem Sünde etwas ausmacht, der zeigt dadurch, dass die überzeugende Kraft des Heiligen Geistes in seinem Herzen am Werk ist und er sensibel für Gottes Reden ist. Schuldgefühle und Verdammnisgefühle sind hingegen ein Zeichen dafür, dass der Feind am Werk ist. Denken Sie daran: Lassen Sie es zu, von Sünde überführt zu werden, denn das tut der Heilige Geist, aber weisen Sie mit ganzer Kraft jegliche Verdammnis von sich, denn die kommt vom Feind.

Der Kreislauf der Schuld

Vor Jahren war ich einmal in einer Gemeinde im Evangelisationsteam tätig. Dave und ich waren beide sehr aktiv in diesem Team. Jeden Mittwochabend gingen wir in der Nachbarschaft von Tür zu Tür und erzählten den Menschen von Jesus.

Ich liebte Gott damals wirklich, doch ich wollte nur ein Zeugnis *geben* und nicht ein Zeugnis *sein*. Ich hatte nicht verstanden, dass Jesus uns die Kraft des Heiligen Geistes versprochen hatte, um ein Zeugnis zu *sein* und nicht nur, damit wir Zeugnis geben (siehe Apostelgeschichte 1,8). Um ein Zeugnis *sein* zu können, musste ich es zulassen, dass Gott mich die Wahrheit seines Wortes lehrte und mein Herz und mein Benehmen veränderte. Ich war ein kontrollierender, manipulativer, selbstsüchtiger und zorniger Mensch. Ich war frustriert, verärgert, beleidigt und es war nicht leicht, mit mir auszukommen.

Doch mit der Zeit bekam ich die Kraft, zu *sein*. Das heißt nicht, dass ich keine Fehler mehr mache oder ich nie einen schlechten Tag habe, doch es bedeutet, dass ich mehr gute als schlechte Tage habe. Mein Verhalten hat sich seit jenen Tagen grundlegend verbessert und wird immer noch besser.

Die Zeit, in denen ich Fortschritte machte, war für mich sehr schwer und es dauerte auch extrem lange. Eigentlich machte ich kaum nennenswerte Fortschritte, bis ich gelernt hatte, den Kreislauf der Schuld in meinem Leben zu durchbrechen. Wenn ich zum Beispiel an einem Montag einen Fehler machte, verbrachte ich den Dienstag, Mittwoch und teilweise auch den Donnerstag damit, mich für das, was am Montag passiert war, schuldig zu fühlen. Ich ruinierte also nicht nur meinen Montag, sondern auch den Dienstag, den Mittwoch und den Donnerstag.

Eigentlich machte ich kaum nennenswerte Fortschritte, bis ich gelernt hatte, den Kreislauf der Schuld in meinem Leben zu durchbrechen.

Sobald der Donnerstagnachmittag in Sicht kam, fühlte ich mich schließlich etwas besser, denn ich glaubte, nun lange genug gelitten zu haben und das, was ich am Montag getan hatte, irgendwie wiedergutgemacht zu haben.

Was glauben Sie, geschah dann am Donnerstagnachmittag, als ich gerade wieder angefangen hatte, mich gut zu fühlen? Ich machte am Donnerstagabend einen neuen Fehler. Damit hatte ich mir den Donnerstagabend ebenfalls ruiniert und fühlte mich am Freitag, am Samstag und am Sonntag wieder schlecht. Im Verlauf einer ganzen Woche hatte ich nur ein paar Stunden, in denen ich frei von Schuldgefühlen war. Was für eine traurige Existenz!

Wir müssen erkennen: Schuldgefühle verändern uns nicht, sondern sie halten uns in einem Kreislauf aus Sünde und noch mehr Schuldgefühlen gefangen. In Wahrheit ist das Schuldgefühl selbst schon eine Sünde, denn die Bibel sagt, was nicht aus Glauben kommt, ist Sünde. Schuldgefühle sind ganz sicher nichts, was aus Glauben entsteht, denn sie sind in der Furcht verwurzelt. Der richtige Umgang mit Sünde ist folgender: Wir sollen uns durch Gott von Sünde überführen lassen, sie zugeben, sie bekennen, uns von ihr abwenden und Gottes vollständige Vergebung durch Jesus Christus annehmen.

Sie können Ihr Leben genießen und die Kraft haben, weiterzumachen, indem Sie es lernen, umgehend Buße zu tun, umgehend Vergebung zu empfangen und umgehend wieder mit dem weiterzumachen, was Sie tun sollen.

Ich habe mittlerweile gelernt, seine Vergebung umgehend anzunehmen, denn ich weiß, Gott möchte, dass ich ein fröhliches und gesegnetes Leben genieße. Und das Gleiche will er auch für Sie. Schuldgefühle stehlen Ihnen Ihre Freude und berauben Sie des Segens.

Sie können Ihr Leben genießen und die Kraft haben, weiterzumachen, indem Sie es lernen, *umgehend* Buße zu tun, *umgehend* Vergebung zu empfangen und *umgehend* wieder mit dem weiterzumachen, was Sie tun sollen, anstatt in der Falle der Schuld- und Verdammnisgefühle gefangen zu bleiben.

Doppelte Bezahlung

In Philipper 3,8-12 sagt Paulus im Prinzip, dass er eigentlich vollkommen sein wollte, es aber noch nicht geschafft hat. Er wusste, er war noch nicht »angekommen«. Lesen Sie einmal seine Worte in den Versen 13 und 14: *Geschwister, ich bilde mir nicht ein, das Ziel schon erreicht zu haben.* ***Eins aber tue ich:*** *Ich lasse das, was hinter mir liegt, bewusst zurück, konzentriere mich völlig auf das, was vor mir liegt, und laufe mit ganzer Kraft dem Ziel entgegen, um den Siegespreis zu bekommen – den Preis, der in der Teilhabe an der himmlischen Welt besteht, zu der uns Gott durch Jesus Christus berufen hat* (NGÜ).

Paulus schreibt hier: *Eins aber tue ich.* Was war denn das eine, das ihm mehr als alles andere helfen würde, größere Fortschritte zu machen? Es ging darum, das, was hinter ihm lag, bewusst zurückzulassen. Wie lassen wir denn das, was hinter uns liegt, bewusst zurück, all die Situationen unserer Vergangenheit und besonders die Dinge, für die wir uns schuldig fühlen? Wir hören einfach auf, darüber nachzudenken, darüber zu reden und gehen auf die Dinge zu, die vor uns liegen.

Wenn über Philipper 3 gepredigt wird, wird oft mit Vers 14 geendet, doch ich möchte Ihnen einmal aufzeigen, wie gewaltig die Verse 15-16 sind: *Wir alle, die der Glaube an Christus zu geistlich reifen Menschen gemacht hat, wollen uns ganz auf dieses Ziel ausrichten. Und wenn eure Einstellung in dem einen oder anderen Punkt davon abweicht, wird Gott euch auch darin die nötige Klarheit schen-*

ken. Doch von dem, was wir bereits erreicht haben, wollen wir uns auf keinen Fall wieder abbringen lassen (NGÜ).

Laut Paulus wissen geistlich reife Menschen, wie man Fehler loslässt, ohne noch tagelang unter ihnen zu leiden. Er deutet an, dass die Menschen, die jedes Mal, wenn sie Fehler machen, unter Schuldgefühlen leiden und sich schlecht fühlen, eigentlich noch reifer in Gott werden müssen, da sie geistlich gesehen unreif sind.

Geistliche Reife bezeugt: »Ich habe eine Aufgabe zu erfüllen. Gott hat mich berufen. Er hat mich begabt. Er hat mich an diesen Platz gestellt. Ich habe eine Aufgabe übertragen bekommen. Ich habe keine Zeit dafür, mich von Schuldgefühlen über Dinge, die ich in der letzten Woche falsch gemacht habe, gefangen halten zu lassen. Ich lebe heute! Ich möchte mich verändern und geistlich wachsen, doch ich weiß, ich muss meine vergangenen Fehler loslassen. Das Opfer Jesu hat mir das Recht erwirkt, erfolgreich zu leben.«

Wir müssen in unserem Leben an den Punkt kommen, an dem wir uns entscheiden, ob wir das, was die Bibel sagt, wirklich glauben oder nicht. Glauben wir, dass Jesus unsere Sünden auf sich nahm und unsere Strafe trug, vom Tode auferstand und gerade jetzt beim Vater Fürbitte für uns einlegt? Glauben wir, dass Jesus unseren Platz eingenommen hat und wir das, was er für uns getan hat, nicht noch einmal tun müssen? Wenn wir wirklich glauben, dass er das alles für uns getan hat, dann müssen wir auch nach dieser Überzeugung handeln und brauchen nicht länger in unseren gestrigen Fehlern gefangen zu bleiben. Er ruft uns immer wieder auf, vorwärtszugehen und deshalb müssen wir das, was hinter uns liegt, bewusst zurücklassen und weitergehen.

Ich erinnere mich noch gut daran, wie Gott mir eine wichtige Lektion erteilte. Ich lebte mein Christsein voller Hingabe. Ich hatte bereits einen Dienst und hielt Bibelstunden ab. Doch ich fühlte mich fast ständig schuldig. Ich hatte innerlich immer das vage Gefühl, dass etwas mit mir nicht stimmte. Immer wieder fragte ich mich: *Was stimmt bloß nicht mit mir?*

Eines Tages ging ich einkaufen und parkte meinen Wagen im hinteren Teil des Parkplatzes. Ich muss jetzt noch lachen, wenn ich daran denke: Mein Auto gehörte ganz sicher nicht zu denen, die jemand stehlen will. Vielleicht hatte ich so weit hinten geparkt, weil mir mein Auto zu peinlich war, so, als ob ich es nicht verdient hätte, näher am Geschäft zu parken.

An jenem Tag hatte ich etwas falsch gemacht und der Herr legte mir eine Frage aufs Herz, als ich in das Geschäft ging. Er wollte wissen, wie ich mit meiner Sünde umgehen wollte.

Ich antwortete: »Oh, ich nehme einfach das Opfer für mich an, das Jesus darbrachte, als er auf Golgatha starb.«

Gott fuhr fort, zu meinem Herzen zu reden: *Schön, und wann willst du das tun?*

Plötzlich verstand ich, was er da versuchte mir zu zeigen und ich sagte: »Oh, wahrscheinlich in drei Tagen.«

Er fuhr fort: *Begreifst du denn nicht, dass du damit versuchst, für etwas zu bezahlen, was schon bezahlt ist, nämlich deine Sünde? Du kannst für deine Sünde nicht bezahlen. Ich habe es durch das Opfer meines Sohnes bereits getan.*

Dann ließ der Herr mich wissen, dass ich ihm einen Gefallen tun würde, wenn ich seine Vergebung annehmen, meine ganzen Schuldgefühle loslassen und mit dem Dienst für ihn fortfahren würde. Er zeigte mir, dass er zwar versuchte, mich zu gebrauchen, doch er mich aufgrund meiner negativen und niedergedrückten Einstellung gar nicht einsetzen konnte.

Niemand von uns ist für Gott von Nutzen, solange wir in Schuld- und Verdammnisgefühlen gefangen sind. Nur unreife Christen bestrafen sich selbst für jeden Fehler, den sie machen. Reife Christen wenden das, was am Kreuz für sie errungen wurde, in ihrem Leben an. Sie nehmen durch den Glauben für sich an, dass Jesus sein Blut für uns vergossen hat, um unsere Sünden zu vergeben. Sie erhalten seine Vergebung und machen mit den Dingen weiter, zu denen Gott sie berufen hat, und zwar ohne irgendwelche Rückstände von Schuldgefühlen. Vielleicht sind das ganz neue Gedanken für Sie, doch sie sind biblisch und sie haben als Nachfolger Jesu Christi das Recht dazu.

Das Recht, sich wohlzufühlen

Sie haben das »bluterkaufte« Recht, sich gut zu fühlen und das Leben ohne Schuldgefühle zu meistern. Denken Sie einmal darüber nach: Jesus bezahlte mit seinem Blut für Ihre Freiheit. Er hat Sie erkauft und Sie frei gemacht von der Sklaverei der Sünde und der Schuld. *Sie haben das Recht, sich gut zu fühlen und das Leben ohne Schuldgefühle zu meistern.* Sie müssen sich noch nicht einmal im neutralen Bereich aufhalten und sich »es geht so« fühlen. Sie können sich »gut« fühlen. Genauso wurden Sie nicht nur von Ihren schlechten Gefühlen sich selbst gegenüber befreit, nein, Sie dürfen sich sogar mögen!

Dave ist ein sehr glücklicher Mensch, voll tiefem Frieden. Jahrelang haben die Leute ihn gefragt: »Wie fühlst du dich so, wenn Joyce vor all den Menschen steht? Ärgert dich das nicht?«

Zu Beginn musste Dave schon einige Veränderungen durchmachen, doch es dauerte nicht lange, bis er es vollständig akzeptieren konnte, dass ich dazu berufen war, sichtbarer zu sein als er. Er ist der Typ Mensch, der sein Denken ganz einfach nach Gott ausrichtet und mit ihm übereinkommt.

Als unser Dienst anfing, eine öffentliche Dimension zu bekommen, beschwerte Dave sich bei Gott und sagte: »Das erscheint mir nicht fair zu sein. Normalerweise ist doch der Mann mehr im Vordergrund und eher sichtbar. Warum hast du nicht mich zum Predigen gesalbt, Gott?«

Dave wusste, dass Gott sich nicht vor irgendjemandem erklären oder rechtfertigen muss. Ich weiß gar nicht genau, wie er Daves Frage beantwortete, doch ich erinnere mich, dass Dave schon bald zu mir kam und sagte: »Es ist offensichtlich, dass Gott dich für das, was du tust, gesalbt hat. Er hat dich berufen, und ich glaube, er will, dass ich hinter dir stehe und dich beschütze. Ich will dir nur sagen: Von jetzt an werde ich mit dir sein. Ich bin für dich und ich werde dorthin gehen, wo du hingehst.«

Einer der Hauptgründe, warum Dave so ein glücklicher und zufriedener Mensch ist, ist der, dass er nie mit einem Gefühl herumläuft, lediglich ein kleines Licht zu sein, nur weil mir oft mehr Aufmerksamkeit entgegengebracht wird als ihm. Er fühlt sich nicht schuldig für das, wozu er nicht berufen oder gesalbt wurde. Er weiß, wozu er befähigt ist und in dem Bereich ist er großartig. Er liebt es, darin zu arbeiten. Er ist nie mit mir im Wettstreit. Er ist glücklich, weil er weiß, wer er ist und er mag sich selbst.

Viele Menschen sind aber nicht wie Dave. Sie mögen sich nicht und fühlen sich unsicher bei dem Gedanken, wer sie sind. Tatsächlich war ich auch so. Doch mittlerweile habe ich eine gute Beziehung zu mir selbst. Ich mag die Person, die Gott geschaffen hat, als er mich machte.

Ich werde nie vergessen, wie ich in einer bestimmten Stadt war und in der Zeitung die Schlagzeile las: »Meyer sagt, sie mag sich!« Ich weiß nicht genau, warum das eine Schlagzeile wert war, doch vielleicht deshalb, weil es in den Augen der Gesellschaft bewundernswert ist, wenn man gering von sich selbst denkt, und wir meinen, dass es von Arroganz zeugt, uns selbst zu mögen. Meiner Meinung nach stimmt bei dieser Mentalität etwas nicht. Selbsthass und Religiosität sind oft miteinander verwoben und führen zu diversen Gebundenheiten. Gott liebt uns und deshalb sollen wir uns auch lieben, nicht übertrieben, sondern auf gesunde, ausgewogene und biblische Weise. Wir glauben doch, dass er, der von keiner Sünde wusste, für uns zur Sünde wurde, damit wir vor Gott in Christus gerecht sein würden (siehe 2. Korinther 5,21). Wir haben kein Recht, das zu hassen, was Gott durch das Blut seines Sohnes, unseres Herrn und Retters Jesus Christus, erkauft hat. Gott liebt uns und wir sollten mit ihm übereinstimmen und nicht mit dem Teufel, der nur will, dass wir uns schuldig fühlen.

Kleine und große Veränderungen

Die bemerkenswerte Geschichte von Osceola McCarty beschreibt das Leben einer Frau, die ihren Traum nicht aufgab. Sie wollte anderen dabei helfen, die Unterstützung zu bekommen, die ihr selbst versagt worden waren.

Sie wurde 1908 im Bundesstaat Mississippi geboren. Ihre Mutter musste viele Stunden am Tag hart arbeiten, um die kleine Osceola alleine aufzuziehen. Sie arbeitete als Köchin für einen Verwaltungsbeamten am Ort und verkaufte an der lokalen Schule Süßigkeiten, um eine kleine Extraeinnahme zu haben. In diesen notvollen Zeiten folgte Osceola der Arbeitsmoral ihrer Mutter und begann schon in jungen Jahren, nach dem Schulunterricht Bügelarbeiten auszuführen. Das hierdurch verdiente Geld sparte sie.

Osceola hatte sich entschieden, mit diesem Geld ihre alte Großmutter zu unterstützen. Als sie in der sechsten Klasse war, stellte sie fest, dass eine ihrer Tanten ihre Hilfe brauchte. Diese Tante hatte keine eigenen Kinder und da sie nach einem Krankenhausaufenthalt nicht mehr laufen konnte, musste Osceola ihr zur Hand gehen. Nachdem sich ihre Tante wieder so weit erholt hatte, dass Osceola zurück zur Schule gehen konnte, waren ihre Mitschüler ihr schulisch so weit voraus, dass sie sich entschied, die Schule nicht weiter zu besuchen.

So begann das warmherzige, junge Mädchen mit einer beruflichen Laufbahn, die Jahrzehnte andauern sollte. Sie tat einfach das, was sie konnte, nämlich waschen und bügeln, und das über Jahre. Osceola verlangte zu Anfang $ 1,50 – 2,00 für jeden Bottich schmutziger Wäsche, den sie wusch. Mit zunehmender Inflation stieg auch ihr Preis. Als sie schließlich $ 10 pro Bottich verlangen musste, war die genügsame Frau entschlossener denn je, Geld zu sparen. Sie zahlte es auf ihr Sparkonto ein und, was noch bemerkenswerter war, sie hob nie etwas ab. Sie ließ es einfach auf dem Konto und dort wuchs die Summe an.

Als ihre Ersparnisse schließlich eine stattliche Summe darstellten, ermutigten die Bankangestellten sie, das Geld für sich selbst arbeiten zu lassen. Sie schlugen ihr verschiedene Möglichkeiten vor, bei denen sie mehr Zinsen bekommen würde als auf ihrem Sparkonto. Sie nahm die Ratschläge an und ihr Vermögen wuchs. Osceola, die nie verheiratet war, wusch und bügelte selbst dann noch weiter, als sie bereits ein beträchtliches Vermögen auf der Bank hatte. Sie lebte sehr konservativ, besaß kein Auto und ihr Haus hatte viele Jahre lang keine Klimaanlage. Sie ging überall zu Fuß hin, selbst in den Supermarkt, der 1,5 km entfernt war, und zu dem sie ihren Einkaufswagen hinschieben musste, um Lebensmittel zu kaufen.

In ihrer Heimatstadt Hattiesburg in Mississippi gab es eine staatliche Universität, die *University of Southern Mississippi.* An dieser Hochschule waren eine Zeit lang keine schwarzen Studenten zugelassen. Als Osceola älter wurde, änderte sich das. Diese Frau, die selbst nur sechs Jahre lang zur Schule gehen konnte, wollte ihr Geld dafür verwenden, bedürftigen afroamerikanischen Studenten die Möglichkeit zu geben, einen Universitätsabschluss zu erhalten. Deshalb spendete sie der Universität 1995 eine Summe von $ 150.000. Mit diesem Geld wurde die »Osceola McCarty«-Stiftung ins Leben gerufen, die Stipendien vergab. Als die Öffentlichkeit von dieser finanziellen Zuwendung erfuhr, sagte McCarty in einem Interview: »Ich kann nicht alles tun, doch ich kann etwas tun, um jemandem zu helfen. Und das, was ich tun kann, werde ich auch tun.«

Ich möchte Sie ermutigen, einmal darüber nachzudenken, wie Sie andere segnen können, genau wie Osceola McCarty es tat. Entwickeln Sie einen Traum, der darüber hinaus geht, selbst weiterzukommen, sondern der den Gedanken mit einschließt, auch anderen zu helfen. Und bleiben Sie diesem Traum genauso verpflichtet wie den anderen Zielen, die Sie sich für Ihr Leben gesteckt haben.

KAPITEL 13

Schämen Sie sich nicht

»Wahre Unschuld schämt sich nicht.«
Jean-Jacques Rousseau

Vielleicht kennen Sie die Geschichte der zurückhaltenden, aber mutigen Frau namens Rosa Parks. Sie war eine afroamerikanische Näherin, die sich weigerte, ihren Platz im Bus einem weißen Mann zu überlassen. Damals, Mitte der 50er-Jahre, forderte das Gesetz von Afroamerikanern, dass sie ihren Sitzplatz Weißen überlassen und separate Toiletten und Waschbecken benutzen mussten. Außerdem galten für sie noch andere beschämende Anordnungen und Regeln, und zwar aus einem einzigen Grund: weil sie nicht weiß waren. Diese Menschen litten schrecklich, nicht weil sie etwas getan hätten, sondern aufgrund ihrer Hautfarbe.

Rosa Parks setzte sich einfach über die Scham hinweg, die ihr von der Gesellschaft auferlegt worden war, indem sie an jenem Dezembertag 1955 auf ihrem Platz sitzen blieb. Als sie 2005 starb, war sie die erste Frau, die im Kapitol *(United States Capitol)* aufgebahrt wurde. Stellen Sie sich das einmal vor! Eine Frau, die sich aufgrund ihrer Hautfarbe nicht in einem Bus hinsetzen durfte, entschloss sich eines Tages, den Mantel der Scham, den sie ihr ganzes Leben lang getragen hatte, abzuwerfen. Ihre Weigerung, sich dem Gefühl der Scham zu unterwerfen, trat eine Bewegung los, die die Schande dieser ethnischen Gruppe hinwegfegte. Aufgrund ihrer mutigen Tat erhielt sie einen Ehrenplatz in der amerikanischen Geschichte.

Es geht darum, wer Sie sind

Sie können die Herausforderungen und Schwierigkeiten des Lebens nicht meistern, wenn Sie sich tief in Ihrem Inneren dafür schämen, wer Sie sind. Ich rede hier nicht davon, dass Sie sich für etwas schämen, das Sie getan haben, sondern dafür, *wer Sie sind.* Schuld ist ein Gefühl, das wir empfinden, wenn wir etwas falsch gemacht haben. Scham hingegen bezieht sich auf uns als Person. Scham und Schuld sind nahe Verwandte, doch das Gefühl der Scham wohnt viel tiefer im Herzen als das der Schuld, und ich glaube sogar, dass es ein noch größeres Problem darstellt.

Scham verbirgt sich häufig in unserem Wesen, in den Tiefen unserer Seele. Sie zeigt sich in einem beständigen Gefühl des Unbehagens, einem dauerhaften, latenten Gefühl der eigenen Verurteilung und einem unablässigen, inneren Flüstern: »Du bist nicht gut genug.« Sie wird darin sichtbar, was wir von uns selbst halten, wie wir andere sehen, wie wir Beziehungen erleben und wie wir mit den Chancen umgehen, die sich für uns ergeben.

Sie sind nicht mehr das, was Sie einmal waren

Eine missbrauchte Person entwickelt fast immer eine Persönlichkeit, die sich auf ein tiefes Gefühl der Scham gründet. Das traf auch auf mich zu. Der sexuelle Missbrauch, den ich als Kind durchleiden musste, ließ eine Wurzel der Scham in mir wachsen. Am Anfang schämte ich mich einfach für das, was mein Vater mir antat. Doch irgendwann in meiner Kindheit hörte ich auf, mich für das zu schämen, was er tat, und schämte mich stattdessen meiner selbst, weil er es mir antat. Ich dachte: *Irgendetwas stimmt mit mir nicht, wenn er mir das antun will.* Mittlerweile verstehe ich, dass diese Denkweise meine Seele vergiftete. Alles in mir wurde unrein, weil die zerstörerische Kraft der Scham meine Gedanken und meine Persönlichkeit durchdrang. Fälschlicherweise hielt ich mich für verantwortlich und nahm die Schande und die Scham für die Sünde eines anderen auf mich.

Jetzt ist dieses Gefühl der Scham weg. Gottes Liebe und seine Annahme machten mich davon frei. Ich kann sagen: »Ich wurde als Kind missbraucht. Ich war voller Hass und Bitterkeit. Ich war nicht bereit, meinem Vater den Missbrauch zu vergeben. Ich schämte mich für das, was ich war. Ich wurde ein sehr unangenehmer Mensch, der versuchte, alles und jeden zu kontrollieren.« Ich kann Ihnen deshalb alles darüber erzählen, wie ich war, weil die Ereignisse, die zu diesem Gefühl der Scham führten, in der Vergangenheit liegen und die von mir erwähnten Wesenszüge nicht mehr auf mich zutreffen. Als Jesus am Kreuz für mich starb, bin ich mit ihm gestorben. Als er zu einem neuen Leben auferstand, bin ich mit ihm auferstanden. Ich bin eine neue Schöpfung in Christus. Das Alte ist vergangen und alles ist neu geworden (siehe 2. Korinther 5,17). Das Gleiche gilt auch für Sie, wenn Sie Jesus als Ihren Retter angenommen haben.

Was auch immer in Ihrer Vergangenheit geschehen ist, schämen Sie sich nicht dafür und glauben Sie nicht, es verstecken zu müssen. Es wäre vielleicht unweise, jedem, den Sie kennen, ohne Grund davon zu erzählen, doch wenn die Notwendigkeit besteht, darüber zu sprechen, schämen Sie sich nicht. Zu hören, wovon Gott Sie befreit hat, kann andere ermutigen daran zu glauben, dass auch ihnen geholfen werden kann.

In bestimmten Momenten, in denen ich über die schrecklichen Dinge nachdenke oder spreche, die ich als Kind durchleiden musste, fühle ich mich – ehrlich gesagt – so, als würde ich über jemanden reden, den ich vor langer Zeit einmal gekannt habe, und nicht über mich selbst.

Freiheit ist, wenn wir das Heute nicht vom Gestern beeinflussen lassen.

Freiheit ist, wenn wir das Heute nicht vom Gestern beeinflussen lassen. Sie sind nicht mehr das, was Sie einmal waren! Sie sind heute ein Kind Gottes. Vor Ihnen liegt eine strahlende Zukunft!

Wesensmerkmale einer schambesetzten Persönlichkeit

Jeder von uns möchte frei sein, er selbst zu sein und so angenommen zu werden, wie er ist. Gefühle der Scham halten uns davon ab. Das Wort *Scham* trägt die Bedeutungen »bestürzt, verwirrt, im Stich gelassen, enttäuscht und aufgehalten sein« in sich. Das Wort *bestürzt* bedeutet auch »besiegt, umgestoßen und verdammt«. Das Wort *verdammt* heißt »der Strafe ausgesetzt«. Wenn wir also eine schambesetzte Persönlichkeit haben, sind wir einer Strafe ausgesetzt. Wir bestrafen uns täglich selbst, indem wir uns hassen, ablehnen und für uns selbst schämen. Solche Menschen haben keine Ahnung, wie wunderbar das Leben sein könnte, wenn sie aufhören, sich für sich selbst zu schämen, und es lernen, sich anzunehmen.

Menschen mit einer schambesetzten Persönlichkeit entwickeln häufig eine Vielzahl von Eigenschaften oder sie kämpfen aufgrund der tief verinnerlichten Gefühle von Scham und Wertlosigkeit mit diversen Problemen. Ich möchte Sie auf einige dieser Dinge aufmerksam machen, damit Sie sie überwinden oder anderen dabei helfen können, sich von Scham zu befreien. Das ermöglicht, in dem tiefen Bewusstsein der Annahme Jesu zu leben; dafür ist er gestorben.

Depression

Menschen mit einer schambesetzten Persönlichkeit sind oft depressiv. Sie sind emotional am Boden, entmutigt und hoffnungslos, weil sie sich selbst nicht leiden können. Viele Menschen, die mit Depressionen kämpfen, sondern sich von anderen ab. Sie leben isoliert, sind voller Selbstzweifel und haben kein Selbstvertrauen. Wenn Sie Ihr Leben lang mit Depressionen zu kämpfen haben, fragen Sie sich einmal: *Was halte ich von mir selbst?* Kein Medikament kann Ihre Einstellung zu sich selbst verändern. Ich ermutige Sie, zum Arzt zu gehen, wenn es notwendig ist, doch was noch wichtiger ist: Lassen Sie sich vom Wort Gottes durchdringen und erneuern Sie Ihre Gedanken im Einklang mit dem, was Gott von Ihnen hält. Auf diese Weise wird sich Ihre Einstellung zu sich selbst ändern.

Ich weiß, dass viele Menschen mit Ängsten, Depressionen und anderen Zuständen zu kämpfen haben. Ihre Fähigkeit, das Leben zu genießen, wird dadurch erheblich eingeschränkt. Mit Gottes Hilfe habe ich viele dieser Kernprobleme gemeistert, doch nur wenige wurden durch ein »spontanes Eingreifen« behoben und geheilt. Meistens kann man diese Probleme nur Schritt für Schritt hinter sich lassen.

Perfektionismus

Perfektionisten steigern ihr Selbstwertgefühl, indem sie versuchen, alles richtig zu machen, damit die Leute ihnen Beifall geben und ihnen bestätigen, wie perfekt sie sind. Manche sind regelrecht abhängig von der Anerkennung anderer. Wissen Sie, wie schmerzhaft es ist, sich vom Beifall anderer abhängig zu machen? Das bedeutet nämlich, eine Person zu sein, die verärgert und unglücklich reagiert, wenn andere ihr gegenüber gesunde und konstruktive Kritik äußern, sie korrigieren oder gar Verbesserungsvorschläge machen. Sie müssen dahin kommen, dass andere ruhig sagen dürfen: »Ich mag deinen Haarschnitt gar nicht« und Sie locker antworten können: »Weißt du was, ich schon!« Oder wenn jemand sagt: »Ich finde, diese Farbe steht dir nicht«, Sie reagieren können mit: »Kann schon sein, aber ich mag sie.« Damit meine ich nicht, dass Sie streitlustig sein und niemals einen Rat von jemandem annehmen sollten. Seien Sie ausgewogen. Was ich sagen will, ist, dass Sie keine Freiheit erleben werden, solange Sie von der Anerkennung anderer abhängig sind. Satan kann dafür sorgen, dass Ihnen zehn Mal am Tag jemand über den Weg läuft, der Sie schief anguckt, Ihnen einen falschen Blick zuwirft oder etwas Verkehrtes sagt. Das wird Sie dann dazu bewegen, sich entsprechend der Wünsche anderer zu verbiegen. Doch dann sind Sie sich selbst nicht treu.

Aufgrund der Missbrauchssituation, die ich als Kind erlebt hatte, und der daraus resultierenden Scham, litt ich furchtbar unter Schuldgefühlen, wenn ich etwas nicht perfekt gemacht hatte. Diese intensiven Gefühle von Schuld und Scham machten mich unfähig, viel Bedeutungsvolles für Gott zu bewirken. Der unterschwellige Druck beraubte mich der Fähigkeit, die Dinge, die ich tat, wirklich zu genießen.

Hartherzigkeit

Menschen, die mit vergiftender Scham zu kämpfen haben, sind oft kalt und unfreundlich. Ich war auch so: extrem hartherzig, kalt und unfreundlich. Ich dachte, ich würde niemanden brauchen. Ich ließ es nicht zu, dass mir jemand wirklich nah kam und war davon überzeugt, dass Menschen mich nicht mögen würden, sobald sie mich erst einmal richtig kannten. Ich hatte Angst davor, mein Herz zu öffnen, denn ich befürchtete, dass man mich nur verletzen würde. Deshalb setzte ich auch alles daran, niemanden hereinzulassen. Menschen, die mit so einem Gefühl der Scham leben, sind oft schnell reizbar. Tief in ihrem Inneren sind sie wütend über ihr Leben und über das, was ihnen passiert ist, doch sie drücken es falsch aus. Hartherzige Menschen ecken mit ihrer Härte an und werden ihr Leben lang missverstanden. Jeder hält sie für gemein, obwohl sie eigentlich nur tief verwundet und verletzt sind. Vergessen Sie nie: *Verletzte Menschen verletzen andere Menschen.*

Ängste und Zwänge

Persönlichkeiten, die unter Gefühlen der Scham leiden, unterliegen oft unterschiedlichsten Ängsten und Zwängen, wie Essstörungen, Spielsucht, Drogensucht, Alkoholsucht, Kaufzwang, Zwang zum Stehlen oder Lügen und sexuelle Perversionen. Sie können auch arbeitssüchtig werden. Oder sie verstecken sich, indem sie maßlos viel Zeit am Computer oder vor dem Fernseher verbringen. Sie verstecken sich vor sich selbst, indem sie zu viel schlafen. Sie sagen zwar, sie seien nur müde, doch in Wahrheit haben sie wahrscheinlich von sich selbst genug.

Falsches oder unverhältnismäßiges Verantwortungsbewusstsein

Ich wusste eigentlich erst, was Neurosen sind, nachdem ich mich intensiv damit beschäftigt hatte. Und dann merkte ich, dass sie große Probleme bei mir verursachten. Neurotische Menschen übernehmen zu viel Verantwortung und glauben bei Konflikten immer, sie seien schuld.

Jahrelang hatte ich ein falsches Verantwortungsbewusstsein, erkannte aber nicht, dass genau das mein Problem war. Ich fühlte mich nur sehr unter Druck und beschwert, wenn ich an all das dachte, was die Leute meines Erachtens von mir erwarteten und wenn ich sah, wie viele Dinge ich noch zu erledigen hatte. Doch mein einziges Problem war: Ich hatte mir die Aufgaben selbst zugeteilt! Ich selbst und niemand sonst hatte mir diese Last auferlegt.

Die Entstehung dieses Problems lässt sich auch auf meine Kindheit zurückführen. In der Zeit als mein Vater mich missbrauchte, versuchte ich es vor meiner Mutter geheim zu halten. Sie war eine liebe Frau, die viel zu leiden hatte, und ich wollte ihr weiteren Schmerz ersparen. Ich hatte Angst vor meinem Vater. Immer wieder sagte er zu mir: »Wehe, du erzählst das jemandem!« Unter diesen Umständen war ich bemüht, alle »bei Laune« zu halten. Ich achtete darauf, meinen Vater nicht zu verärgern und wollte auch vermeiden, dass er auf meine Mutter sauer wurde, denn sein Ärger führte dazu, dass er sie schlecht behandelte. Ich musste also meinen Vater glücklich machen und ich musste meine Mutter glücklich machen. Darüber hinaus versuchte ich zu verhindern, dass mein Bruder alles herausfand oder verletzt wurde. Ich meinte, dafür zuständig zu sein, dass alles in Ordnung war. Ganz unbewusst wurde ich so zum Friedensstifter im Haus. Sobald etwas schiefging, versuchte ich, es wieder in Ordnung zu bringen. Ich dachte immer nur: *Oh, oh, Papa wird sauer. Was kann ich tun, damit alles wieder ins Lot kommt?* Dieses Verhalten führte zu einem übertriebenen Verantwortungsbewusstsein, mit dem ich jahrelang zu kämpfen hatte und wovor ich immer noch auf der Hut sein muss.

Verantwortungsbewusstsein ist etwas Gutes, doch wenn wir etwas Gutes zu weit treiben, kann es zum Problem werden. Neigen Sie dazu, sich verantwortlich zu fühlen, sobald etwas nicht richtig läuft? Wenn Sie ein Kind haben, das sich anders entwickelt als erhofft, geben Sie sich dann die Schuld dafür? Neurotische Menschen glauben immer, dass sie bestimmte Situationen oder Umstände zu verschulden haben. Vielleicht fragen Sie sich: *Was hätte ich anders machen können, damit mein Kind sich besser entwickelt hätte?* Wissen Sie was? Manchmal können Sie sogar alles richtig machen und trotzdem treffen andere falsche Entscheidungen in ihrem Leben. Wir müssen aufhören, uns für alles und jeden auf dieser Welt verantwortlich zu fühlen. Wir sollten anfangen, unser eigenes Leben zu leben und es genießen. Lassen Sie sich Ihre Lebensfreude nicht nehmen, nur weil jemand für sich die falsche Entscheidung getroffen hat.

Sie waren nackt und schämten sich nicht

In der Bibel steht, dass Adam und Eva sündlos waren, als sie im Garten Eden lebten. Sie waren nackt und schämten sich nicht. Das zeigt meiner Meinung nach Gottes Wunsch, dass wir offen und ehrlich mit uns selbst, aber auch mit anderen umgehen. Wenn wir als Christen siegreich leben wollen, müssen wir die Tatsache akzeptieren, dass Jesus unsere Scham mit ans Kreuz nahm.

In unserer Welt wird viel zu oft der Schein gewahrt. Menschen versuchen mit aller Kraft, ihre Schwächen, Fehler und Sünden zu überdecken. Obwohl viele Menschen sich hinter einer Scheinwelt verstecken, sehnen sie sich im Grunde doch nach jemandem, der aufrichtig und echt ist. Als Christen sollten wir bereit sein, der Welt ein nachahmenswertes Beispiel vorzuleben.

In 1. Mose 3,7 lesen wir, wie Adam und Eva versuchten, sich selbst zu bedecken, nachdem sie gesündigt hatten. Genauso versuchen auch wir alles Mögliche von uns zu überdecken. Wie machen wir das? Wir reden uns heraus, wir beschuldigen andere, wir tun so, als würden uns Dinge nichts ausmachen, die in Wirklichkeit an uns nagen.

Meine Tochter Sandra hatte als Teenager eine Zeit lang so viele Pickel, dass sie versuchte, sie mit möglichst viel Make-up abzudecken. Doch im Grunde lenkte sie gerade dadurch die Aufmerksamkeit auf ihr Pickelproblem. In ähnlicher Weise bemühte auch ich mich, den in meiner Kindheit erlebten Missbrauch zu überdecken, und verhielt mich dadurch am Ende grob und gemein; frei nach dem Motto: »Ich brauche niemanden!« In Wirklichkeit zog ich damit alle Aufmerksamkeit auf mich. Die Leute wussten, dass etwas mit mir nicht stimmte. Sie wussten zwar nicht, um was es ging, doch ich erinnere mich, gefragt worden zu sein: »Was ist bloß los mit dir?«

In Wahrheit war ich verletzt und einsam und hatte Angst, doch ich wusste nicht, wie ich mich jemandem mitteilen konnte. Deshalb war ich bestrebt, alles mit meiner vorgetäuschten Art zu überspielen und hoffte, dadurch andere davon abzuhalten, mir zu nah zu kommen.

Viele Menschen wissen gar nicht, wer sie sind. Sie haben versucht, so viele Personen zu sein, dass sie sich selbst vor langer Zeit verloren haben. Wenn Sie sich in dem Beschriebenen wiederfinden, möchte ich Sie ermutigen, mit dem Versuch aufzuhören, wie jemand anderes zu sein. Hören Sie auf, den anderen etwas vorzuspielen und seien Sie echt. Sie müssen sich nicht bedecken oder sich hinter irgendetwas oder irgendjemandem verstecken. Seien Sie mutig, legen Sie Ihre Scham ab und lassen Sie Ihr wahres Ich ans Licht kommen, damit die Menschen in Ihrer Umgebung es sehen und sich daran erfreuen. Beginnen Sie, indem Sie offen mit Gott reden. Sagen Sie ihm alles über sich, Ihre geheimen Gedanken, Ihre Ängste und Ihre Sehnsüchte. Er weiß es zwar schon, bevor Sie es ihm sagen, doch sich jemandem anvertrauen, der absolut vertrauenswürdig ist, wirkt befreiend – und Gott ist dieser Jemand. Er weiß alles über Sie und er liebt Sie bedingungslos.

Je offener Sie mit sich selbst und mit Gott sind, desto aufrichtiger können Sie zu anderen Menschen sein.

Je offener Sie mit sich selbst und mit Gott sind, desto aufrichtiger können Sie zu anderen Menschen sein.

Darf ich Sie mit sich selbst bekannt machen?

Sie sind ein wunderbarer Mensch und wenn Sie die meiste Zeit Ihres Lebens unter der Last Ihrer Scham gelitten haben, dann möchte ich Sie gerne noch einmal mit sich selbst bekannt machen. Sie müssen Ihr *wahres* Ich kennenlernen, denn Ihnen wurde vorgetäuscht, jemand zu sein, der Sie nicht sind. Vielleicht sagen Sie, dass Ihnen Ihre Identität gestohlen wurde. Sie sind Gottes Kind. Seine Kraft ist in Ihnen und er wird Sie befähigen, all das in Ihrem Leben zu tun, was Sie tun sollen. Sie sind eine neue Schöpfung, die Gerechtigkeit Gottes in Christus (siehe 2. Korinther 5,17 und 21). Gott hat eine Aufgabe für Sie und hält eine großartige Zukunft für Sie bereit. Ihre Vergangenheit wurde mit dem Blut Jesu weggewaschen. Sie sind großartig! Einfach nur großartig! Die Bibel sagt viele wunderbare Dinge über Sie und die müssen Sie erfahren. Deshalb lesen und studieren Sie die Bibel. Lassen Sie es nicht zu, dass das, was eine andere Person über Sie denkt oder sagt, Ihren Wert bestimmt. Das Einzige, was zählt, ist das, was Gott sagt.

In Psalm 34,5-6 steht: *Ich suchte den HERRN, und er antwortete mir; und aus allen meinen Ängsten rettete er mich. Sie blickten auf ihn und strahlten, und ihr Angesicht wird nicht beschämt.*

Ich möchte Sie heute nachdrücklich darum bitten, den Herrn zu suchen und ihn in Ihren Alltag einzubeziehen. Vertrauen Sie der Autorität seines Wortes. Schauen Sie auf ihn und er wird Sie von aller Scham befreien. Und wenn Sie diese innere Scham, die Sie so lange mit sich herumgetragen haben, überwunden haben, wird alles, wozu Gott Sie berufen hat, in Ihnen und durch Sie Wirklichkeit werden. Nehmen Sie die bedingungslose Akzeptanz an, die Gott Ihnen durch Jesus Christus anbietet, und Sie werden die Kraft haben, niemals aufzugeben.

Von der Finsternis ins Licht

Im Herbst ihres zweiten College-Jahres empfand Michelle ihr Leben auf einmal ohne erkennbare Ursache als erdrückend. Sie litt nicht nur unter Angstgefühlen, sondern kämpfte auch mit ihren alltäglichen Aufgaben. Ihre Tatkraft nahm dramatisch ab. Sie hatte keine Hoffnung mehr, weder für die Zukunft noch für die Gegenwart. Alles ging im Sturzflug bergab. Ohne äußeres Zutun kehrten mit dem Frühling auch Michelles Hoffnung, ihre Tatkraft und ihre Bewältigungsstrategien zurück. Im April des Jahres war sie wieder ganz die Alte.

Sie ahnte noch nicht einmal, dass sie für die nächsten zwanzig Jahre immer wieder monatelang unter Depressionen leiden würde. Zuerst dachte sie, es würde ihr einfach schwerfallen, sich jeden Herbst wieder neu auf das Studium einzustellen. Doch selbst als sie das College beendet und ihre berufliche Laufbahn begonnen hatte, sanken jeden Herbst mit den fallenden Blättern auch ihre Stimmung und ihr Lebensmut. Mit jedem Jahr wurden die Symptome schlimmer. Es wurde so schlimm, dass sie oft sterben wollte, um beim Herrn zu sein und dachte auch, der Zeitpunkt sei gekommen, wenn sie mitten in der Nacht aufwachte.

Michelle suchte überall Hilfe, bei Psychologen, bei Pastoren, bei Ärzten und bei Ernährungsberatern, doch niemand konnte ihr helfen. Schließlich nahm sie an einer Klinikstudie des Forschungszentrums für Psychische Störungen »*National Institutes of Mental Health*« in Bethesda, Maryland, teil und gehörte weltweit mit zu den ersten Patienten, bei denen eine jahreszeitlich bedingte Depression festgestellt wurde.

Sie war zwar einerseits froh, eine Diagnose erhalten zu haben, andererseits aber auch tief bedrückt zu wissen, dass sie an einer dauerhaften chemischen Störung im Gehirn litt. So kehrte sie in ihr Zuhause und an ihre Arbeitsstelle nach New York zurück und versuchte, am Leben festzuhalten. Sieben Jahre lang arbeitete sie gemeinsam mit ihrem Arzt an ihrer inneren Ausgewogenheit. Sie versuchten, ihren Tag künstlich zu verlängern, indem sie vier Stunden am Tag unter einer sehr hellen Lampe verbrachte. Außerdem nahm sie Antidepressiva zu sich. Die Einnahme der Medikamente war für sie eine sehr schwierige Entscheidung. Aufgrund ihrer christlichen Erziehung hatte sie gelernt, dass ein Leben mit Gott ihr täglich Kraft geben würde und er ihre Depressionen heilen konnte.

Heute weiß Michelle, dass der Herr ihr das Leben gerettet hat. »Ich war jahrelang so frustriert«, erzählt sie. »Ich verstand nicht, warum Gott mir keine Erleichterung schenkte ... wo es doch eine Kleinigkeit für ihn gewesen wäre. Doch Gottes Wege sind nicht unsere Wege und sein Zeitplan unterscheidet sich oft von unserem. Aber er gibt uns die Kraft, durch unser Leid hindurchzugehen. Er gibt uns die Erkenntnis, dass er auch unser Leid zu irgendetwas gebrauchen kann. Mittlerweile weiß ich, dass Gott, auch wenn er mich nicht geheilt hat, mir das Leben gerettet hat. Ich kann ohne Zögern sagen: Ohne seine Gnade wäre ich heute nicht hier.«

KAPITEL 14

Ihre Geheimwaffe

»Die Folgen des Zorns sind viel schmerzlicher als der Anlass dazu.«
Marcus Aurelius

Vincent Newfield arbeitete in unserem Missionswerk und ich möchte, dass Sie seine Geschichte lesen:

Hat Gott schon einmal ganz stark zu Ihrem Herzen geredet? Zu mir schon, und zwar im November 1998. Während ich in meinem Zimmer saß und betete, sprach der Herr zu meinem Herzen und sagte: »Ich möchte, dass du mit deiner Familie nach St. Louis ziehst, um dort für Joyce Meyer zu arbeiten. Deine Schreibbegabung wird ein Segen für sie sein, und du und deine Familie, ihr werdet sehr gesegnet werden.«

Wow! War das wirklich Gott? Er hatte noch nie zuvor so mit mir geredet. Immer wieder klangen seine Worte in meinen Ohren nach. Doch das Merkwürdige war: Ich hatte mich ja bisher weder beworben noch meinen Lebenslauf eingereicht. Das tat ich dann im Januar 1999. In den nächsten Wochen wurden Referenzen zu meiner Bewerbung angefragt. Ich war erstaunt. »Konnte es sein, dass Gott wirklich zu mir gesprochen hat?«, dachte ich. »Lässt er uns wirklich nach St. Louis ziehen?« Ein neuer Glaubensweg zeichnete sich vor uns ab.

Im März kontaktierte mich dann Joyce Meyer Ministries. Nach zwei telefonischen Bewerbungsgesprächen sollte ich einen Probetext verfassen. Nachdem ich dann drei Wochen gehofft und ge-

bangt hatte, erhielt ich die Antwort, dass mein Text gut gelungen sei. Als Nächstes sollte ein Bewerbungsgespräch vor Ort im Juni stattfinden. Ich konnte es nicht glauben! Das, was Gott zu meinem Herzen geredet hatte, erfüllte sich gerade, und zwar ziemlich rasant. Ich war voller Aufregung, Hoffnung und Freude. Mein Glaube war zur Höchstform aufgelaufen, doch dann ... der Absturz.

Am 12. Mai 1999 erhielt ich einen Anruf, der mich zutiefst entmutigte: »Vincent, es tut mir leid, aber ich muss Ihnen mitteilen, dass das Bewerbungsgespräch ausfällt. Die Stelle im Redaktionsteam, auf die Sie sich beworben haben, wird in den nächsten sechs bis zwölf Monaten unbesetzt bleiben.« Mein Herz sank auf den Nullpunkt. Meine ganze Hoffnung, mein Glück und mein Glaube waren dahin. »Was ist los? Ich verstehe das nicht. Zuerst entwickelten sich die Dinge und plötzlich ist alles vorbei.« Meine Frau Allison stand mir treu zur Seite und ermutigte mich, die Hoffnung nicht aufzugeben. »Wenn Gott zu dir gesprochen hat, dann wird es auch geschehen«, sagte sie. »Es ist nur eine Frage der Zeit.«

Nach drei Tagen brachte ich endlich genug Glauben auf, um mir eine Lehrkassette von Charles Stanley anzuhören, der passenderweise über das Thema »Unerschütterlicher Glaube« sprach. Langsam, aber sicher ermutigte Gott mich, während ich beim Autofahren zuhörte. Ein Hoffnungsstrahl wurde am Horizont meines Herzens sichtbar. Plötzlich: KRACH! Ich war mittendrin im schlimmsten Unfall meines Lebens. Mein Auto war ein Totalschaden und es demütigte mich, dass der Unfall auch noch meine Schuld gewesen war. Völlig entmutigt kam ich nach Hause und stellte fest, dass unsere beiden Computer am selben Tag ihren Geist aufgegeben hatten. Wir gaben eine Zeitschrift heraus und die konnte somit nicht fertiggestellt werden. Das Thema der Zeitschrift war ironischerweise auch noch: »Ermutigung trotz Hoffnungslosigkeit.«

In mir kochte die Wut hoch: »Wo bist du Gott? Was machst du hier? Ich verstehe dich nicht! Warum lässt du das in meinem Leben zu?« Tagelang wurden Enttäuschung, Entmutigung und Verzweiflung meine besten Freunde. Ich stellte mir Fragen über Fragen. Die wichtigste Frage, die mich verfolgte, war: »Habe ich wirklich Gottes

Reden gehört, nach St. Louis zu ziehen?« Ich versuchte mit aller Macht, St. Louis und die Arbeit für Joyce Meyer zu vergessen, doch das klappte nicht. Es schien so, als würde ich überall, wohin ich auch blickte, auf St. Louis, Missouri stoßen: auf Nummernschildern, auf Mülltonnendeckeln, auf Haushaltsreinigern, auf allem.

Gott bahnte uns einen Weg, damit wir die Ausgabe der Zeitschrift doch noch veröffentlichen konnten, und erteilte mir eine wichtige Lektion, was Geduld, Ausdauer und Vertrauen auf ihn betraf. Mein Glaube wurde regelrecht geprüft. Ich stand jeden Tag vor der Wahl, ob ich glauben sollte, Gottes Stimme in meinem Herzen gehört zu haben, oder ob ich diesen Gedanken abweisen sollte. Ich weinte viele Tränen und erlebte eine große Spannbreite von Emotionen, einschließlich Wut und Depression. Doch ganz tief in meinem Inneren wollte ich glauben. Ich war bereit, an der Erfahrung mit Gott festzuhalten, und das ließ mich vorwärtsgehen.

Über ein Jahr verstrich. Mittlerweile war es Juli 2000. Allison und ich hatten die letzte Ausgabe unserer Zeitschrift veröffentlicht und waren nun auf der Suche nach einer neuen Erwerbstätigkeit. »Einmal noch«, dachte ich, »einmal noch schicke ich Joyce Meyer Ministries ein paar auf den neusten Stand gebrachte Arbeitsproben von mir und einmal werde ich dort noch anrufen!« Das war vor fast sieben Jahren. Seitdem habe ich das große Privileg, für Dave und Joyce schreiben zu dürfen. Ich bin verantwortlich für das monatliche Magazin, welches das Leben von Millionen von Menschen beeinflusst – Monat für Monat.

Was ich damit sagen will: Wenn Gott Ihnen etwas ins Herz gelegt hat und es nicht verschwindet, glauben Sie weiterhin daran. Er wird es wahr werden lassen. Weinen Sie, wenn es sein muss … arbeiten Sie sich durch Wut, Frustration und Zweifel hindurch … aber geben Sie nicht auf.

Dringen Sie durch Wut und Unversöhnlichkeit hindurch

Vincent musste zugeben, dass er im Verlauf dieses langen Prozesses manchmal auch wütend geworden war, bis die gewünschten Veränderungen eintrafen. Jeder steht in der Versuchung, gelegentlich ärgerlich zu werden. Vielleicht wollen wir sogar am liebsten tagelang, wochenlang oder monatelang einfach sauer sein. Die Bibel bestätigt, dass wir manchmal zornig sein werden, doch sie gibt uns auch die klare Anweisung, nicht darin zu verharren. Wir sollen Menschen sein, die gelassen, besonnen und gefasst bleiben, denn wir wissen, wie wir laut der Bibel mit unserem Ärger und mit Enttäuschungen umgehen sollen. In der Schrift lesen wir: *Zürnet, und sündigt dabei nicht! Die Sonne gehe nicht unter über eurem Zorn* (Epheser 4,26). Wir *können* zornig sein, doch wir sollen nicht zornig *bleiben*. Wir können enttäuscht sein, doch wir sollen nicht so bleiben. Gott wird uns immer einen neuen Anfang geben, wenn die Dinge sich nicht wie geplant entwickelt haben. Wir müssen lernen, unsere Herzen komplett rein von allen negativen Emotionen zu halten, denn sie kämpfen gegen unseren Frieden.

Wenn wir uns nicht mit unseren negativen Emotionen auseinandersetzen, werden wir bald ziemlich viele Probleme haben, auch körperliche. Sind wir zum Beispiel sauer auf jemanden und bleiben so lange auf diese Person ärgerlich, bis der Zorn Wurzeln in unserem Herzen geschlagen hat, dann entwickelt sich eine Wurzel der Bitterkeit (siehe Hebräer 12,15), durch die wir nachtragend und unglücklich werden. Je länger wir es uns gestatten, in diesem Zustand zu verharren, desto mehr wird es unsere Gesundheit beeinträchtigen. Denken Sie daran, um verärgert zu sein, brauchen wir viel Energie. Wenn Sie also keine Energie zu verschwenden haben, schlage ich vor, lieber zu lernen, wie man gelassen, besonnen und gefasst bleibt.

Ich bin immer wieder erstaunt, wie viele Menschen ich treffe, die Gott lieben und mit ihm auch vorwärtsgehen wollen, und doch immer noch Ärger, Unversöhnlichkeit oder andere negative

Emotionen in ihren Herzen hegen. Manchmal sind sie auf jemanden böse wegen einer Sache, die schon viele Jahre zurückliegt. Sie sagen oftmals: »Ich habe wirklich versucht, darüber hinwegzukommen, doch ich schaffe es nicht.« Doch, sie können es schaffen. Gott bittet uns nicht um etwas, was für uns unmöglich wäre.

Gott bittet uns nicht um etwas, was für uns unmöglich wäre. Fordert er uns auf zu vergeben, dann können wir auch vergeben.

Fordert er uns auf zu vergeben, dann können wir auch vergeben. Appelliert er an uns, nicht beleidigt zu sein, dann gibt es einen Weg für uns, etwas nicht als Beleidigung aufzufassen. Ermutigt er uns, gelassen, besonnen und gefasst zu sein, dann ist das möglich.

Was ist das für ein Geruch?

Oftmals schlucken wir Ärger oder andere negative Gefühle einfach herunter und tun so, als wäre alles in Ordnung. Begräbt man negative Gefühle lebendig, sterben sie jedoch nicht. Man muss sich gründlich mit ihnen auseinandersetzen, ansonsten treten sie immer wieder auf die eine oder andere Weise zutage. Zorn und Unversöhnlichkeit haben zum Beispiel tiefe Wurzeln, die ein gewisses Grundgefühl erzeugen, das Wutausbrüche und unfreundliche Handlungsweisen hervorbringt. Solche Wurzeln können sogar Depressionen verursachen. Selbst wenn wir Wege finden, wie wir unsere negativen Gefühle ignorieren können – was uns zeitweilig sogar ein wenig Linderung verschafft – produzieren schlechte Wurzeln immer schlechte Früchte. Über kurz oder lang wird diese Wurzel der Wut weitere negative Gefühle und Verhaltensmuster hervorbringen, die sich vielleicht von den bisherigen etwas unterscheiden, aber derselben Wurzel entspringen.

Sie haben es doch bestimmt auch schon erlebt, dass Ihnen beim Öffnen des Kühlschranks ein regelrechter Gestank entgegenschlug. Sofort fragen Sie sich: *Was ist das für ein schrecklicher Geruch?* Man kann diesen Geruch nur dann loswerden, wenn man herausfindet, woher er kommt. Vielleicht können Sie ihn eine Zeit lang durch einen Duftspray überdecken, doch er wird immer wieder durchdringen, wenn er nicht vollkommen beseitigt wird.

Meistens kommt der Geruch nicht von etwas, das sich vorne im Kühlschrank befindet. Normalerweise ist es irgendwo versteckt und man hätte gar nicht erwartet, dass es so einen Gestank verursachen kann. Man muss also alles aus dem Kühlschrank herausholen, eine Sache nach der anderen, um die Ursache des Gestanks zu finden. Regale und Schubfächer müssen geleert werden, bis man endlich dieses alte, vergammelte und nicht mehr zu identifizierende Stück Etwas findet, das man längst vergessen hatte!

Ich bin schon vielen Menschen begegnet, die sagen, dass ihr Leben wie so ein Kühlschrank ist: Es stinkt. In diesem Fall, müssen sie jeden Teil ihres Herzens überprüfen, um die Ursache ihres Problems zu finden. Oft sind Ärger oder Kränkungen, die sie verleugnet, überdeckt und versteckt haben, die Ursachen dafür. Sie lauern an den verborgensten Plätzen des Herzens, verursachen einen großen Schaden und lassen das Innere eines Menschen verfaulen. Doch so wie ein kleiner Hauch Duftspray nicht den üblen Geruch in einem Kühlschrank vertreiben kann, kann auch das Vertuschen von tief verwurzeltem Ärger, von Unversöhnlichkeit oder von anderen negativen Gefühlen nicht die wirklichen Ursachen für daraus resultierendes, schlechtes Benehmen und böses Handeln beseitigen.

Wir müssen aufhören, unser Leben mit Duftspray zu besprühen. Wir dürfen nicht weiterhin sagen: »Ich gehe heute einfach in den Gottesdienst und dann wird es mir besser gehen.« Oder: »Ich werde den Pastor bitten, für mich zu beten und alles wird gut werden.« Nein, wir müssen langsam anfangen, uns zu fragen, was uns so unglücklich macht und unsere Herzen prüfen, bis wir wissen, was in ihnen versteckt liegt. Wir müssen uns selbst fragen: »Worum geht es hier wirklich?«

Oft sagen die Leute: »Nun, Soundso hat mich wirklich verletzt. Du glaubst nicht, was er mir angetan hat!« Ich muss Ihnen heute einmal sagen, es geht nie darum, was andere Leute uns antun. Wir haben unsere Reaktionen selbst zu verantworten. Anstatt anderen die Schuld an unserem schlechten Benehmen zu geben, sollten wir uns selbst einmal fragen: »Warum bin ich oft so ärgerlich und frustriert? Warum rege ich mich so schnell auf? Was geht da in meinem Herzen vor sich, das mich ständig explodieren lässt? Warum werde ich in bestimmten Situationen über die Maßen sauer? Warum bin ich so verunsichert, dass ich jedes Mal gleich in die Luft gehe, wenn mir jemand auch nur den kleinsten Rat geben will? Warum ärgere ich mich immer dann, wenn es nicht so läuft, wie ich es mir gedacht habe?«

Es ist Gottes Sache, sich um die anderen zu kümmern. Wir sollten sie ihm überlassen und anfangen, uns gemeinsam mit Gott um unser eigenes Leben zu kümmern. Wir sollten lernen, unseren inneren Frieden auch in einer Welt voller schwieriger Menschen zu wahren und ihnen nicht zu erlauben, uns zu kontrollieren. Selbst wenn die Person, die uns so oft verletzt hat, einfach wegginge und uns in Frieden ließe, würde jemand anderes kommen, um ihre Rolle zu übernehmen! Es ist keine Lösung, die Menschen und die Situationen, die für uns herausfordernd sind, aus unserem Leben zu entfernen. Wir sollten uns vielmehr verändern, damit wir uns mit ihnen auseinandersetzen und bei allem gelassen, besonnen und gefasst bleiben können.

Hören Sie auf, alles herunterzuschlucken

Menschen, die sich nicht mit ihren schmerzvollen Erfahrungen auseinandersetzen wollen, schlucken diese oftmals einfach herunter. Erlebte Verletzungen werden in dem hintersten Winkel des Herzens versteckt, ohne dass eine Auseinandersetzung mit der Sache stattfindet. Schlucken wir diese Dinge zu lange herunter, explodieren wir irgendwann und alles wird in einem riesigen Wutanfall wieder hochkommen. Ich brauchte Jahre, bis ich verstand, warum ich schon beim geringsten Anlass, der mit Sicherheit kein ausreichender Grund für mein schlechtes Verhalten war, explodierte. Mittlerweile weiß ich, dass diese Explosionen von meinen vielen negativen Gefühlen herrührten, die ich immer heruntergeschluckt hatte, ohne mich mit ihnen auseinanderzusetzen. Der »Zwischenfall« war gar nicht das eigentliche Problem, sondern nur der Auslöser für die Explosion, die im Inneren versteckt und bereit gewesen war, jederzeit loszugehen.

Ich ignorierte das eigentliche Problem und gab allem Möglichen die Schuld an meinem schlechten Benehmen. Egal wie geistlich ich mich auch am Sonntag in der Kirche gab, meine Familie kannte mein wahres Ich. Ich ignorierte das Problem jahrelang, indem ich Ausreden suchte und anderen die Schuld gab, doch schließlich musste ich Gott »den Kühlschrank reinigen lassen« – um es einmal so auszudrücken – damit er das Problem an der Wurzel packen konnte.

Gott benutzt die Wahrheit, um uns frei zu machen (siehe Johannes 8,32). Es ist aber nicht die Wahrheit über einen anderen Menschen, die uns frei macht, sondern die Wahrheit über uns selbst. Meiner eigenen Wahrheit ins Auge zu schauen, war schwierig und emotional sehr schmerzhaft für mich, doch damit begann mein Heilungsprozess. Egal, was die Wahrheit ans Licht bringt, geben Sie es zu. Wenn Sie wütend sind, geben Sie es zu. Wenn Sie Angst haben, geben Sie es zu. Wenn Sie auf jemanden neidisch sind, geben Sie es zu. Gehen Sie zu Gott und sagen Sie: »Weißt du was, Gott? Mir ist klar, dass meine innere Haltung zu wünschen übrig lässt. Sie stinkt und ich kann es riechen.

Gott benutzt die Wahrheit, um uns frei zu machen (siehe Johannes 8,32). Es ist aber nicht die Wahrheit über einen anderen Menschen, die uns frei macht, sondern die Wahrheit über uns selbst.

Ich möchte verstehen, warum ich dieses Problem mit Neid habe. Was ist in mir? Könntest du mir zeigen, woher dieses Problem kommt?«

Vielleicht zeigt Ihnen der Herr sogar sofort, was Ihr Problem ist. Möglicherweise sind Sie verunsichert oder wissen nicht, wer Sie in Christus sind. Es kann auch sein, dass Sie sich zu oft mit anderen vergleichen. Vielleicht wurden Sie vor Jahren schwer verletzt oder enttäuscht und sind bisher nicht bereit gewesen zu vergeben oder Gottes Heilung zuzulassen.

Verpflichten Sie sich dazu, sich selbst gegenüber ehrlich zu sein und gestehen Sie sich Ihre Gefühle ein. Weigern Sie sich, alles herunterzuschlucken, und hören Sie umgehend damit auf, sich wegen Ihrer negativen Emotionen herauszureden und andere zu beschuldigen. Wahrscheinlich werden Sie viel mit Gott darüber reden und eventuell auch Hilfe von einem vertrauenswürdigen Freund oder Pastor in Anspruch nehmen müssen. Doch egal, was es in Angriff zu nehmen gilt, es lohnt sich, weil es Ihnen dabei hilft, frei zu werden und das Leben genießen zu können.

Was auch immer Sie verletzt, beleidigt oder verärgert hat, entscheiden Sie sich heute dafür, den Schmerz auszuhalten, den die Auseinandersetzung mit der Sache mit sich bringt. Ein befreundeter Pastor erzählte mir neulich, dass er sich an Tagen, an denen er deprimiert, ungeduldig, frustriert oder leicht reizbar ist, immer fragt, was für Dinge er vom Vortag noch nicht bewältigt hat. Er sagte, dass Gott ihm fast immer etwas zeigt, womit er sich noch nicht auseinandergesetzt hat. So hilft Gott ihm, die Wurzel seines schlechten Verhaltens zu erkennen.

Einmal wälzte ich mich nachts unruhig im Bett hin und her, bis ich schließlich gegen 5 Uhr morgens Gott fragte: »Was ist los? Warum kann ich nicht schlafen?« Sofort erinnerte er mich an eine Situation, die ich tags zuvor erlebt hatte und bei der ich einer anderen Person gegenüber sehr unfreundlich gewesen war. Anstatt mich bei ihr zu entschuldigen, hatte ich versucht, mein Verhalten zu rechtfertigen. Sobald ich Gott um Vergebung gebeten und mir fest vorgenommen hatte, mich bei nächster Gelegenheit zu entschuldigen, konnte ich einschlafen. Machen Sie es sich zur Gewohnheit, Gott zu fragen: »Was steckt wirklich hinter meiner Stimmung oder hinter meiner inneren Haltung?« Vielleicht wird es Sie überraschen, was Sie dann erfahren.

Ich persönlich durchlebte viele Situationen und Umstände,

die mich verletzt und verärgert haben, doch im Laufe der Zeit lernte ich, mit ihnen fertig zu werden. Ich kann Ihnen nicht sagen, dass es mir leichtfiel, den Schmerz, der in diesen Situationen entstanden war, zuzulassen und mich meinen Verletzungen und meinem Ärger zu stellen, doch es war für mich der einzige Weg, darüber hinwegzukommen und darüber hinauszuwachsen. Es gehört mit zu den schwierigsten, aber gleichzeitig auch zu den wichtigsten Dingen, sich selbst zu hinterfragen und die Verantwortung für das eigene Denken und Handeln zu übernehmen.

Sich den eigenen Ärger eingestehen

Dave und ich heirateten, als er sechsundzwanzig und ich dreiundzwanzig Jahre alt waren. Eines Tages fing er an, über die Dinge zu reden, die er als Kind gerne gemacht hatte. Obwohl seine Familie nie viel Geld hatte und sein Vater an den Folgen übermäßigen Alkoholgenusses gestorben war, hatte Dave schöne Erinnerungen an seine Kindheit. Er hatte eine gottesfürchtige Mutter, die für ihre Kinder betete, sie liebte und die Familie zusammenhielt. Ihre Gutherzigkeit überstrahlte all die schwierigen und schlechten Dinge, die er in jungen Jahren erlebt hatte. Im Verlauf dieser Unterhaltung sagte Dave etwas, das mich tief betroffen machte: »Ich erinnere mich eigentlich nur noch an die schönen Dinge meiner Kinder- und Jugendzeit.«

Als ich diese Worte hörte, überkam mich ein Gefühl der tiefen Traurigkeit, und ich dachte: *Ich kann mich gar nicht daran erinnern, als Kind überhaupt Spaß gehabt zu haben. Ich durfte nie wirklich Kind sein.* Mein Vater weckte in mir immer Schuldgefühle, wenn ich als kleines Mädchen spielen oder Spaß haben wollte. In unserem Haus war »Lachen« mit »Krach machen« gleichgesetzt. Das Einzige, was ich also in meiner Kinder- und Jugendzeit tat, war arbeiten. Ich wurde regelrecht arbeitswütig, denn ich hatte nie gelernt, wie man spielt. Ich dachte, Arbeit sei das Einzige, was von anderen anerkannt werden würde. Als Erwachsene wurde ich dann, ohne es selbst zu realisieren, immer wütender, je mehr ich über meine Vergangenheit und über all das Schöne nachdachte, was mir im Leben verwehrt worden war.

Als ich älter wurde, eine Beziehung zu Gott einging und sein Wort kennenlernte, las ich in Epheser 6,12: *Denn unser Kampf ist nicht gegen Fleisch und Blut, sondern gegen die Gewalten, gegen die Mächte, gegen die Weltbeherrscher dieser Finsternis, gegen die geistigen Mächte der Bosheit in der Himmelswelt.* Dieser Vers ließ mich wissen, dass nicht mein Vater mein Feind war. Ja, er war zwar derjenige, der mir Gewalt angetan hatte, doch er tat dies unter dem Einfluss des Feindes. Er war quasi die Puppe des Teufels. Ich musste aufhören, meinem Vater die Schuld zu geben und anfangen, heil zu werden. Ich musste es dem Teufel untersagen, den Kreislauf des Schmerzes, den er in meinem Leben begonnen hatte, weiterzuführen.

Als ich realisierte, dass mir meine Kindheit gestohlen worden war, und ich sie nie wiederbekommen würde, wurde ich wütend. Ich hatte Wutausbrüche, die einfach keinen Sinn ergaben. Schließlich begriff ich, dass – obwohl man die Zeit nicht zurückdrehen kann – Gottes Wort mir versprach, mir die erlittene Schmach doppelt zu erstatten (Jesaja 61,7). Ich begriff, dass wir Böses nicht mit Bösem überwinden, sondern es nach Römer 12,21 mit Gutem überwinden. Wenn ich dem Feind das, was er mir gestohlen hatte, heimzahlen wollte, dann nur, indem ich den Rest meines Lebens so vielen Menschen wie möglich helfen würde.

Heute kann ich sagen, dass ich überhaupt nicht mehr wütend bin und meinem Vater voll und ganz vergeben habe. Das geschah aber nicht über Nacht. Es war sogar ein sehr langer und schmerzhafter Prozess. Ich stellte mich meiner Wut und versuchte nicht, sie zu verstecken, so zu tun, als sei nichts geschehen oder so zu leben, als sei alles in Ordnung. Ich konnte meinen Vater loslassen, damit Gott sich um ihn kümmert. Ich konnte alles bewältigen und zu dem Ort des Friedens und der Vergebung gelangen, an dem ich mich heute befinde.

Ich werde nie wieder Kind sein können. Mein Vater, der bereits verstorben ist, könnte mir nie das erstatten, was er mir gestohlen hat. Er könnte nie für meinen Verlust aufkommen. Doch Gott ist der, der alles wiedergutmacht! Mit ungefähr fünfzig Jahren lernte ich, wieder Kind zu sein. Ich lache und lächle, kann mich entspannen und Spaß haben. Vielleicht hatte ich keinen guten Start ins Leben, doch ich werde ein großartiges Ende erleben – und das wäre nie möglich geworden, wenn ich meine Wut nicht bewältigt und gelernt hätte, zu vergeben.

Wir als Gläubige haben einen Feind. Sobald er die Gelegenheit hat, wird er sich uns in den Weg stellen. In meinem Buch *Das Schlachtfeld der Gedanken* wird beschrieben, wie er unsere eigenen Gedanken und Gefühle benutzt, um uns anzugreifen. Der Teufel tut alles, um uns wütend zu machen. Der Feind weiß genau, dass wir ohne Frieden kraftlos sind. Er weiß, dass die Liebe Gottes nicht durch uns fließen kann, wenn wir aufgebracht sind. Er wird immer versuchen, uns zu verärgern. Doch wir können lernen, immer gelassen, besonnen und gefasst zu reagieren. Wenn Ihnen das nächste Mal etwas passiert, das Sie schnell verärgert, dann fragen Sie sich einmal selbst, ob es das wert ist. Können Sie dadurch, dass Sie sauer werden, etwas ändern? Können Sie es sich leisten, Ihre Energie zu verschwenden, nur um wütend zu sein? Wird dieser Ärger Sie von dem Plan, den Gott für Ihr Leben hat, ablenken? Jeden Tag werden wir mit Gut und Böse konfrontiert. Die Entscheidung liegt bei uns.

Setzen Sie Ihre Geheimwaffe ein

Erleiden wir Verletzungen, Ungerechtigkeit oder Angriffe, müssen wir uns daran erinnern, dass nicht Menschen unsere Feinde sind. Satan ist unser Feind. Gott hat uns eine Geheimwaffe gegeben, eine, mit der man ganz sicher den Teufel besiegen und seine Strategien und Pläne zerstören kann. Ich habe sie schon zuvor erwähnt, doch ich möchte noch einmal herausstellen, wie wichtig und mächtig sie ist. In Römer 12,21 lesen wir von ihr: *Lass dich nicht vom Bösen überwinden, sondern überwinde das Böse mit dem Guten!*

Sie haben eine Geheimwaffe gegen den Feind und er hasst sie total, weil er gegen sie nicht bestehen kann. Ich nenne sie eine Geheimwaffe, da viele Menschen sie nicht einsetzen. Diese Waffe ist die von Gott gegebene Fähigkeit, den Menschen, die uns etwas Böses wollen, Gutes zu tun. Vielleicht würden Sie gerne von Natur aus Rache üben, doch Gott fordert uns auf, unseren Schmerz zu bewältigen, indem wir es dem Bösen mit Gutem heimzahlen. Das ist eine schwierige Sache, besonders wenn man emotional zutiefst unglücklich ist. Je mehr man sich darin übt, gelassen, besonnen und gefasst zu bleiben – unabhängig davon, was der Teufel auf die Beine stellt – desto einfacher wird es.

Beim Predigen über diese Bibelstelle sagt immer irgendjemand: »Ich kann einem bestimmten Menschen, der mich verletzt hat, nichts Gutes tun. Das kann ich einfach nicht!« Doch, das können Sie. Wie schon gesagt, Gott bittet uns nicht um etwas, ohne uns auch die Fähigkeit zu geben, es durchzuführen.

Wenn Sie glauben, dem Wort aus Römer 12,21 nicht gehorchen zu können, dann müssen Sie einfach nur beten: »Gott, durch deine Gnade und Güte werde ich gut zu der Person sein. Ich werde anderen nicht erzählen, was sie mir angetan hat. Ich werde von der Person nicht schlecht reden. Ich werde für sie beten, genau wie du es von mir willst. Wenn ich die Person, die mich verletzt hat, sehe, werde ich auf sie zugehen und Hallo zu ihr sagen. Ich werde nett zu ihr sein und deinem Wort gehorchen. Ich werde durch deine Gnade das Böse mit Gutem überwinden.«

Vielleicht empfinden Sie gegenüber der Person, die Sie verletzt hat, keine wohlwollenden Gefühle, doch als Nachfolger Jesu Christi müssen Sie sich mit Ihrer Wut auf eine biblische Art und Weise auseinandersetzen. Handeln Sie danach, treffen Sie eine Willensentscheidung, und Ihre Gefühle werden sich anschließen.

Freiheit bedeutet für mich, dass ich mich entscheiden kann, wie ich mich verhalten will, und ich nicht länger eine Gefangene meiner eigenen, negativen Gefühle bin.

Freiheit bedeutet für mich, dass ich mich entscheiden kann, wie ich mich verhalten will, und ich nicht länger eine Gefangene meiner eigenen, negativen Gefühle bin. Ich kann mich dem Worte Gottes gemäß verhalten, anstatt nur auf Ereignisse reagieren zu müssen.

Der Teufel mag zwar putzmunter sein Unwesen hier auf der Erde treiben, doch ich werde mich von ihm nicht länger kontrollieren lassen. Er hat auch kein Recht, Sie weiterhin zu kontrollieren. Gott ist auf Ihrer Seite, und deshalb sind Sie mehr als ein Überwinder.

Die Stärke der Schwachheit

Manchmal ist nur ein wenig Teamarbeit nötig, um aus einem Misserfolg einen phänomenalen Erfolg zu machen. Genauso war es bei Spencer Silver und Art Fry, die 1970 beide als Chemiker bei der Firma *3M* arbeiteten.

In seinem Bestreben, einen neuen Klebstoff zu entwickeln, der stärker war als alle anderen zu der Zeit gebräuchlichen Klebstoffe, gelang Silver genau das Gegenteil. Er entwickelte einen Klebstoff, der weniger stark klebte als die meisten der aktuellen *3M*-Produkte und darüber hinaus nicht trocknete. Er blieb zwar an einigen Sachen kleben, konnte aber leicht wieder abgezogen werden. Weder Silver noch sonst irgendjemand konnte sich vorstellen, wofür man diesen schwachen Klebstoff überhaupt gebrauchen könnte. Er hatte bei der Entwicklung eines neuen Produkts, das sich *3M* erhofft hatte, auf ganzer Linie versagt.

Vier Jahre später ertappte sich Silvers Kollege Art Fry jeden Sonntag dabei, wie er ärgerlich wurde, wenn er im Kirchenchor sang. Er legte sich gerne Lesezeichen in sein Gesangbuch, um so die Lieder zu kennzeichnen, die gesungen wurden, damit er nicht lange hin- und herblättern musste und sie schneller wiederfand. Doch jede Woche fielen seine Lesezeichen aufs Neue aus dem Gesangbuch heraus. Er hätte sie festkleben können, doch die Klebstoffe, die für Klebestreifen oder auch Klebestifte verwendet wurden, waren zu stark und es bestand die Gefahr, die Seiten zu beschädigen, wenn man die Lesezeichen wieder entfernte.

Eines Tages erinnerte Fry sich, dass Silver einen schwachen Klebstoff entwickelt hatte und trug ein wenig von Silvers Produkt auf seine Lesezeichen auf. Genau das hatte er gebraucht! Seine Lesezeichen klebten zwar an den Blättern des Gesangbuches, konnten aber leicht wieder entfernt werden, ohne das Papier zu beschädigen.

Bald schon gebrauchte Fry seine »Lesezeichen« für andere Zwecke: Er benutzte sie, um Notizen an Akten zu befestigen, kurze

Nachrichten für Kollegen zu hinterlassen und um Papiere oder Notizbücher zu kennzeichnen. Seine Kollegen waren fasziniert und wollten diese kleinen, schwach haftenden Notizzettel auch haben.

Gegen Ende der 70er-Jahre bekamen Frys Lesezeichen von *3M* den Namen Post-it®. Das Produkt wurde 1977 auf dem Markt getestet, doch das Interesse hielt sich in Grenzen. Aber sie wussten, dass ihre selbsthaftenden Notizzettel brillant waren, und gaben deshalb nicht auf.

1979 starteten sie eine breit angelegte Werbekampagne, bei der auch Muster an Kunden verteilt wurden, um die Aufmerksamkeit der amerikanischen Öffentlichkeit auf das geniale, neue Produkt zu lenken. 1980 dann – also zehn Jahre, nachdem Spencer Silver den scheinbar nutzlosen, schwachen Klebstoff erfunden hatte – brachte *3M* die Post-it® Notizzettel in ganz Amerika auf den Markt. Mittlerweile kann man sie in allen Größen, Farben und Formen in Häusern, Büros und Schulen auf der ganzen Welt wiederfinden.

KAPITEL 15

Die Kraft, hoch hinauszufliegen

»Sei nicht durchschnittlich. Lass dein Herz so hoch hinaus, wie es nur will.«
A. W. Tozer

Menschen, die nicht aufgeben, zeichnen sich durch mehr aus, als dass sie gerade so über die Runden kommen und am Ende eines jeden Tages kraftlos und ohne Freude sind. Nein, ein Mensch, der nicht aufgibt, verfügt über besonders nachhaltige Stärke, über Siegesgewissheit, hat ein Gespür für Triumphe und ist ungewöhnlich leidenschaftlich. Solch eine entschlossene, hartnäckige und überwindende Person hat sowohl die Fähigkeit zu überleben als auch zu gedeihen.

Denken Sie noch einmal an den Adler. Ein Mensch, der sich erfolgreich entwickelt und wächst, scharrt nicht zusammen mit den Hühnern und Hähnen im Hühnerhof herum. Er verhält sich auch nicht so furchtsam wie die Hühner. Stattdessen hat er oder sie den Geist eines Bezwingers und verfügt über die Kraft, aufzufahren, um majestätisch wie ein Adler zu segeln.

Fliegen lernen

In 5. Mose 32,11 lesen wir: *Wie der Adler sein Nest aufstört, über seinen Jungen schwebt, seine Flügel ausbreitet, sie aufnimmt, sie trägt auf seinen Schwingen, so leitet ihn der Herr allein.* Wir wollen uns einmal die Vorgehensweise in diesem Vers näher ansehen: Der

Adler stört also sein Nest auf, schwebt über seinen Jungen, breitet seine Flügel aus und trägt die Jungen auf seinen Schwingen.

Wenn wir die Kraft anstreben, hoch hinauszufliegen, müssen wir uns die tiefe Bedeutung dieses Verses vor Augen halten. Ich möchte Ihnen zu Beginn erst einmal Näheres zum Nest der Adler sagen. Der Adler baut sein Nest hoch oben auf einem Felsen. Hinter und unter dem Nest befindet sich ein fester Fels. Die stabile Grundkonstruktion des Nestes besteht aus Ästen, die einen Durchmesser von bis zu fünf Zentimetern und eine Länge von knapp zwei Metern haben können. Ein Adlerhorst wiegt bis zu zwei Tonnen, wenn er fertig ist, und ist zwei bis drei Meter breit und bis zu sechs Metern tief.

Sobald die Grundkonstruktion fertig ist, hört das Adlerweibchen auf, Material für den Horst zu sammeln. Sie bleibt zu Hause und beschäftigt sich mit den »Abschlussarbeiten«, während das Adlermännchen weiterhin Ranken, Blätter, Felle von Tieren oder Sonstiges herbeischafft, was sich zum »Einrichten« des Nestes eignet. Kurz vor der Fertigstellung des Nestes legt das Weibchen zwei oder drei Eier. Sie zupft sich selbst Federn von der Brust, um das Nest für die kleinen Adlerjungen gemütlich auszupolstern. Genau wie die meisten Mütter auch, ist sie bereit, selbst zu leiden, damit es den Kleinen gut geht. Während sie auf die Eier aufpasst, bringt das Adlermännchen ihr etwas zu essen und lässt sie im Bett bleiben. (Ich werde Dave einmal vorschlagen, sich dem Studium der Adler zu widmen!)

Das Adlermännchen sammelt weiterhin Dinge für das Nest. Es fliegt los, um mit allem Möglichen zurückzukommen: Golfbälle, Tennisbälle, alte Schuhe, Dosen oder glänzendes Metall. Ist der Adlermutter das Nest zu voll, wirft sie einfach das weg, was sie nicht mehr haben will. Ich sage Dave mindestens zwei oder drei Mal in der Woche: »Schmeiß das weg. Wir benutzen es doch gar nicht!« Manchmal mache ich es dann selbst, wenn er gerade nicht hinguckt!

Ist die Zeit gekommen für die kleinen Adler zu schlüpfen, fangen sie an, die Schale ihrer Eier mit einem kleinen, zahnähnlichen Ansatz auf ihrem Schnabel aufzupicken. Die Adlerjungen benutzen diesen »Zahn«, um die Schale so lange durch Picken zu bearbeiten, bis sie aufbricht.

Gott hat diese feste Entschlossenheit von Anfang an in die kleinen Adler hineingelegt. Das ist notwendig, denn es bereitet sie mit auf die Schwierigkeiten vor, denen sie später in ihrem Leben begegnen werden. Ich habe sogar gelesen, dass es für die Adlerjungen den Tod bedeuten kann, wenn ein Mensch eingreift und ihnen dabei hilft, aus der harten Schale herauszukommen. Es braucht die Gelegenheit, seine Hartnäckigkeit unter Beweis zu stellen und das Hindernis der harten Schale zu meistern, um so zu leben, wie Gott es vorgesehen hat. Lernt es nicht, im Angesicht von Schwierigkeiten durchzuhalten, dann ist es nicht überlebensfähig.

Die ersten drei Monate ihres Lebens verbringen die kleinen Adler in dem gemütlichen Nest, das ihre Eltern für sie vorbereitet haben. Es ist tief, es ist breit, es ist stabil und es ist kuschelig. Mama ist da und alles ist toll. Das Leben ist leicht; für alles ist gesorgt.

Doch wenn die kleinen Adlerjungen zwölf Wochen alt sind, erleben sie eine große Überraschung, denn plötzlich fängt die Mutter an, alle Spielzeuge aus dem Nest zu werfen. Sie schlägt im Nest mit ihren Flügeln und schmeißt die Sachen über den Nestrand, um sie loszuwerden. Als Nächstes zupft sie das gemütliche Material aus dem Nest – die Federn, die Tierfelle – und die Kleinen müssen auf Dornen und Stöcken sitzen. Genau das meint die Bibel, wenn sie davon spricht, dass der Adler »sein Nest aufstört«. Sie stört ihr Nest auf, weil sie ihre Kleinen dazu bewegen will, herauszukommen und zu fliegen. Sie weiß, sie muss ihnen das Fliegen beibringen, denn sonst können sie nicht überleben.

Bald schon ergreift die Adlermutter mehr Initiative. Sie fängt tatsächlich an, ihre Kleinen aus dem Nest zu stoßen. Die kleinen Adler, die keine Ahnung vom Fliegen haben, fallen einfach abwärts und haben dabei wahrscheinlich große Angst. Sie wissen nicht, was gerade mit ihnen passiert, und ich bin mir sicher, dass sie auf gar keinen Fall auf den Boden schauen wollen, auf den sie unaufhörlich zurasen. Bald schon hören sie jedoch ein »Wuuuuuuuuuuuusch«, denn die Mutter rauscht herbei, um sie aufzufangen.

Ich kann mir gut vorstellen, was ein kleiner Adler so sagen würde, wenn er könnte: »Oh! Gott sei Dank! Oh Mama, was hatte ich für eine Angst. Ich fragte mich, ob du mich liebst, aber du tust es, denn du hast mir das Leben gerettet. Ich weiß nicht, warum du mir das angetan hast, aber können wir jetzt einfach zurück ins Nest, bitte? Ich will meine Spielsachen zurück.«

Nun bringt die Mutter sie zurück ins Nest, doch nur, um sie wieder hinauszustoßen. Diesen Vorgang wiederholt sie immer wieder, bis die Kleinen schließlich verstanden haben, dass sie nur eine Möglichkeit haben, nämlich selbst zu fliegen. Die Adlermutter handelt so, weil sie ihre Kleinen liebt und will, dass ihr Leben so schön wie möglich wird. Die meisten Adlerjungen würden ihr Nest nicht ohne diesen Stoß verlassen. Genauso würden sich viele von uns lieber für ein bequemes als für ein herausforderndes Leben entscheiden, es sei denn, wir haben keine andere Wahl.

Haben Sie das Gefühl, dass Gott mit Ihnen so umgeht, wie die Adlermutter mit ihren Kleinen? Hat er Ihnen auch gerade einige Spielsachen weggenommen? Hat er die Polsterung aus Ihrem Nest entfernt, sodass Sie plötzlich auf dornigen Ästen sitzen? Verändert er Dinge in Ihrem Leben, die Ihnen ein unbehagliches Gefühl vermitteln? Sagt er: »Komm, es ist Zeit zu fliegen!«?

Manchmal haben wir das Gefühl, dass Gott uns fallen gelassen hat. Wir wissen nicht, was in unserem Leben los ist. Wir haben das Gefühl, auf die Erde zuzustürzen und fürchten uns vor einer Bruchlandung. Doch wir müssen uns weigern, in Situationen, durch die wir hindurchgehen müssen und die wir nicht begreifen, ängstlich zu sein oder aufzugeben. Gott bringt uns gerade das Fliegen bei – und bevor wir zu tief fallen, hören wir nur noch ein: »Wuuuuuuuuuuuusch«! Er wird rechtzeitig da sein, um uns zu retten!

Gefiederpflege und Vorbereitung

Jeden Morgen sitzt der Adler auf einem Felsen und zieht systematisch jede einzelne Feder durch seinen Schnabel (immerhin eintausendzweihundert Federn pro Flügel). Eine nach der anderen. Er haucht jede einzelne Feder an und ölt sie mit Öl aus einer bestimmten Drüse in der Nähe seines Schwanzes. Das nennt man Gefiederpflege. Dafür braucht er ungefähr eine Stunde und es gleicht einer Dampfreinigung. Auf diese Weise bringt er sein Gefieder für die anstehenden Flüge des Tages wieder in Form und macht es wasserundurchlässig. Diese Vorbereitungen sind für das Überleben des Adlers lebensnotwendig und er erhält sich damit seine Leistungsstärke in vollem Umfang.

Manche Christen erhalten nie die Kraft, hoch hinauszufliegen, weil sie sich keine Vorbereitungszeit nehmen, um ihr Bestes für den Tag geben zu können. Ich weiß nicht, wie das mit Ihnen ist, aber ich brauche jeden Tag diese Zeit, bevor ich hinausgehe, und mich auf Begegnungen mit anderen Menschen oder auf meine Arbeit einlasse. Die beste Vorbereitung, um so viel Kraft wie möglich für den Tag zu haben, ist, Zeit mit Gott zu verbringen. Nichts anderes wird Sie so auf das vorbereiten, was Ihnen auf der Arbeit, zu Hause, in Beziehungen oder im Alltag widerfahren wird, wie die Zeit, die Sie sich nehmen, um mit Gott zu reden, bevor der Tagesbetrieb beginnt.

Als ich das erste Mal begriff, dass ich mich auf jeden neuen Tag vorbereiten musste, indem ich Zeit mit Gott verbrachte, beschwerten sich einige meiner Kinder. »Jeden Morgen stehst du auf und gehst in dein Studierzimmer, Mama. Kannst du dich nicht wie jede andere Mutter verhalten und uns ab und zu das Frühstück machen?«

Zu dem Zeitpunkt waren sie bereits Teenager und brauchten nicht wirklich jemanden, der ihnen das Frühstück zubereitete. Ich antwortete: »Hört mal, ihr seid alt genug, euch das Müsli selbst in die Schüssel zu schütten und Milch darüberzugießen. Außerdem solltet ihr euch freuen, dass ich jeden Morgen in mein

Studierzimmer gehe. Ihr werdet einen viel schöneren Tag haben, wenn ich diese Zeit mit Gott verbringe!«

Meine Tochter Sandra, die nun achtunddreißig Jahre alt ist, verbringt ein wenig Zeit mit mir, während ich an diesem Buch arbeite. Gestern Morgen sagte ich ihr, ich würde meine Zeit wieder früh morgens mit dem Herrn verbringen. Sie antwortete: »Damit du wieder nett sein kannst?« Wir lachten beide, weil wir gelernt haben, dass selbst so etwas, wie nett zueinander zu sein, zu einem Ding der Unmöglichkeit werden kann – ohne die tägliche Vorbereitung in der Gegenwart Gottes und in seinem Wort.

Was die Zeiteinteilung betrifft, sind viele Menschen bereits an ihrem Limit angekommen. Sie erschaudern bei dem Gedanken, noch einen Termin in ihrem ohnehin schon vollen Alltag unterbringen zu müssen. Ich kann sie sagen hören: »Ich habe ein Haus voller Kinder und Teenager. Wie soll ich da noch Zeit mit Gott verbringen?« Oder: »Ich habe drei Arbeitsstellen. Wo soll ich denn da noch Zeit mit Gott unterbringen?«

Alles was ich dazu sagen kann, ist Folgendes: Je voller Ihr Alltag ist, je mehr Sie zu tun haben, desto mehr Zeit sollten Sie mit Gott verbringen. Ich weiß nicht, wie Sie Ihren Alltag umorganisieren können, doch ich weiß: Wenn wir Gott unsere Zeit geben, dann verhält es sich so, wie mit dem Geld, das wir ihm geben. Er wird Ihnen die Zeit erstatten. Er ist der Hüter der Zeit. Er weiß, wie viel Zeit Sie brauchen, um alles zu schaffen, was Sie tun müssen. Er steht Ihnen helfend zur Seite.

Wenn wir Gott unsere Zeit geben, wird er sie uns erstatten. Er ist der Hüter der Zeit.

Hören Sie auf, Gott in Ihren Tagesablauf hineinpressen zu wollen. Entscheiden Sie sich, ihm die erste Stelle zu geben und planen Sie Ihren Tagesablauf um ihn herum.

Ihr Leben kann anders verlaufen, als dass Sie ständig das Gefühl haben, kurz vor einem Nervenzusammenbruch zu stehen, und es keinen Tag länger mehr aushalten zu können. Sollten Sie in einer schwierigen Ehesituation sein, dann ist das Beste, was Sie für sich selbst tun können, jeden Tag Zeit mit Gott zu verbringen, bevor Sie irgendetwas anderes tun. Wenn Ihre Arbeitsstelle eine große Verantwortung und viel Stress mit sich bringt, dann tun Sie sich selbst den größten Gefallen, indem Sie ein wenig Zeit von Ihrer Mittagspause nehmen, sich ins Auto setzen und dort Zeit mit Gott verbringen. Haben Sie ein Kind, dessen Erziehung sehr herausfordernd ist und mit dem man nur schwer auskommt, dann ist die beste Investition, die Sie überhaupt tätigen können, jeden Tag erst einmal Zeit mit Gott zu verbringen.

Sich mehrmals am Tag eine »geistliche Auszeit« von fünf Minuten zu gönnen, kann ebenfalls hilfreich sein. Legen Sie einfach für ein paar Minuten eine Pause ein, in der Sie beten oder über eine Bibelstelle nachsinnen, die Sie ermutigt und stärkt.

Sie müssen sich nicht vom Leben überrollen lassen und dem Leben unvorbereitet gegenübertreten. Bereiten Sie sich selbst auf die Herausforderungen vor, denen Sie heute begegnen werden, indem Sie jeden Tag Zeit mit Gott verbringen, damit Sie wie die Adler segeln können.

Höher hinaus

Adler-Christen sollten nicht nur Zeit mit Gott verbringen, um sich ihre Stärke zu erhalten, sondern auch darauf achten, welche Einflüsse sie in ihrem Leben zulassen. Mit wem verbringen Sie Ihre Zeit? Wer beeinflusst Ihr Leben? Auf wen hören Sie?

Wie bereits beschrieben, wird ein Adler, der viel Zeit mit Hühnern verbringt, mit Sicherheit bald einige Charakterzüge von Hühnern übernehmen. In Sprüche 4,23 lesen wir: *Mehr als alles, was man sonst bewahrt, behüte dein Herz! Denn in ihm entspringt die Quelle des Lebens.* Diese Worte *behüte dein Herz* sind ein Befehl. Es liegt an Ihnen, Ihr Herz zu behüten. Es ist nicht Gott, der Ihr Herz behüten wird.

Alle wichtigen Bereiche des Lebens sind Herzensangelegenheiten. Deshalb müssen wir das Herz sorgfältig beschützen. Praktisch heißt das, sehr sorgfältig abzuwägen, was und wem wir den Zugang zu unserem Leben erlauben: Sei es über unsere Ohren (worauf Sie hören) oder auch über unsere Augen (was Sie sich anschauen).

Achten Sie darauf, mit wem Sie Ihre Zeit verbringen und vergessen Sie nicht: Ein Adler fliegt nicht gemeinsam mit allen möglichen anderen Vögeln. Deshalb können auch Sie nicht Ihre Zeit mit irgendeiner beliebigen Gruppe von Menschen verbringen. Der Umgang mit negativen Menschen wird auch in Ihnen negative Haltungen hervorrufen. Umgeben Sie sich jedoch mit positiven Menschen, werden Ihre Einstellungen optimistischer. Wenn Sie Ihre Zeit mit geizigen Menschen verbringen, werden Sie ebenfalls geizig. Großzügige Menschen fordern Sie hingegen durch ihre Einstellungen und Handlungen heraus, höher hinauszukommen und großzügiger zu werden.

Wir sollten Menschen werden, die sich *gerne* von anderen herausfordern lassen. Auf diese Weise erhalten wir die Stärke, die wir zum Segeln brauchen. Bitten Sie Gott, Ihnen Menschen an die Seite zu stellen, die Sie durch ihre Art inspirieren, über sich hinauszuwachsen. Gott möchte, dass wir alle höher hinauskommen. Ich bin davon überzeugt, dass wir immer das Ziel vor Augen haben sollten, niemals aufzugeben und nicht zufrieden mit dem zu sein, wo wir uns gerade befinden. Wir sollten immer weiter vorwärtsdrängen, höher hinauszukommen, um die nächste Stufe des Glaubens in unserem Leben zu erreichen.

Geistliche Muskeln aufbauen

Gott möchte, dass Sie stark genug sind, über den Stürmen des Lebens hinwegzusegeln und die Pläne, die er für Sie hat, auch zu erfüllen. Damit das möglich wird, müssen Sie Ihre geistliche Muskulatur aufbauen. Es reicht nicht, wenn Sie sich *wünschten*, geistliche Muskeln zu haben. Sie müssen *aufgebaut* werden, genauso wie die Muskeln unseres Körpers.

Es wäre toll, wenn sich unsere Muskeln durch Pilleneinnahme oder Gebet entwickelten. Jeder würde gerne solche Gebete in Anspruch nehmen! Wir alle wissen, dass dieser Gedanke lächerlich ist, denn man kann Muskeln nur entwickeln, indem man Sport treibt!

Ich habe früher immer gesagt, dass ich *nie* zu den Menschen gehören werde, die drei Mal in der Woche ins Fitnessstudio rennen, denn ich hasste es, Sport zu treiben. Sportliche Betätigungen beschränkten sich auf Dinge, die mir Spaß machten, wie zum Beispiel Wandern oder Golfspielen (und die mir nebenbei etwas Bewegung verschafften). Ich hatte jedoch kein Verlangen nach Sport und dem ganzen Drumherum. Mittlerweile gehe ich drei Mal in der Woche zum Fitnesstraining. Was hat mich dazu veranlasst, meine Meinung zu ändern? Ich wollte einfach stärker und gesünder sein und mehr Energie haben. Deshalb strengte ich mich an, mein gewünschtes Ziel zu erreichen.

Ich erzähle Ihnen genau, was passiert ist: Gott sprach in mein Herz. Er sagte: »Du musst jetzt etwas unternehmen, damit du für das letzte Drittel deines Lebens auch stark bist.« Er möchte, dass ich genug Kraft habe, hoch hinauszufliegen.

Meines Erachtens befinde ich mich im letzten »Trimester« meines Dienstes und ich will noch all das zur Welt bringen, was Gott für mich geplant hat. Ich brauche einen starken Körper für meinen Geist, um weltweit zu reisen, die Konferenzen abzuhalten und auch meine anderen Verpflichtungen zu erfüllen.

Ich fand einen Trainer und begann, Sport zu treiben. Zuerst versuchte ich es mit einem Gewicht von zwei Kilogramm und dachte, es nie heben zu können. Dann ging ich auf drei, dann fünf, dann sechs und schließlich auf sieben Kilogramm. Mittlerweile kann ich locker neun Kilo-Gewichte heben und manchmal sogar elf, je nach Übung.

Ich brauchte nur neun Wochen, um dahin zu kommen. Sie werden erstaunt sein, welche Fortschritte Sie machen, wenn Sie bereit sind, mit dem anzufangen, was Gott Ihnen zeigt. Vielleicht geht es bei Ihnen nicht darum, Gewichte zu heben. Aber mit Sicherheit will er auch in Ihrem Leben Dinge in Angriff nehmen, denn Gott drängt uns immer weiter. Bittet Gott uns darum, schwierige Aufgaben zu tun, dann hilft uns das, geistliche Muskeln aufzubauen.

Gerade durch komplizierte Situationen, die man nur schwer ertragen kann, bekommen wir die Kraft, hoch hinauszufliegen. Laufen Sie deshalb nicht vor ihnen weg.

Gerade durch komplizierte Situationen, die man nur schwer ertragen kann, bekommen wir die Kraft, hoch hinauszufliegen. Laufen Sie deshalb nicht vor ihnen weg.

Sie werden an den Punkt kommen, wo bestimmte Umstände, die früher für Sie einmal sehr schwer waren, leicht werden. Sie steigen einfach hoch hinauf, über die Stürme des Lebens hinweg, genau wie der Adler.

Der goldene Käfig

Häufig, wenn wir an Menschen denken, die nicht aufgegeben haben, stehen uns solche vor Augen, die Hürden überwinden mussten wie Armut, wirtschaftliche Benachteiligung, körperliche oder psychische Behinderungen oder andere tragische Lebensumstände. Aber auch Menschen, die auf der Sonnenseite des Lebens geboren wurden, haben Schwierigkeiten zu bewältigen, wie zum Beispiel Florence Nightingale.

Sie kam 1820 in der Stadt zur Welt, nach der sie auch benannt wurde – Florenz (Italien). Als Tochter reicher Eltern, die nach ihrer Heirat eine zweijährige Hochzeitsreise durch Europa machten, wurde von Florence Nightingale erwartet, sich mit den Interessen der Privilegierten zu beschäftigen, eine »gute Partie« zu machen und ein Leben zu führen, wie es sich für eine kultivierte, englische Dame der Oberschicht gehörte.

Doch Florence hatte andere Pläne. 1837 bekam sie im Garten ihres Familienbesitzes in Hampshire einen »Ruf« Gottes. Sie empfand eine Berufung, sein Werk zu tun, wusste aber nicht, wie das konkret aussehen sollte. Schließlich erkannte sie, sie solle Krankenschwester werden. Angesichts ihrer sozialen Herkunft, ihrer Bildung, ihrer lebhaften Persönlichkeit und ihrer Schönheit war die Arbeit einer Krankenschwester aus Sicht ihre Eltern unter Florences Würde. Sie vertraten die Meinung, dass eine Frau von solchem Rang und Namen nicht einmal darüber nachdenken dürfe, so einer »niederen« Arbeit nachzugehen. Deshalb erlaubten sie Florence nicht, die notwendige Ausbildung zur Krankenschwester zu durchlaufen, die sie brauchte, um dem Ruf Gottes zu folgen.

Nach beträchtlichen Auseinandersetzungen innerhalb der Familie willigten ihre Eltern schließlich ein – wenn auch nur widerstrebend – dass Florence an einer dreimonatigen Ausbildung zur Krankenschwester teilnahm. Dadurch eröffnete sich ihr die Möglichkeit, 1853 Vorsteherin eines Frauenkrankenhauses in London zu werden.

1854 brach der Krimkrieg aus, als Britannien, Frankreich und die Türkei Russland den Krieg erklärten. Bald schon berichteten britische Zeitungen, dass verwundete Soldaten aufgrund der unzureichenden, medizinischen Ausrüstung an der Front nur dürftig versorgt werden konnten. Ein britischer Beamter und Freund von Florence bat sie, die Entsendung von Krankenschwestern in die Militärkrankenhäuser in der Türkei zu koordinieren, damit die Kriegsverletzten angemessen versorgt werden könnten. So reiste sie im November 1854 mit achtunddreißig Krankenschwestern in die Türkei.

Zuerst wollten die Ärzte sich nicht von den Krankenschwestern helfen lassen und verweigerten die Zusammenarbeit. Innerhalb weniger Tage wurden sie vom Umfang des medizinischen Versorgungsnotstands der verwundeten Soldaten so überwältigt, dass sie begriffen, wie wichtig und wertvoll die Assistenz durch die Krankenschwestern war. Durch die Arbeit von Florence verbesserten sich die Zustände an den Militärkrankenhäusern grundlegend und die Sterberate fiel beträchtlich. Florence erntete großen Respekt bei den britischen Soldaten, nicht nur, weil sie eine großartige Krankenschwester und Koordinatorin war, sondern auch, weil sie ihnen Freundlichkeit und Mitgefühl entgegenbrachte.

Florence gewann in ihrem Leben viele Auszeichnungen. Ihre Arbeit bereicherte das moderne Gesundheitswesen und ihr Einfluss reicht bis in die Krankenhäuser unserer Tage. Sie trug dazu bei, dass der Beruf der Krankenschwester eine anerkannte Tätigkeit für Frauen wurde. Außerdem schrieb sie Klassiker zur Krankenpflege – Bücher, die heute noch gedruckt werden.

Florence Nightingale musste großen Widerstand und den sozialen Druck ihrer Familie überwinden, damit sie das tun konnte, wozu Gott sie ihrer Meinung nach berufen hatte. Sie nahm niemals Abstand von seinem Plan für ihr Leben und blieb diesem bis zu ihrem Tode im Alter von neunzig Jahren treu. Seien auch Sie bereit, wie Florence, die Missbilligung anderer in Kauf zu nehmen, wenn Sie Gott nachfolgen. Bleiben Sie dem verpflichtet, womit er Sie beauftragt hat.

KAPITEL 16

Halten Sie an Ihrer Zukunft fest

»Mein Interesse richtet sich auf die Zukunft, denn in ihr werde ich mein weiteres Leben verbringen.«
Charles F. Kettering

Im Verlauf dieses Buches habe ich Sie dazu angehalten, niemals aufzugeben. Nicht aufgeben bedeutet, voller Kühnheit und Zuversicht in die Zukunft zu marschieren, jeden neuen Tag als Möglichkeit anzusehen, vorwärtszukommen, um das Beste, was Gott für Sie bereithält, auch zu leben. Es bedeutet, die neuen Herausforderungen eines jeden Tages wie einen zu erklimmenden Berg wahrzunehmen und nicht als einen Felsbrocken, der Sie zu zerschmettern droht.

Vor Ihnen liegt eine großartige Zukunft, doch Sie werden sie nicht vollständig genießen können, wenn Ihre Vergangenheit Sie immer noch gefangen hält. Die Vergangenheit kann Sie davon abhalten, die Freude, die Freiheit und die Segnungen der Gegenwart und der Zukunft zu erleben – *vorausgesetzt, Sie gestatten es ihr.* Gott möchte, dass Sie sich von Ihrer Vergangenheit befreien und Ihr Gesicht voller Hoffnung, Mut und Erwartung der Zukunft zuwenden. Und der beste Weg, den ich kenne, um an der Zukunft festzuhalten, ist, sich zu weigern, in der Vergangenheit gefangen zu bleiben.

Schauen Sie nicht zurück

Gott meint es ernst damit, Sie von Ihrer Vergangenheit zu befreien. Keine andere Geschichte in der Bibel beschreibt das besser als die Erzählung über Lots Frau. Hier einige Details:

Ein Mann namens Lot und seine Familie lebten in einer Stadt, die voller Boshaftigkeit und Sünde war. Erzürnt über die abartigen Verhaltensweisen in dieser und einer benachbarten Stadt, beschloss Gott, sie zu zerstören. Er sandte zwei Engel zu Lots Haus, die ihn aufforderten, seine Familie zu nehmen und zu fliehen. Die Engel warnten sie: *Rette deine Seele!* ***Und schaue nicht zurück;*** *steh auch nicht still in dieser ganzen Umgegend! Rette dich ins Bergland, damit du nicht weggerafft wirst!* (1. Mose 19,17; Schlachter 2000). Lots Frau machte den Fehler und missachtete den Befehl, nicht zurückzublicken. Sofort erstarrte sie an Ort und Stelle zur Salzsäule.

Jesus wollte, dass wir nicht vergessen, was mit dieser Frau geschah. Lukas 17,32 ist ein kurzer Bibelvers, in dem Jesus nur vier Worte sagt: *Gedenkt an Lots Frau.* Damit wollte er sagen: »Hört auf, zurückzublicken. Die Vergangenheit ist vorbei. Schaut nicht zurück. Schaut auf die Zukunft, die vor euch liegt!«

Solange ich über meine Vergangenheit nachdachte und redete, hatte ich das Gefühl, keine Zukunft zu haben. Gott hielt zwar eine für mich bereit, doch ich hätte sie völlig verpasst, wenn ich nicht endlich begriffen hätte, dass ich »loslassen musste, um weiterzukommen«!

Konzentrieren wir uns zu sehr auf die Vergangenheit, können wir manchmal unsere Zukunft nicht mehr sehen. Wir werden entmutigt, hoffnungslos und deprimiert. Hören Sie auf, so zu tun, als wäre Ihre Vergangenheit wichtiger als Ihre Zukunft, indem Sie ihr viel zu viel Zeit widmen. Sie werden dadurch nur in längst vergangenen Zeiten festgehalten, können den Augenblick nicht genießen und haben keine Hoffnung für die Zukunft. Als Lots Frau zurückblickte, verlor sie ihr Leben. Sie verlor ihre Familie und ihre Zukunft. Sie sollten wissen: Auch Sie können zerstört werden, wenn Sie zurückblicken! Sie werden wahrscheinlich nicht zur Salzsäule erstarren, doch Sie können innerlich genauso »tot« sein wie ein Salzhaufen. Durch die übermäßige Beschäftigung mit der Vergangenheit »versalzen« Sie sich das Leben im Hier und Heute.

Jeden Morgen neu

Das Festhalten an der Vergangenheit führt dazu, dass Sie sie immer und immer wieder erleben. In der Bibel steht, dass ein Mensch so ist, wie er über sich denkt (siehe Sprüche 23,7; Schlachter 2000). Ich stelle diesen Punkt gerne so dar: »Der Mensch folgt seinen Gedanken.« Denke ich ständig über meine Vergangenheit nach, dann werde ich sie auf die eine oder andere Weise wiederholen; doch wenn ich mich auf meine Zukunft ausrichte, wird sich Gottes Traum für mich zunehmend erfüllen.

Haben Sie keine Angst, dass sich die Vergangenheit immer wiederholt. Glauben Sie, dass Gott größer ist als Ihre Sünden, Fehler und Unzulänglichkeiten? Sie werden mit Gottes Hilfe und durch seine Gnade die geistliche Kraft und Stärke haben, Ihre Zukunft besser zu gestalten. Die Träume Ihrer Zukunft haben keinen Raum für die Enttäuschungen Ihrer Vergangenheit, die beschweren Sie nur und halten Sie auf.

Oftmals fängt der Feind bereits vor dem Aufstehen damit an, Sie an alles zu erinnern, was Sie am Vortag falsch gemacht haben oder was nicht gut gelaufen ist. Der Feind verfolgt damit nur ein Ziel: Er will Sie mit dem Gestern davon abhalten, das Heute zu leben. Er will Ihre Vergangenheit gegen Sie verwenden. Gott hingegen möchte nicht, dass wir unter der Tyrannei der Vergangenheit leben.

Der Feind verfolgt nur ein Ziel: Er will Sie mit dem Gestern davon abhalten, das Heute zu leben.

Jeder Tag kann zum Neuanfang werden, wenn wir es zulassen. Gottes Güte ist größer als unsere gestrigen Fehler.

Gottes Gnade ist jeden Morgen neu! Sollten Sie also morgens aufwachen und der Satan Ihnen Ihre gestrigen Fehler auflisten, dann sagen Sie laut: »Gottes Gnade ist jeden Morgen neu. Ich nehme deine Gnade gerade jetzt an, Gott. Danke für deine Vergebung. Danke, dass du meine Vergangenheit hinter mich gelegt hast und du mich in eine großartige Zukunft hineinrufst.« Anstatt sich zu fragen, was wohl noch Schreckliches geschehen wird, bevor der Tag vorüber ist, fangen Sie den Tag mit den Worten an: »Heute wird mir etwas Gutes widerfahren!«

Möglicherweise flüstert der Feind Ihnen dann ins Ohr: »Du wirst am Ende schön enttäuscht sein, denn du wirst es kein Stück besser machen als gestern.« Antworten Sie: »Ich weiß nicht genau, was mir der Tag bringt, doch ich werde eine positive Einstellung zum Tag haben. Ich werde weitergehen und mein Bestes geben. Am Ende dieses Tages werde ich über meine Fehler hinwegkommen und mich auf den nächsten Tag vorbereiten. Du kannst mich genauso gut in Ruhe lassen, Teufel, denn ich werde an der Gnade, die Gott mir jeden Morgen neu schenkt, festhalten. Ich werde mich nicht von meiner Vergangenheit gefangen nehmen lassen.« Sie werden erstaunt sein, wie hilfreich solche Selbstgespräche sind und wie viel Energie sie geben. Negatives Denken saugt uns aus, doch Glaube, Hoffnung und eine positive Einstellung öffnet die Tür, damit Gott Wunder tut.

Sie sind die einzige Person, die den Feind zum Schweigen bringen kann, wenn er die Vergangenheit wieder auftischt. Niemand anderes kann das für Sie tun. Die feste Entschlossenheit, ihn zu überwinden und die wunderbare Zukunft zu erleben, die Gott für Sie bereithält, erfordert, dass Sie lernen, dem Teufel zu widersprechen. Sie können sich von niemand anderem Entschlusskraft ausleihen. Sie müssen ganz tief in sich danach suchen, Ihre innere Stärke zu fassen kriegen und sagen: »Ich werde nicht aufgeben! Der Feind wird meine Vergangenheit nicht dazu nutzen, um mir meine Zukunft zu zerstören! Ich werde nicht zulassen, dass das Heute vom Gestern beeinflusst wird!«

Sie müssen das, was hinter Ihnen liegt, loslassen, um Ihre Bestimmung zu erfüllen. Ich musste aufhören, über das zu trauern, was ich verloren hatte, und eine Bestandsaufnahme von dem machen, was mir geblieben war. Das habe ich dann Gott gebracht und obgleich es nicht viel zu sein schien, hat er doch große Dinge in meinem Leben getan. Er wird das Gleiche für Sie tun, wenn Sie mit ihm und nicht gegen ihn arbeiten. Gott nannte sich selbst »ICH BIN« (siehe 2. Mose 3,14). Er stellte sich so vor. Warum? Was ist denn das für ein Name? Er stellt damit heraus, dass er überall gegenwärtig und bereit ist, in unserem Leben gerade jetzt zu wirken. Er ist mit uns, um uns in diesem Moment zu helfen! Er kann aus unseren Fehlern der Vergangenheit etwas Gutes bewirken, wenn wir ihm vertrauen. Werden Sie Ihre Vergangenheit loslassen, damit Sie jeden Tag auf dem Weg in die Zukunft bewusst leben können?

Vergessen, was vorbei ist

Der Prophet Jesaja drängt uns, die Vergangenheit zu vergessen: *Denkt nicht an das Frühere, und auf das Vergangene achtet nicht* (Jesaja 43,18). Denken und Erinnern sind gedankliche Prozesse. Jesaja will im Grunde damit sagen: »Hört auf, euch mit euren *alten* Sünden, mit euren *alten* Fehlern, eurem *alten* Versagen, euren *alten* Freunden, mit eurem *alten* Leben, mit eurer *alten* Natur, eurem *alten* Job, ja mit allem, was eure Vergangenheit betrifft, zu beschäftigen. Haltet eure Gedanken davon ab, über den ›vergangenen Dingen‹ zu brüten.«

Nachdem ich aufgehört hatte, die gut besuchten Bibelstunden im Rahmen der Gemeinde zu leiten und bereits der Arbeit von *Joyce Meyer Ministries* vorstand, fragten mich gelegentlich Leute, die sich noch an die Bibelstunden erinnerten: »Vermisst du die guten alten Zeiten nicht, als wir noch in der Gemeinde zu Bibelstunden zusammenkamen? Waren das nicht tolle Zeiten?«

Ja, das waren gute Zeiten. Sie waren für die Entwicklung meines Dienstes, den ich heute habe, sehr wichtig. Es war wunderbar, gemeinsam das Wort Gottes zu studieren. Doch ich muss sagen, ich vermisse diese Zeiten nicht. Es waren gute Zeiten, doch die Zeiten, die ich jetzt erlebe, sind bessere Zeiten! Wenn wir nur lange genug die »guten alten Zeiten« vermissen, ständig über sie nachdenken und über sie reden, dann können wir uns gedanklich nicht mehr auf das Jetzt und die Zukunft einlassen und beides genießen.

Ich weiß nicht genau, was Gott noch alles für mich geplant hat, doch ich weiß, es wird gut sein. Ich freue mich darauf, es gemeinsam mit ihm zu entdecken. Damit ich das tun kann, muss ich es meinen Gedanken untersagen, in Richtungen abzudriften, die nicht gut für mich sind. Steuern Sie Ihre eigenen Gedanken und warten Sie nicht bloß darauf, was Ihnen wohl als Nächstes durch den Kopf schießt.

Wir sehen die Dinge in unseren Gedanken. Was sehen Sie? Nachdem Abraham einen großen Verlust erlitten hatte, führte Gott ihn auf einen Berg. Er forderte ihn auf, nach Norden, Süden, Osten und Westen zu blicken, und sagte dann: »Alles, was du siehst, kannst du haben!« (siehe 1. Mose 13,14-17). Ist das nicht großartig? Das klingt für mich nach einem wirklich guten Plan. Warum zurückblicken und mehr von dem bekommen, was wir gehabt haben, wenn wir nach vorne schauen können, um die Dinge zu genießen, die wunderbarer sind, als wir sie uns jemals vorstellen könnten?

In Jesaja 43 sagt Gott: *Siehe, ich wirke Neues! Jetzt sprosst es auf. Erkennt ihr es nicht? Ja, ich lege durch die Wüste einen Weg, Ströme durch die Einöde* (Vers 19).

Schauen Sie, Gott sagt nicht: »Ich *werde* etwas Neues wirken.« Er sagt: »Ich *wirke* etwas Neues.« Gott ist dabei, etwas Neues zu tun, doch Sie müssen Ihren Blick von dem abwenden, was Gott in der Vergangenheit getan hat, hin zu dem, was er jetzt tut. Nur so können Sie es auch erleben. Tun Sie es nicht, werden Sie Ihr Leben lang immer irgendetwas bedauern.

Etwas bedauern bedeutet »über etwas trauern; etwas beklagen; Verlust für etwas empfinden; sich sehnen nach etwas oder jemandem, der oder das nicht mehr da ist; leiden, weil ein Wunsch unerfüllt blieb, weil etwas getan oder nicht getan wurde«. Bedauern bindet uns an unsere Vergangenheit und hält unseren Blick auf Vergangenes gerichtet. Doch Gott tut *jetzt* etwas

Neues. Seien Sie jemand, der Vergangenem nicht nachtrauert, sondern in der Gegenwart lebt und an einer wunderbaren Zukunft festhält.

Seien Sie jemand, der Vergangenem nicht nachtrauert, sondern in der Gegenwart lebt und an einer wunderbaren Zukunft festhält.

Ich glaube nicht, dass Gott uns die Segnungen, die er jeden Tag für uns bereithält, auch zuteilwerden lässt, wenn wir in der Vergangenheit leben. Er weiß ja, dass wir sie nicht genießen können, wenn wir in der Erinnerung an eine Sache festhängen, die fünfzehn Jahre zurückliegt oder wir einfach nicht über einen Fehler hinwegkommen, den wir in der Schule einmal gemacht haben. Kommen Sie in die Gegenwart. Empfangen Sie die Segnungen, die Gott heute für Sie bereithält, und schauen Sie der Zukunft mit großer Vorfreude entgegen.

Gott vergisst!

Sind Sie wirklich davon überzeugt, dass Gott Ihre Sünden vergisst, sobald Sie darüber Buße tun? Ja, das tut er. An anderer Stelle in diesem Buch habe ich bereits erwähnt, dass Jesus den gesamten Preis für unsere Sünden bezahlt hat. Sobald wir Buße getan haben, ist uns vergeben und es gibt keinen Grund mehr, Schuld- oder Verdammnisgefühle zu haben. Jetzt möchte ich einen Schritt weitergehen, damit Sie wirklich begreifen, dass Gott unsere Sünden nicht nur *vergibt,* sondern auch *vergisst.* Es ist nicht so, dass er Ihnen erst vergibt, dann aber sagt: »Oh Junge, Junge, ich erinnere mich noch, wie ich Johnny vergeben musste, weil er an den Haaren seiner Schwester gezogen und sie zum Weinen gebracht hat. Nun will er, dass ich ihm für seinen Versuch vergebe, beim Mathetest zu schummeln. Seine Liste vergebener Sünden wird mittlerweile ziemlich lang!« Nein. Würde Johnny zu Gott sagen: »Ich weiß, dass du mir schon einmal vergeben hast, weil ich meiner Schwester vor ein paar Jahren an den Haaren gezogen habe, doch jetzt brauche ich deine Vergebung, weil ich in der Arbeit geschummelt habe«, dann würde Gott antworten: »Das Haar deiner Schwester? Du hast mich damals um Vergebung gebeten? Ich habe keine Ahnung, wovon du da redest. Und es gibt auch keine Aufzeichnungen darüber. Nun, was willst du mir über deinen Mathetest erzählen?«

Sowohl im Alten wie auch im Neuen Testament weist Gott ausdrücklich darauf hin, wie vollständig er unsere Sünden vergisst. In Jeremia 31,34 sagt er: *Denn ich werde ihre Schuld vergeben und an ihre Sünde nicht mehr denken.* In Hebräer 10,17 bezieht sich der Schreiber auf Jeremias Worte und sagt: *Ihrer Sünden und ihrer Gesetzlosigkeiten werde ich nicht mehr gedenken.*

Schauen wir uns diesen Vers einmal im Zusammenhang an:

> *Denn mit einem Opfer hat er die, die geheiligt werden, für immer vollkommen gemacht. Das bezeugt uns aber auch der Heilige Geist; denn nachdem er gesagt hat: »Dies ist der Bund, den ich für sie errichten werde nach jenen Tagen, spricht der Herr, ich werde meine Gesetze in ihre Herzen geben und sie auch in ihren Sinn schreiben«; und: »Ihrer Sünden und ihrer Gesetzlosigkeiten werde ich nicht mehr gedenken.«*

In diesem Bibelabschnitt ist nicht von einer Vergebung die Rede, die wir an dem Tag, an dem wir Christus annehmen, erleben und die nur alle unsere früheren Sünden betrifft. Gottes Vergebung gilt für die Dauer unseres Lebens. Sie gilt für jeden Tag. Als Jesus vor zweitausend Jahren am Kreuz starb, vergab er uns nicht nur die Dinge, die wir in unserer Vergangenheit getan haben, sondern er verpflichtete sich, uns jede einzelne Sünde zu vergeben, die wir in der Zukunft begehen würden. Er kennt unsere Gedanken, noch bevor wir sie denken. Er kennt unsere Worte, noch bevor sie aus unserem Mund kommen. Er kennt jede falsche Entscheidung, die wir einmal treffen werden – alles ist bereits eingeschlossen. Wir müssen nur in Beziehung zu ihm bleiben. Im Grunde erwartet er von uns gar keine perfekte Leistung, kein perfektes Benehmen oder eine perfekte Grundeinstellung. Er sucht nur nach Herzen, die ihn wirklich lieben. Vergessen Sie nicht: Gott ist von unserem schlechten Verhalten nicht überrascht. Er wusste schon lange vor uns darüber Bescheid und er will uns trotzdem. Er freut sich darüber, uns dabei zu helfen, in all das hineinzuwachsen, was er uns zutraut.

Gott wirft unsere Sünden – die vergangenen, die gegenwärtigen und die zukünftigen – in das Meer der Vergessenheit und erinnert sich nicht mehr an sie. Wir reden zwar oft über Gottes Vergebung, doch bedenken dabei gar nicht, dass er die Sünden auch vergisst. »Ich werde ihrer Sünden nicht mehr gedenken!« sagt Gott. Entschließen Sie sich heute, endlich nicht mehr an das zu denken, was Gott schon vergessen hat.

In diesem Buch habe ich viel von den zerstörerischen und schädlichen Erlebnissen meiner Vergangenheit berichtet. Jahrelang habe ich es zugelassen, dass mich diese Umstände beeinflusst und davon abgehalten haben, mir meine Zukunft zu erschließen. Ich machte keinerlei Fortschritte in dem neuen Leben, das Gott für mich hatte, weil ich meine Vergangenheit immer als Ausrede gebrauchte, um weiterhin in den alten Gedanken- und Verhaltensmustern leben zu können.

Jesus sagt: *Und ihr werdet die Wahrheit erkennen, und die Wahrheit wird euch frei machen* (Johannes 8,32). Wenn wir bereit sind, der Wahrheit über uns selbst ins Auge zu schauen, dann werden wir frei gemacht. Irgendwann begriff ich, dass ich anderen Leuten und den Erlebnissen meiner Vergangenheit die Schuld gegeben hatte, nicht zukunftsorientiert leben zu können. Ich begann, Verantwortung für mein Leben zu übernehmen, meine Vergangenheit zu bewältigen und meine Zukunft zu gestalten. Ich fand die Kraft, dem Vers aus 2. Korinther 5,17 zu glauben: *Daher, wenn jemand in Christus ist, so ist er eine neue Schöpfung; das Alte ist vergangen, siehe, Neues ist geworden.*

Eine neue Schöpfung in Christus zu sein, bedeutet nicht, dass sich alle unsere Probleme und Schwachheiten in dem Augenblick verflüchtigen, wo wir Gott unser Leben anvertrauen. Es bedeutet vielmehr, dass Sie geistlich gesehen zu neuem »Ton« werden. Ich will Ihnen das einmal erklären:

Jesus, der auch »Same« genannt wird, kommt in unser Leben

als Same des allmächtigen Gottes. Mit ihm kommt auch alles, was Gott ausmacht, als Same in unser Leben. Normalerweise müssen Samen gesät werden. Es dauert eine Weile, bis sie gekeimt haben und Wurzeln schlagen. Und sie müssen gepflegt werden. Sie brauchen Sonnenlicht und Wasser. Jemand muss sie vom Unkraut befreien, damit es sie nicht erstickt und sie an ihrem Wachstum hindert.

Genau so ein Prozess ist auch in unserem geistlichen Leben notwendig. Wir werden nicht über Nacht zu einer neuen Schöpfung, sondern es ist ein Prozess. Gottes Wort muss in unsere Herzen gesät werden und es braucht Zeit, bis es in uns Wurzeln schlägt. Wir benötigen das Wasser des Wortes Gottes (siehe Epheser 5,26) und das Licht des Heiligen Geistes, der uns stärkt. Es ist auch außerordentlich hilfreich, jede Gelegenheit zu nutzen, die sich bietet, um von reiferen Christen, die uns führen können, in unserem Wachstum gefördert zu werden.

Wenn wir nicht aufhören, diese guten und göttlichen Gewohnheiten zu pflegen, dann beginnen die Samen, die Gott in uns hineingesät hat, zu wachsen, sie treiben aus und werden zu Bäumen der Gerechtigkeit (siehe Jesaja 61,3). Mit der Zeit realisieren wir, dass wir uns verändern, und zwar nicht aus unserem eigenen Bestreben heraus, sondern weil wir Zeit mit Gott verbringen und in seinem Wort wachsen. In seiner Gegenwart zu verweilen und nach seiner Wahrheit zu leben führt dazu, dass sein Bild in uns Gestalt annimmt und wir wirklich neu werden.

Für die Vergangenheit wurde bezahlt

Der Feind erinnert uns gerne an unsere Vergangenheit. Er nimmt die Fehler, Enttäuschungen, Verletzungen und Angriffe aus vergangenen Tagen und spielt sie immer und immer wieder in unseren Gedanken ab, wie eine kaputte Schallplatte. Zwischen den Versen der immer gleichen Leier singt er den Refrain: »Jetzt musst du dafür bezahlen. Du musst für alles bezahlen, was du falsch gemacht hast. Du musst bezahlen! Du musst bezahlen! Du musst bezahlen!«

Viele Menschen glauben der Lüge, ihre Fehleinschätzungen und falschen Handlungen der Vergangenheit wiedergutmachen zu müssen. Geraten Sie nicht in diese Falle. Ich bitte Sie inständig: Versuchen Sie nicht, für Ihre Vergangenheit zu »bezahlen«, indem Sie Ihre Zukunft abschreiben. Glauben Sie der Lüge nicht, dass eine schlimme Vergangenheit keinen Raum für eine großartige Zukunft lässt. Glauben Sie nicht, in der Vergangenheit zu viele Fehler gemacht zu haben, um noch Hoffnung für die Zukunft zu haben.

In Jeremia 29,11 sagt Gott: *Denn ich kenne ja die Gedanken, die ich über euch denke, spricht der HERR, Gedanken des Friedens und nicht zum Unheil, um euch Zukunft und Hoffnung zu gewähren.* Ganz gleich was Sie in der Vergangenheit erlebt haben, seien Sie entschlossen zu glauben, dass Gott einen guten Plan für Sie hat. An dieser Wahrheit können auch ihre Fehler nicht rütteln. Nur wenn Sie diese Wahrheit ablehnen oder nicht glauben wollen, wird sie sich in Ihrem Leben wahrscheinlich nicht als wahr erweisen. Deshalb glauben Sie dem, was Gott sagt und hören Sie nicht auf, es zu glauben. Schon bald werden Sie erleben, wie Gottes Gedanken und Pläne für Ihr Leben Ihnen zum Guten und zum Frieden und nicht zum Unheil gereichen werden – unabhängig von Ihrer Vergangenheit. Er ist auf Ihrer Seite. Er hat große Pläne mit Ihnen. Und Sie haben allen Grund, Hoffnung für Ihre Zukunft zu haben.

Er blieb dran

Vielleicht haben Sie noch nie von Thomas Adams gehört, doch Sie haben bestimmt schon einmal das, was er aufgrund seiner Hartnäckigkeit entwickelt hat, genossen. Lassen Sie mich berichten:

Um 1860 schien in Adams Leben überhaupt nichts zu gelingen. Nachdem er bei verschiedenen Arbeitsstellen und in diversen Berufen Schiffbruch erlitten hatte, wurde er Fotograf. Er war kreativ und liebte seine Arbeit, doch er hatte Schwierigkeiten, damit seinen Lebensunterhalt zu bestreiten.

Zur gleichen Zeit ging der mexikanische General Antonio de Santa Anna in die Vereinigten Staaten ins Exil und zog nach Staten Island, New York, dem Heimatort Adams. Santa Anna brachte den innovativen Adams auf die Idee, einmal herauszufinden, was er mit Chicle, einer Substanz des in Mexiko zu findenden Breiapfelbaums, anfangen könne. Santa Anna glaubte, dass man Chicle verwenden könne, um synthetischen Gummi herzustellen, und er sagte Adams, er wäre in der Lage, diese Substanz für ihn gegen eine geringe Bezahlung von Freunden aus Mexiko besorgen zu lassen.

So machte sich Adams also ans Werk und experimentierte in einem Lagerhaus in New York City mit Chicle. Er versuchte, es mit Gummi zu mischen, um Fahrradreifen herzustellen, doch das klappte nicht. Auch der Versuch, daraus Spielzeug, Masken, Gummistiefel und andere Gegenstände herzustellen, führte nicht zum Erfolg. Nachdem er ein Jahr lang fleißig experimentiert und kein Einsatzgebiet für Chicle gefunden hatte, entschied er sich, das restliche Chicle im East River zu versenken und es zu vergessen.

Bevor er das Chicle entsorgte, ging er noch in eine ortsansässige Drogerie, wo ein kleines Mädchen gerade ein Stück Kaugummi für einen Cent kaufen wollte. Damals wurde Kaugummi in Amerika aus Paraffinwachs hergestellt. In dem Moment kam Adams die Idee, er könne das Chicle vielleicht zur Herstellung von Kaugummi nutzen – ohne darüber nachzudenken, dass dies in

Mexiko schon jahrelang der Fall war. In derselben Nacht machten Adams und sein Sohn aus dem Chicle Kaugummistreifen, kleine Stücke ohne künstliche Aromen, und umwickelte sie mit leuchtend farbigem Papier. Jeden Kaugummistreifen verkauften sie für einen Cent.

Schließlich wurde Adams durch den Verkauf von seinem Kaugummi, das er *Adams New York Gum Number 1* nannte, erfolgreich. 1888 wurde sein »Tutti-Frutti« das erste in Automaten verkaufte Kaugummi. Ende des neunzehnten Jahrhunderts gründete er die erfolgreichste Kaugummifabrik in ganz Amerika. Seine Firma erlangte 1899 eine Monopolstellung im Kaugummigeschäft, als sie nämlich mit den sechs größten Kaugummiherstellern der Vereinigten Staaten und Kanada fusionierte. Diese Firma entwickelte und verkaufte Anfang des zwanzigsten Jahrhunderts mit gewaltigem Erfolg die Chiclets®.

Wenn Sie das nächste Mal eine Packung Kaugummi sehen, denken Sie an Thomas Adams. Lassen Sie sich daran erinnern, niemals aufzugeben.

KAPITEL 17

Die Macht der Hoffnung

»Hoffnung ist vonnöten – in jeder Lage.«
Samuel Johnson

Am Heiligabend 1981 machte sich eine Gruppe von Menschen auf eine tragische Reise, die sie nie vergessen sollten. Eine Frau namens Pat, ihr Mann Gary, ihre beiden Stiefsöhne und ein guter Freund flogen nach Colorado in den Skiurlaub. Gary flog das kleine Flugzeug, das sie zum Ziel bringen sollte. Er besaß einen Pilotenschein, hatte aber noch keine Instrumentenprüfung abgelegt und deshalb keinen Flugplan eingereicht.

Der Flug über die Berge war für die kleine Maschine zu viel und sie begannen zu sinken. Gary sah eine winzige Lichtung am Rande der Baumgrenze inmitten der Bergkette. Diese visierte er an, während sie abstürzten. Das Flugzeug blieb weitestgehend funktionstüchtig und in aufrechter Position.

Durch den harten Aufprall bei der Bruchlandung brach Pat sich ihren Rücken, doch die Verletzungen der anderen waren minimal. Pat verlor für einige Zeit das Bewusstsein, erinnert sich aber noch vage, dass ihr Mann sagte, er würde Hilfe holen gehen.

Die vier blieben in der beengten Kabine des Flugzeuges und warteten über Nacht auf Hilfe. Am nächsten Tag glaubten sie, ihre Gebete wären erhört worden. Ungefähr hundert Meter entfernt landete ein Militärhubschrauber, aus dem eine Gruppe von Soldaten heraussprang. Die hilflosen Passagiere dachten, ihre Tortur wäre nun vorbei. Sie nahmen an, dass Gary sich in Sicherheit hatte bringen können und dies nun ihre Rettung sei. Einige Minuten später begriffen sie allerdings, dass diese Männer *nicht* nach den Opfern des Flugzeugabsturzes suchten. Voller Entsetzen schrien sie um Hilfe, doch aufgrund des ohrenbetäubenden Lärms des Hubschraubers konnten die Soldaten sie nicht hören. Die weiße Oberfläche des Flugzeuges war optisch nicht vom Schnee zu unterscheiden. Der Schnee wiederum war so tief, dass die Jungen sich nicht weit vom Flugzeug entfernen konnten. Außerdem besaßen sie nichts, was sie als Signal hätten benutzen können. Sie konnten nichts mehr tun. Der Hubschrauber startete wieder. Die kalte Stille der Berge war erdrückend.

Die Opfer des Flugzeugabsturzes aßen Schnee als Weihnachtsessen und versuchten vergeblich ein Feuer zu machen. Sie saßen bei Temperaturen um den Gefrierpunkt in der Kälte und ertrugen die pechschwarze Nacht. Aus dem tiefsten Winkel ihres Herzens stieg Pats Gebet zu Gott auf: »Wenn wir alle sterben müssen, darf ich zuerst gehen? Ich kann nicht zusehen, wie die anderen vor meinen Augen sterben.«

Zum Glück hatten sie eine Bibel dabei. Durch sein Wort begann der Herr sie alle zu ermutigen, durchzuhalten, auch wenn es hoffnungslos schien.

Weil kein Flugplan eingereicht worden war, wusste auch niemand, dass diese Gruppe verschollen war. Doch der Notfalltransponder sendete Signale. Die Opfer des Flugzeugabsturzes hatten keine Ahnung, dass ein Handelsflugzeug, das über ihnen hinwegflog, die Signale zwar auffing. Es wurde aber vermutet, dass der Transponder für den Abwurf einer Drogenlieferung genutzt worden war, da es keinerlei Hinweise auf ein verschollenes Flugzeug gab. (In den Achtzigerjahren warfen Drogenhändler ihre Drogenlieferungen mit Transpondern aus Flugzeugen, damit die Suchtruppen vor Ort sie lokalisieren konnten.) Als jedoch dasselbe Flugzeug ein paar Tage später den Transponder wieder bemerkte, schlug die Besatzung Alarm. Hunderte von Menschen begannen, die Berge zu durchkämmen. Es war schwierig auszumachen, wo sich der Transponder genau befand, weil das Signal von den Bergen widerhallte.

Am sechsten Tag wurde das Wetter schlechter. Ein Schneesturm kündigte sich an. Doch schließlich hörten die frierenden und hungrigen Überlebenden draußen Geräusche. Plötzlich zeigte sich am Fenster des Flugzeuges – wie aus dem Nichts – das Gesicht eines breit lächelnden Mannes! Verstärkung wurde angefordert. Entgegen der Anordnung landete ein Hubschrauberpilot seine Huey auf einer rauen Eisfläche mitten im Schneesturm. Pat und die Jungs wurden in den Hubschrauber geladen, doch ihr Freund sollte erst am nächsten Morgen mit Skiern hinuntergebracht werden. Der Schnee war mittlerweile brusthoch und deshalb blieb ein Rettungsteam mit einer Notfallausrüstung die Nacht über bei ihm. Am nächsten Morgen brauchten sie sieben Stunden, um ihn per Ski zu einem Landeplatz zu bringen.

Pat wurde operiert. Bis zum heutigen Tag wird ihr Rücken mit einem Stück Stahl zusammengehalten. Die beiden Jungs verloren aufgrund ihrer Erfrierungen ungefähr die Hälfte von jedem Fuß und der Freund beide Beine bis zum Knie.

Monatelang hatte niemand etwas von Gary gesehen oder gehört. Pat wusste, dass er nicht mehr lebte.

Es dauerte zwar einige Monate, doch Pats Genesung schritt gut voran. Sie wollte es schaffen, spürte sie doch, dass Gott eine Aufgabe für sie hatte. Ihr wurde klar, dass sie sich entweder selbst bemitleiden und das Leben eines Opfers führen konnte oder ihr Leben in die Hand nehmen und weitergehen konnte.

Neun Monate nach dem Absturz wurde Garys Körper gefunden. Er war allem Anschein nach in eine Schlucht gefallen und dort erfroren.

Sie haben zwei Möglichkeiten, wenn Ihr Leben schwierig wird: Sie können aufgeben oder weitermachen!

Pat war entschlossen, weiterzumachen und herauszufinden, wozu Gott sie berief. Sie ging durch ein Jahrzehnt, das von Suche, emotionaler Dürre, Prüfungen und Schmerz geprägt war. Doch durch all das wurde sie auf den Dienst vorbereitet, den sie heute gemeinsam mit dem Mann tut, den sie nach Garys Tod heiratete.

Denken Sie immer daran, dass Sie zwei Möglichkeiten haben, wenn Ihr Leben schwierig wird: Sie können aufgeben oder weitermachen!

Die Entscheidung liegt bei Ihnen. Entscheiden Sie sich für das Weitermachen – und Sie können im Laufe Ihres Lebens viele Menschen, die genau vor der gleichen Entscheidung stehen, die auch Sie einmal treffen mussten, mit Ihrem Leben ermutigen.

An der Hoffnung festhalten

Pat und die anderen Absturzopfer mussten lernen, in einer scheinbar hoffnungslosen Situation weiterhin zu hoffen. Menschen wie Pat, die Gottes Treue bereits in ihrer Vergangenheit erlebt haben, sind in der Regel sehr hoffnungsvoll. Sie wissen, dass sich eine schlimme Situation innerhalb von Minuten zu einem wunderbaren Zeugnis entwickeln kann. Sie wissen, wie man an der Hoffnung festhält und weigern sich, aufzugeben.

Menschen, die ihre Hoffnung verloren haben, sehen das Leben mit den Augen der Furcht. Furcht raubt den Menschen die Fähigkeit, das Leben an sich zu genießen und lässt sie ängstlich in die Zukunft schauen. Furcht hält sie davon ab, sich auf die nächste Stunde, den nächsten Tag, den nächsten Monat oder das nächste Jahrzehnt zu freuen. Ihre Grundeinstellung zur Gegenwart ist negativ und sie schauen voller Angst, Pessimismus, Zweifel und Sorge der Zukunft entgegen.

Hoffnung ist das Gegenteil von Furcht und sie ist sehr nahe mit dem Glauben verwandt. In Hebräer 11,1 lesen wir: *Der Glaube aber ist eine Verwirklichung dessen, was man hofft* ... Wer Hoffnung hat, sieht das Leben und die Zukunft positiv. Wir können hoffnungsvoll sein, weil wir auf Gottes Liebe, seine Versorgung und seine Fähigkeit, uns in jeder Situation zu leiten, vertrauen. Hoffnung hält uns davon ab, uns Sorgen zu machen. Unsere unbeantworteten Fragen können wir beruhigt in Gottes Hand legen. Hoffnung befähigt uns, inneren Frieden zu erleben und zu glauben, dass das Beste noch vor uns liegt. Menschen, die

Hoffnung haben, sind glücklich, optimistisch, voller Stärke und Mut.

Hoffnung ist eine große Kraft. Deshalb geht der Feind mit aller Macht dagegen an. Gelingt es ihm, Ihnen die Hoffnung zu stehlen, kann er Sie endlich auf den Weg der völligen Hoffnungslosigkeit und Depression schicken – und genau das will er. Er wird Ihnen folgende Gedanken einpflanzen:

- Du warst schon immer so. Du wirst dich nie ändern.
- Niemand wird dich je heiraten wollen.
- Du kannst dich mit dieser Einstiegsposition abfinden, denn du bist einfach nicht klug genug, dass man dich befördern wird.
- Du kannst dir deine Kleidung gleich eine Nummer größer kaufen, denn du wirst nie abnehmen.
- Aus deinen Kindern wird nie etwas werden.
- Das Geld, das du als Rente bekommen wirst, wird nicht reichen.
- Niemand aus deiner Familie ist älter als siebzig geworden und deshalb sind deine Lebenserwartungen auch nicht hoch.
- Du wirst nie dein eigenes Auto haben.
- Du wirst nie dein eigenes Haus besitzen.
- Du wirst nie aus den Schulden herauskommen.

Wenn Sie diese Aussagen sorgfältig lesen, dann können Sie einen roten Faden erkennen: Selbstmitleid! Der Teufel flößt uns Gedanken ein, damit wir uns selbst bemitleiden und uns über die ärgern, die das haben, was wir unserer Meinung nach nie haben werden.

Selbstmitleid ist ein sehr zerstörerisches und negatives Gefühl. Selbstmitleid macht uns blind für das Gute, das wir empfangen und die Möglichkeiten, die vor uns liegen. Selbstmitleid stiehlt uns die Hoffnung für das Heute und Morgen. Menschen, die sich selbst bedauern, denken: *Warum sollte ich irgendetwas versuchen? Es wird sowieso nichts werden.*

Früher saß ich gerne bei einer Tasse Kaffee und bemitleidete mich selbst. Ich dachte darüber nach, wie falsch ich behandelt wurde. Doch schließlich begriff ich, dass Selbstmitleid mit Götzendienst gleichzusetzen ist, denn man konzentriert sich eigentlich nur noch auf sich selbst und lehnt Gottes Liebe und seine Fähigkeit ab, Dinge für uns ändern zu können.

Ich ermutige Sie, fest entschlossen zu sein, keinen Tag länger mit Selbstmitleid zu verschwenden. Wenn Sie Ihre Hoffnung verlieren und anfangen, sich selbst zu bemitleiden, halten Sie sofort inne und sagen Sie: »Ich werde mich nicht bemitleiden. Vielleicht bin ich in einer schwierigen Lebensphase, doch ich werde nicht aufhören, auf bessere Zeiten zu hoffen!« Der römische Redner Cicero sagte: »Es gibt Hoffnung, solange es Leben gibt.« Das ist wahr! Solange Sie am Leben sind, haben Sie auch die Fähigkeit, zu hoffen.

Der Feind will, dass Sie voller Hoffnungslosigkeit sind. Er wird Ihnen alles Mögliche einreden über Sie selbst, Ihr Leben, andere Leute und auch über Gott, solange er merkt, dass Sie ihm glauben und die Hoffnung verlieren. Der Psalmist weigerte sich aufzugeben, als der Feind ihn mit Hoffnungslosigkeit überfiel. Er wusste, wie er mit sich selbst reden musste, um diese Angriffe abzuwehren, und er sagte: *Warum bin ich so mutlos? Muss ich denn verzweifeln?* ***Auf Gott will ich hoffen!*** *Ich weiß, ich werde ihn noch einmal preisen; ihn, meinen Gott, der mir hilft* (Psalmen 42,6; GN).

Denken Sie daran: Gott hat Gedanken über Sie und Pläne mit Ihnen, die Ihr Glück sein werden. Er gibt Ihnen Hoffnung für Ihre Zukunft (siehe Jeremia 29,11). Wenn Sie an Ihrer Hoffnung festhalten und für sie kämpfen, obwohl der Feind versucht, sie Ihnen zu entreißen, dann wird Erstaunliches in Ihrem Leben geschehen. Hoffnung hilft Ihnen, weiterzumachen anstatt aufzugeben.

Hoffnung inmitten von Enttäuschung

Ein Freund erzählte mir neulich eine Geschichte, die sehr schön verdeutlicht, was passiert, wenn ein Mensch sich weigert, seine Hoffnung selbst nach einschneidender Enttäuschung aufzugeben:

Ein Pastor traf sich mit einem Geschäftsmann, der ein Mitglied seiner Gemeinde war. Dieser Mann war sehr erfreut und voller Glauben, weil Gott in seinem Leben auf wunderbare Weise wirkte. Der Mann verkaufte große Anlagen an Firmen und er erzählte seinem Pastor, dass er neulich gerade sein Angebot für ein sehr lukratives Geschäft abgegeben hatte. Er glaubte, dass er den Zuschlag bekommen würde. Er war sogar fest davon *überzeugt*, dass der Händler das Geschäft mit ihm eingehen würde.

Der Pastor glaubte hingegen, Gott hätte ihm gezeigt, dass der Mann den Zuschlag nicht bekommen würde. Deshalb gab er dem Mann den Rat, seine Erwartungen noch einmal zu überdenken, damit er am Ende nicht enttäuscht sein würde, wenn das Geschäft nicht zustande käme. Der Mann erwiderte aber: »Ich *weiß*, dass ich den Vertrag abschließen werde. Ich glaube daran. Mein Glaube ist stark. Ich werde den Zuschlag bekommen.«

Er bekam ihn nicht. Der Zuschlag ging an einen Mitbewerber.

Zuerst war der Geschäftsmann verärgert, doch dann gab der Pastor ihm einen weisen Rat: »Ich glaube, das Beste, was Sie in dieser Situation machen können, ist, mit den Leuten zu reden, die den Auftrag anderweitig vergeben haben. Lassen Sie sie wissen, dass Sie froh wären, wenn Sie ihnen irgendwie behilflich sein könnten, wie auch immer eine Zusammenarbeit aussehen könnte. Sagen Sie ihnen, Sie verstehen durchaus, dass sie die Anlage bei jemand anderem gekauft haben, aber dennoch Interesse hätten, die Installation durchzuführen, weil Sie die besten Installateure weit und breit haben.« Er ermunterte ihn, seine Hoffnung nicht aufzugeben und sich nicht gleich wegen eines Rückschlages oder einer Enttäuschung geschlagen zu geben.

Der Geschäftsmann nahm den Rat des Pastors an und entschied sich, seine Enttäuschung zu überwinden. Er wollte weiterhin auf eine Geschäftsbeziehung mit dieser Firma hoffen, die nicht bei ihm gekauft hatte, auch wenn er akzeptieren musste, dass diese Beziehung nun anders sein würde, als ursprünglich von ihm angestrebt.

Er bekam den Auftrag für die Installation und als seine Angestellten die Anlage installierten, fiel dem Geschäftsführer der

Firma auf, was für eine ausgezeichnete Arbeit sie leisteten. Als der Geschäftsführer das nächste Mal einen großen Auftrag zu vergeben hatte, kaufte er die Anlage bei dem Geschäftsmann – und hier ging es um einen wesentlich höheren Verkaufsbetrag als beim ersten Mal. Weil der Geschäftsmann selbst angesichts einer großen Enttäuschung die Hoffnung nicht aufgab, hatte er am Ende alle Vorteile auf seiner Seite.

Sollten sich Dinge nicht so entwickeln, wie wir es uns wünschen, können wir entweder traurig sein über das, was wir nicht bekommen haben, oder wir können kreativ werden mit dem, was übrig geblieben ist.

Der Geschäftsmann hatte sich entschlossen, auch in dieser enttäuschenden Situation eine positive und hoffnungsvolle Grundeinstellung zu bewahren. Er überwand die Versuchung, ärgerlich auf die Firma zu sein, die ihm den Zuschlag beim ersten Mal nicht gegeben hatte. Auch wurde er nicht neidisch auf seinen Mitbewerber. Und am Ende machte er selbst den besten Deal von allen. Er hatte zwar erwartet, Gott würde ihn mit dem ersten Vertrag segnen, doch Gott wollte ihm auf andere Weise Gutes tun: Er segnete ihn nicht nur mit einem profitablen Geschäft, sondern lehrte ihn auch, wie wichtig und wertvoll es ist, nach einer Enttäuschung die Hoffnung nicht zu verlieren.

Hoffnung in der Hitze des Gefechts

Eine Möglichkeit, wie wir Hoffnung entwickeln können, ist durch Beispiele von Menschen, die sich in scheinbar hoffnungslosen Situationen befunden und Gottes Eingreifen erlebt haben, wie bei Pat oder dem Geschäftsmann. Auch die Bibel ist voll von Geschichten, die uns Hoffnung geben und unseren Glauben stärken. In einer von ihnen geht es um drei junge Hebräer, Schadrach, Meschach und Abed-Nego, die darauf bestanden hatten, den einzig wahren Gott anzubeten und sich weigerten, einem goldenen Standbild zu huldigen (siehe Daniel 3,1-6). Weil sie den Götzen ablehnten, sollten die jungen Männer zur Strafe in einen feurigen Ofen geworfen werden, der sieben Mal heißer gemacht wurde, als sonst üblich. Ihre Situation war hoffnungslos, denn dort würden sie sofort verbrennen und ihr Leben wäre beendet.

War die Situation wirklich hoffnungslos? Nicht für Gott. Mein Lieblingsabschnitt der Geschichte ist der, als der König, der sie einäschern wollte, in den Ofen schaut. Er sieht einen vierten Mann bei ihnen (viele Bibellehrer glauben, dass es sich hier um Jesus handelte) und bemerkt, dass die Ketten oder Seile, mit denen die jungen Männer zuvor gebunden worden waren, gelöst sind. Als die drei jungen Männer wohlbehalten aus dem Ofen steigen, erhalten sie eine höhere Stellung in seinem Königreich! Alles, was an dieser Situation zuerst schrecklich und scheinbar hoffnungslos aussah, diente ihnen am Ende zum Besten.

Vielleicht sind Sie wie Schadrach, Meschach und Abed-Nego in einer Situation, die völlig hoffnungslos erscheint. Ich bitte Sie heute inständig, zum Herrn zu beten, dass er Ihnen neue Hoffnung gibt. Hoffnung bedeutet ganz einfach: »Ich glaube, dass etwas Gutes geschehen kann und geschehen wird.«

Traurigkeit, Enttäuschung und Verzweiflung müssen angesichts von Hoffnung fliehen.

Traurigkeit, Enttäuschung und Verzweiflung müssen angesichts von Hoffnung fliehen. Solange Sie Hoffnung haben, werden Sie nicht in der Lage sein, aufzugeben.

Auf der richtigen Spur

Eigentlich wurde von dem jungen Andrew Carnegie erwartet, dass er in die Fußstapfen seines Vaters treten und in seinem Heimatland, Schottland, Weber werden würde. Vor der industriellen Revolution, die 1847 dampfbetriebene Webstühle nach Schottland brachte, konnte ein Weber von seiner Arbeit leben. Doch durch die Einführung der mechanischen Webstühle waren die Firmen nicht länger auf die Handarbeit der Weber angewiesen. Da auch Carnegies Vater davon betroffen war, sank der Lebensstandard der Familie dramatisch und seine Mutter musste ebenfalls arbeiten gehen. Sie eröffnete ein Lebensmittelgeschäft und verdiente durch Schuhreparaturen zusätzlich Geld. Im Rückblick auf jene Zeit schrieb Carnegie, dass diese Erfahrung – seinem Vater beim Betteln um Arbeit zuzuschauen – ihn lehrte, »was Armut wirklich bedeutete«. Als Resümee schrieb er: »Genau da entschied ich mich, das wiedergutzumachen, wenn ich einmal ein Mann sein würde.« Er wuchs mit der Entschlossenheit auf, alles ihm Mögliche zu unternehmen, um hart arbeitende Menschen mit Jobs zu versorgen und sich selbst ein Leben zu ermöglichen, bei dem er nicht am Hungertuch nagte.

1848 leitete Carnegies Mutter drastische Schritte ein, um ihre Familie vor der Zerstörung und dem vollständigen finanziellen Ruin zu bewahren: Sie lieh sich Geld, um gemeinsam mit ihrem Mann und ihren Kindern nach Amerika auszuwandern. Zwei ihrer Schwestern hatten sich bereits in Pittsburgh niedergelassen und so zog die Carnegie-Familie zu ihnen. Carnegie und sein Vater fanden beide Arbeit in einer Baumwollfabrik.

Später nahm Carnegie eine Stelle als Laufjunge im Telegrafenamt von Pittsburgh an. Er hob sich von anderen ab, indem er hart arbeitete und sich eifrig anbot, auch neue oder zusätzliche Aufgaben zu übernehmen. Gleichzeitig begann er, diszipliniert und umfassend zu lesen und fand Möglichkeiten, sich Theaterstücke anzusehen sowie sich kulturell als auch anderweitig fortzubilden.

Bedingt durch seine Arbeit im Telegrafenamt zog er die Aufmerksamkeit von Thomas A. Scott von der Eisenbahngesellschaft *Pennsylvania Railroad* auf sich. Scott stellte Carnegie bald als seinen persönlichen Sekretär ein. Wegen seines hohen Einsatzes und seiner außergewöhnlichen Arbeitsmoral ging Carnegie durch die unterschiedlichen Dienstgrade der *Pennsylvania Railroad* hindurch, bis er schließlich Scotts Nachfolger als Leiter des Bereiches Pittsburgh wurde.

Nach dem Sezessionskrieg erkannte Carnegie ein großes Potenzial in der Eisenindustrie und verabschiedete sich vom Eisenbahngeschäft, um mit Eisen ein Vermögen zu machen. Das gelang ihm. Durch kluge Entscheidungen, kalkulierte Risiken und mit einem scharfen Blick für eine disziplinierte Ausgabenpolitik wurde er einer der reichsten Männer seiner Tage – und einer der größten Menschenfreunde.

Carnegie war davon überzeugt: »Der Mann, der reich stirbt, stirbt einen schmachvollen Tod«, und so fing er an mit zunehmendem Alter, sein Geld zu verschenken, hauptsächlich zur Förderung von Bildung und kulturellen Zwecken. Bis zu seinem Tod hatte er die Gründung von zweitausendfünfhundert öffentlichen Bibliotheken finanziert und an die 350 Millionen Dollar verschenkt.

Durch harte Arbeit und das unnachgiebige Verfolgen seiner Ziele wurde Andrew Carnegie, der Sohn eines verarmten, arbeitslosen Webers zu einem Mann, den Gleichgesinnte als »den reichsten Mann der Welt« bezeichneten. Er hatte sich vorgenommen, ein wohlhabender Unternehmer zu werden, der auch andere beschäftigte. Und weil er hart arbeitete, Gelegenheiten beim Schopfe ergriff und Verantwortung übernahm, schaffte er es auch. Wenn Sie sich fest vornehmen, Ihre Ziele zu verwirklichen und alles daran setzen, diese auch zu erreichen, dann werden Sie es schaffen.

KAPITEL 18

Wie ein plötzlicher Windstoß

»Die größte Belohnung, die ein Mensch für seine Mühe erlangt, ist nicht das, was er dafür bekommt, sondern das, was er dadurch wird.«
John Ruskin

Ich habe einmal eine Geschichte gehört, die hieß »das Hindernis auf dem Weg« und die möchte ich Ihnen hier erzählen:

Vor langer Zeit platzierte ein König einen Felsbrocken auf einem Weg. Danach versteckte er sich und schaute zu, ob irgendjemand diesen riesigen Felsen entfernen würde. Einige seiner reichsten Kaufleute und Höflinge kamen vorbei und gingen einfach um ihn herum.

Viele beschwerten sich lauthals, der König würde die Wege nicht frei halten, doch niemand tat etwas, um den großen Brocken aus dem Weg zu räumen. Dann kam ein ärmlicher Bauer mit einer Ladung Gemüse vorbei. Während er auf den Felsbrocken zuging, legte er sein Gemüse ab und versuchte, den Stein auf die Straßenseite zu rollen. Schließlich gelang es ihm unter großer Anstrengung und mit viel Hauruck. Nachdem der arme Bauer sein Gemüse wieder aufgenommen hatte, entdeckte er eine Geldbörse auf der Straße, und zwar dort, wo der Felsbrocken gelegen hatte. In der Börse waren viele Goldstücke und eine Notiz des Königs, dass das Gold für die Person bestimmt sei, die den Felsbrocken von der Straße entfernen würde. So lernte der Bauer eine Lektion, die viele nicht begreifen.

Die wichtige Lektion ist, dass Arbeit belohnt wird. Das gilt in der Geschäftswelt, für Ihr Zuhause, in Beziehungen und für jeden anderen Bereich des Lebens. Wer bereit ist, den Preis zu bezahlen, erhält auch eine Belohnung. Dasselbe Prinzip lässt sich auf unser geistliches Leben mit Gott übertragen. Er fordert uns auf zu arbeiten, damit wir das, wozu er uns berufen hat, vollenden, seinen Plan für unser Leben erfüllen und den Träumen, die er in unser Herz gepflanzt hat, auch folgen können. Er verspricht uns eine Belohnung, wenn wir fleißig sind.

Viele Menschen sind heute unglücklich, weil sie sich nur mit Dingen beschäftigen wollen, die einfach und bequem sind. Es macht mich traurig, denn diese Menschen bringen sich oft selbst um die Belohnung, die Gott eigentlich für sie bereithält und das nur, weil sie Schwierigkeiten vermeiden wollen. Wenn sie bereit wären, sich anzustrengen und sich einzusetzen, würden sie am Ende großen Nutzen davon haben.

Gott möchte uns auf unterschiedliche Art und Weise segnen. Manchmal fordert er, dass wir etwas Schwieriges tun, bevor wir bestimmte Segnungen erhalten, denn er will, dass sie eine Belohnung für unseren Fleiß sind. Es gibt keine Belohnung zu Beginn einer Aufgabe. Es gibt auch keine Belohnung für den, der aufgibt. Doch wer nicht aufgibt, *wird* belohnt werden.

Gott ist ein Belohner

Der Vers, der wahrscheinlich am klarsten ausdrückt, dass Gott die belohnt, die nicht aufgeben, steht in Hebräer 11,6: *Denn wer Gott naht, muss glauben, dass er ist und denen, die ihn [fleißig] suchen, ein Belohner sein wird* (Elberfelder mit eigener Übersetzung aus der Amplified Bible).

Wir müssen glauben, dass Gott für diejenigen ein *Belohner* ist, die ihn fleißig suchen. Nur wer fleißig ist, kann eine Belohnung erwarten. Wir können Gott nicht manipulieren. Wir müssen seinem Wort glauben und das tun, wozu er uns auffordert. Er sagt, er wird die Fleißigen segnen und deshalb bleiben wir dran und weigern uns, aufzugeben.

Sie wissen wahrscheinlich mittlerweile, dass man nicht unbedingt eine große Belohnung erhält, sobald man ein Mal etwas richtig gemacht hat. Es geht darum, etwas immer und immer und immer und immer wieder zu tun – so erzielen wir das gewünschte, gute Ergebnis. Seien Sie selbst dann fleißig, wenn die anderen um Sie herum nachlässig werden und aufgeben. Fleißigsein ist nicht einfach, aber am Ende wartet die Belohnung. Ich garantiere Ihnen, für sie wird sich jede Anstrengung und jedes Opfer lohnen, das Sie bringen.

Die Arbeit hinter der Belohnung

Man kann seinen persönlichen Durchbruch nicht wie Fast Food im Vorbeifahren abholen. So können Sie vielleicht bei einem Schnellrestaurant einen Hamburger bekommen oder ein Milchshake, doch die Belohnungen, die Gott für Sie hat, können Sie sich nicht bequem an irgendeinem Schalter abholen. Bei Gott gibt es keine Abkürzungen. Um eine Belohnung zu bekommen, müssen Sie auch die Arbeit erledigen.

In dem Lebensabschnitt, in dem ich mich jetzt befinde, genieße ich die Belohnungen, die mein jahrelanger Fleiß mir gebracht hat – nicht ein Jahr, nicht zwei Jahre, noch nicht einmal zehn Jahre, es waren *Jahrzehnte* voller Fleiß. Meine größte Belohnung ist die in mir wohnende Gewissheit, Gott gehorcht zu haben und seinem Ruf für mein Leben gefolgt zu sein. Dass ich außerdem meinen Traum leben darf, anderen Menschen zu dienen, ist ein zusätzliches Geschenk. Es begeistert mich zu sehen: Obwohl mein Leben aufgrund der Angriffe des Teufels keinen guten Start hatte, werde ich doch ein tolles Ende erleben. Gott hat sich als König verherrlicht.

Ich möchte Sie noch einmal daran erinnern, dass ich nicht schnell für irgendetwas belohnt wurde. Jahrelang hatte ich das Gefühl, zwar alles zu tun, was ich für richtig hielt, machte aber keine nennenswerten Fortschritte. Natürlich ging es voran, aber da in meinem Leben so vieles angegangen werden musste, stand mir immer vor Augen, was noch alles im Argen lag. Ich hatte keinen Blick für die Dinge, die sich bereits positiv verändert hatten. Ich möchte Sie das gerne wissen lassen, damit Sie nicht entmutigt sind, wenn Sie mit ähnlichen Gefühlen zu kämpfen haben: Meistens machen Sie gerade dann Fortschritte, wenn Sie den Eindruck haben, sich nicht einen Zentimeter vorwärts zu bewegen. Gott arbeitet an Ihnen und führt Sie weiter, Schritt für Schritt. Vielleicht haben Sie noch gar nicht bemerkt, dass Sie mittlerweile nicht mehr dort sind, wo Sie vor einem Jahr waren.

Gott arbeitet an Ihnen und führt Sie weiter, Schritt für Schritt. Vielleicht haben Sie noch gar nicht bemerkt, dass Sie mittlerweile nicht mehr dort sind, wo Sie vor einem Jahr waren.

Gott hat es bemerkt und will, dass Sie weitergehen, auch wenn es nur Zentimeter um Zentimeter ist. Er wird unsere Feinde nach und nach vertreiben (5. Mose 7,22). Nicht aufgeben ist bereits ein Sieg.

Der Grund für die Segnungen

Es gibt Menschen, die scheinbar in den Segnungen Gottes baden und denen es im Leben wirklich gut geht. Menschen, die den Anschein erwecken innerlich mit sich und der Welt im Reinen zu sein, die fröhlich sind und denen offensichtlich alles im Leben gelingt. Wir fragen uns, warum ihr Leben so gesegnet ist. Die Welt redet zwar davon, dass sie »echt Glück gehabt haben«, doch wir wissen es besser. Wir wissen, dass es für das gute Leben, das sie nun genießen dürfen, einen Grund gibt.

Meistens haben die Menschen, die wir als »gesegnet« bezeichnen würden, ihr Leben nicht in einem gesegneten Zustand begonnen. Auch sie hatten ihr Päckchen an Herausforderungen und Schwierigkeiten zu tragen und mussten durch schwere Zeiten hindurch. Sie waren fleißig darauf bedacht, Gottes Wort gemäß zu leben und ihm treu zu bleiben. Sie gaben anderen auch dann noch, als sie selbst nur wenig hatten. Sie beteten, obwohl sie keine Lust zum Beten hatten. Sie behandelten andere weiterhin geduldig, liebevoll und freundlich, als sie eigentlich zu niemandem mehr nett sein wollten. Sie taten all das im Gehorsam dem Wort Gottes gegenüber und weil sie wussten, dass ihr eigenes Leben davon profitieren würde.

Als Gott sah, wie diese Menschen über einen langen Zeitraum hinweg weise Entscheidungen trafen, ihm von ganzem Herzen nachfolgten und sich weigerten, aufzugeben, da segnete er sie. Er ist ein Gott, der es liebt, uns zu segnen. Er prüft uns aber auch, um zu sehen, ob wir fest entschlossen und bereit sind, auch dann für ihn zu leben, wenn wir nicht bekommen, was wir gerne hätten.

In Matthäus 5 sagt Jesus, dass die gesegnet oder glücklich sind, die reinen Herzens sind (siehe Vers 8). Es ist weder leicht noch geht es schnell, im Herzen rein zu sein. Auch die Friedensstifter sind gesegnet oder glücklich (siehe Vers 9). Um ein Friedensstifter zu sein, braucht man Demut, Opferbereitschaft und den Willen, sich anderen Menschen anzupassen. Gottes Segnungen werden durch seine Gnade zwar umsonst angeboten, aber wir müssen bereit sein, ihm zu gehorchen, um in ihren Genuss zu kommen.

Ich bin schon durch viele schwierige Situationen gegangen, von denen niemand etwas weiß. Ich war oft einsam und durchlebte harte Jahre. Als Frau im geistlichen Dienst litt ich jahrelang unter Ablehnung, Verurteilung und Kritik. Doch jetzt genieße ich meine Belohnung. Es war nicht leicht, aber es hat sich gelohnt. Auch Ihre Belohnung wird sich einstellen, wenn Sie sich weigern, aufzugeben! Mir graut vor dem Gedanken, was aus meinem Leben geworden wäre, hätte ich in den Zeiten, in denen ich aufgeben wollte, tatsächlich aufgegeben. Gott hat mich weiter vorangetrieben und manchmal auch vorwärtsgezogen, während ich bei jeder Schwierigkeit um mich trat und herumschrie. Manchmal hatte ich das Gefühl, gar nicht in der Lage zu sein, zurückzugehen. Ich wusste zwar auch nicht, wie ich vorwärtsgehen sollte, doch Gott ließ es nicht zu, dass ich aufgab. Er schickte mir Menschen, die mir halfen, und Geld, womit ich Rechnungen bezahlen konnte. Er öffnete Türen, er gab mir Kraft und Weisheit und versorgte mich mit allem, was ich brauchte. Die Straße war zwar eng, steil und schwer passierbar, doch irgendwann begriff ich, dass es die einzige Straße war, die nicht im Nirgendwo endete. Ich bin heute so froh, nicht aufgegeben zu haben und wenn auch Sie nicht aufgeben, wird eine Belohnung auf Sie warten.

Die aber, die überwinden ...

Wir haben bereits festgestellt, dass wir – auch wenn wir gerne für starke und entschlossene Persönlichkeiten gehalten werden wollen, die Schwierigkeiten überwinden können – dennoch oft versuchen, Hindernisse, Widerstände und Widrigkeiten zu vermeiden, obwohl wir am Ende gerade durch sie das erhalten, was wir uns wünschen. Das Buch der Offenbarung ermutigt uns an dieser Stelle sehr. Immer wieder verspricht es denen eine Belohnung, die überwinden:

> *Wer ein Ohr hat, höre, was der Geist den Gemeinden sagt! Wer überwindet, dem werde ich zu essen geben von dem Baum des Lebens, welcher in dem Paradies Gottes ist (Offenbarung 2,7).*
>
> *Wer überwindet, den werde ich im Tempel meines Gottes zu einer Säule machen, und er wird nie mehr hinausgehen; und ich werde auf ihn schreiben den Namen meines Gottes und den Namen der Stadt meines Gottes, des neuen Jerusalem, das aus dem Himmel herabkommt von meinem Gott, und meinen neuen Namen (Offenbarung 3,12).*
>
> *Wer überwindet, dem werde ich geben, mit mir auf meinem Thron zu sitzen, wie auch ich überwunden und mich mit meinem Vater auf seinen Thron gesetzt habe (Offenbarung 3,21).*

Diese Bibelstellen erinnern uns an unsere himmlische Belohnung, die wir erhalten, wenn wir Schwierigkeiten durch Glauben, Durchhaltekraft und Charakterstärke überwinden. Entscheiden wir uns für den schweren Weg eines Überwinders, werden wir in unserem Leben Siege davontragen.

Durch Engpässe hindurch

Wer ein lohnenswertes Ziel erreichen oder etwas Bedeutungsvolles für Gott tun will, muss durch »Engpässe« hindurch. Immer wenn Gott Sie auf ein weites Feld führt – einen Ort, an dem Sie größeren Einfluss haben, das Leben mehr genießen oder Ihnen eine Sehnsucht erfüllt wird – müssen Sie zuerst durch einen Engpass hindurch. Dieser Ort der Enge kann für Sie bedeuten, sich von einer belastenden Beziehung abzuwenden oder Ihre Zunge im Zaum zu halten, das heißt Positives zu reden, anstatt sich zu beklagen. Es kann aber auch heißen, eine Zeit durchzustehen, in der Sie so knapp bei Kasse sind, dass Sie sich überhaupt keine kleinen Freuden des Lebens mehr leisten können, wie zum Beispiel eine schöne Tasse Kaffee außer Haus oder eine Kinokarte. Vielleicht müssen Sie arbeiten, während andere sich amüsieren können. Diese Art der Selbstdisziplin engt ein und drückt von allen Seiten, doch sie endet auf dem weiten Feld der Segnungen Gottes. Wenn Sie sich in solch einem Engpass befinden und meinen, kaum noch atmen zu können, behalten Sie die Belohnung im Blick, die vor Ihnen liegt. Es ist so, als würden Sie den ganzen Monat arbeiten und sich auf Ihr Gehalt freuen. Sollte dann der Teufel versuchen, Sie zu entmutigen, sagen Sie laut: »Der Zahltag kommt!«

In Matthäus 7,13-14 spricht Jesus von der engen Pforte: *Geht hinein durch die enge Pforte! Denn weit ist die Pforte und breit der Weg, der zum Verderben führt, und viele sind, die auf ihm hineingehen. Denn eng ist die Pforte und schmal der Weg, der zum Leben führt, und wenige sind, die ihn finden.*

Viele Menschen verlassen nie den breiten Weg, der in das Verderben führt. Warum? Weil es dort so schön viel Platz gibt. Sie werden auf der breiten Straße gemeinsam mit vielen Menschen unterwegs sein. Es ist der einfache Weg. Jesus bezeichnet ihn als

»breit« und ich kann mir gut vorstellen, wie jemand auf diesem Weg sein ganzes irdisches Gepäck mitschleppt! Vielleicht ist dieser Weg leicht begehbar und breit, doch er führt zu nichts Gutem. Tatsächlich führt er ins Verderben.

Diejenigen, die wirklich das Leben finden wollen, müssen dem »schmalen« Weg folgen, wie Jesus ihn nennt. Er ist gerade, er ist eng und man kann auf ihm nicht so leicht gehen wie auf dem breiten Weg. Wenn wir uns dafür entscheiden, auf dem schmalen Pfad zu gehen, dann fordert Gott mehr von uns. Er fängt an, uns manches von unserem irdischen Gepäck wegzunehmen. Er nimmt uns die Polsterung aus unserem Nest. Er fordert uns auf, einige unserer alten Lebensweisen loszulassen, unsere innere Einstellung zu verändern, in unseren Beziehungen und Gesprächen seinen Anforderungen zu entsprechen und unsere Prioritäten, wie wir unsere Zeit und unser Geld verwenden, neu zu ordnen. Wenn wir auf dem schmalen Weg leben, müssen wir Gott aus der »Sonntagmorgenschublade«, in der wir ihn so oft halten wollten, herausholen und ihn einladen, jeden Tag und bei allem, was wir tun, mit uns zu sein. Es darf in unserem Leben keinen Platz mehr geben, an dem Gott nicht willkommen wäre.

Nicht alles, wozu Gott uns auffordert, während wir uns auf dem schmalen Weg befinden, mag einfach sein, dennoch wird es gut für uns sein. Vielleicht empfinden wir es nicht als Segen, während wir da entlanggehen müssen, doch genau das wird es am Ende sein. Wir werden einiges überwinden müssen, aber dieser Weg wird uns zu wunderbaren Belohnungen führen.

Ich möchte Sie ermutigen, auf dem schmalen Weg zu gehen und dort zu bleiben. Vielleicht sind nicht viele Menschen mit Ihnen unterwegs, aber wenn Sie genau hinsehen, werden Sie Jesus sehen. Der schmale Weg ist immer der Weg, auf dem er sich befindet. Gehen Sie nicht zurück auf den breiten Weg, wenn der schmale Weg seinen Reiz verliert. Der breite Weg ist irreführend. Vielleicht ist er anfangs spaßiger, vielleicht kann man darauf leichter gehen, doch letztendlich führt er ins Verderben. Geben Sie vollen Einsatz, um mit Gott auf dem Weg zu bleiben, der zum Leben führt.

Der Zahltag kommt

Die versprochene Belohnung hilft uns, die richtige Richtung im Blick zu behalten und in schweren Zeiten nicht aufzugeben. Wenn Sie auf dem Weg entmutigt oder müde werden, bleiben Sie dran und geben Sie nicht auf. Der Einsatz, den Sie leisten, wird sich am Ende auszahlen. Der Zahltag kommt!

Vielleicht betraut Gott Sie momentan mit einigen schwierigen Aufgaben. Möglicherweise bittet er Sie, Dinge zu tun, die Sie Ihrer Meinung nach unter keinen Umständen tun können, doch Sie sollten wissen: Wenn Sie die Aufgabe auf sich nehmen, dranbleiben und hindurchgehen, wird Gott Sie belohnen. Es ist wunderbar, dass uns eine Belohnung versprochen wird. So bleiben wir motiviert und lassen den Mut nicht sinken.

Denke ich über die Belohnung nach, die Gott uns verspricht, wenn wir nicht aufgeben, fällt mir sofort die Bibelstelle aus Hebräer 11,6 ein, in der steht: *Denn wer Gott naht, muss glauben, dass er ist und denen, die ihn suchen, ein Belohner sein wird.* Wir dürfen nicht vergessen, dass Gott diejenigen, die ihn ernsthaft suchen, belohnen wird. Vielleicht sieht diese Belohnung anders aus und kommt zu einem anderen Zeitpunkt, als Sie es erwarten, doch sie wird kommen.

Vielleicht sieht diese Belohnung anders aus und kommt zu einem anderen Zeitpunkt, als Sie es erwarten, doch sie wird kommen.

Jesaja 61,7-8 zählt mit zu meinen Lieblingsbibelstellen: *Weil ihre Schande doppelt war und sie Schmach besaßen als ihr Erbteil, darum werden sie in ihrem Land das Doppelte besitzen; ewige Freude wird ihnen zuteil. Denn ich, der HERR, liebe das Recht.*

Wir wollen uns noch einmal den ersten Teil dieses Bibelabschnittes ansehen: *Weil ihre Schande doppelt war und sie Schmach besaßen als ihr Erbteil, darum werden sie in ihrem Land das Doppelte besitzen.* Dies bedeutet, dass es eine »Belohnung« oder eine »Zahlung für erlittene Verletzungen« gibt, also eine Art Wiedergutmachung. Wenn einem Arbeiter eine Entschädigung gezahlt wird, dann wird damit ein Arbeitsunfall wiedergutgemacht. Denken Sie daran: Werden wir verletzt, während wir für Gott arbeiten, dann kümmert er sich um uns. Er »entschädigt« uns sozusagen. Wir stehen nicht auf der Gehaltsliste der Welt. Gott kümmert sich um uns. Wir dürfen nicht aufhören, Gott zu dienen und das Richtige zu tun, weil uns jemand angreift, verletzt oder ablehnt. Gott selbst wird sicherstellen, dass wir am Ende das bekommen, was wir verdient haben.

Als ich begriff, dass ich nicht auf eine Wiedergutmachung von Leuten warten musste, die mich verletzt hatten, veränderte sich mein Leben. Es ist doch so: Sie hätten gar nicht dafür bezahlen können. Sie hätten mir nicht das erstatten können, was sie mir genommen haben, doch Gott kann Ihnen immer mehr geben, als die Menschen Ihnen genommen haben.

In Joel ist von einem weiteren Versprechen die Rede: *Und ich werde euch die Jahre erstatten, die die Heuschrecke, der Abfresser und der Vertilger und der Nager gefressen haben, mein großes Heer, das ich gegen euch gesandt habe.* ***Und ihr werdet genug essen und satt werden*** *und werdet den Namen des HERRN, eures Gottes, loben, der Wunderbares an euch getan hat. Und mein Volk soll nie mehr zuschanden werden* (Joel 2, 25-26).

Achten Sie einmal auf die Worte, die ich hier hervorgehoben habe: ***Und ihr werdet genug essen und satt werden.*** Dieser Teil der Verheißung bedeutet mir sehr viel, denn wenn man satt ist, dann ist man zufrieden. Ich verbrachte viele Jahre meines Lebens damit, unzufrieden zu sein. Egal worum es ging, ich war nicht zufrieden. Egal, was jemand für mich tat, ich war nicht zufrieden. Egal was ich leistete, ich war nicht zufrieden. Warum? Weil nur Gott zufrieden und satt macht.

Was immer Sie in Ihrem Leben verloren haben, er wird es Ihnen erstatten. Das hat er versprochen. Er wird Sie für das entschädigen, was Ihnen gestohlen wurde. Vertrauen Sie ihm und er wird sich kümmern: *Und ihr werdet genug essen und satt werden und werdet den Namen des HERRN, eures Gottes, loben.*

Sie sind auf dem Weg

Sie haben dieses Buch aus einem bestimmten Grund gelesen. Ich nehme an, dass der Titel *Gib niemals auf* Ihre Aufmerksamkeit erregt hat. Vielleicht haben Sie Ihr ganzes Leben lang eine Hoffnung, einen Traum oder ein Ziel verfolgt, das Sie für so wichtig halten, dass Sie es nicht aufgeben wollen. Sie werden jedes Opfer bringen, das nötig ist, damit der Traum wahr wird. Sie werden sich durch jede Schwierigkeit hindurchkämpfen, um das Ziel zu erreichen. Vielleicht stehen Sie gerade jetzt vor einer Herausforderung und Sie wissen, dass Sie nur überleben können, wenn Sie nicht aufgeben. Möglicherweise haben Sie in der Vergangenheit schon einmal aufgegeben und Sie wollen alles dransetzen, damit Sie nicht noch einmal aufgeben.

Was auch immer Ihr Grund ist, ich möchte Sie ganz persönlich ein weiteres Mal ermutigen: Geben Sie niemals auf! Gott handelt oftmals sehr plötzlich, nachdem Menschen jahrelang in schwierigen Situationen durchgehalten und sich geweigert haben, aufzugeben. Verzweifeln Sie nicht, Ihr Durchbruch kann heute ganz »plötzlich« kommen. Und wenn nicht heute, dann vielleicht morgen, oder übermorgen. Er hat jedes Gebet gehört, das Sie in Ihren Kämpfen gebetet haben und er sieht Ihre Hingabe. Er achtet auf Sie, während Sie Widerstände überwinden, um all das, was er für Sie bereithält, auch zu bekommen. Ich bin davon überzeugt, dass es Momente und Zeiten geben wird, in denen er Sie ganz unvermutet mit dem versorgen wird, was Sie brauchen. Dazu gehört, dass er Ihnen die Türen zu Gelegenheiten öffnen wird, auf die Sie gewartet haben, Ihnen die Ideen schenken wird, die Ihnen gefehlt haben, die Beziehungen wieder in Ordnung zu bringen, die intakt sein sollen oder das für Sie tun wird, wonach Sie sich schon lange sehnen. Es wird geschehen und es wird »plötzlich« passieren.

»Plötzlich« ist eigentlich nur das, *was am Ende geschieht.* Hinter jedem scheinbar plötzlichen Sieg, Durchbruch, jeder scheinbar überraschenden Gelegenheit, Leistung oder Segnung steht ein großes Maß an vertrauensvoller Beharrlichkeit und Entschlossenheit, welche nur diejenigen kennen, die durchgehalten haben.

Vielleicht müssen Sie länger auf das Erreichen eines Zieles oder auf die Erfüllung einer Sehnsucht warten, als Ihnen lieb ist, aber sobald es geschieht, wird es Sie mit Zufriedenheit erfüllen. Warten – und zwar geduldig und voller Erwartung – gehört zum Nichtaufgeben dazu. Was auch immer Sie von Gott in Ihrem Leben erwarten, seien Sie geduldig, genießen Sie die Reise und weigern Sie sich aufzugeben.

Es mag sein, dass Sie Ihre Umstände nicht verändern können, doch Sie können sich entschließen, auf Gott zu warten und darauf zu vertrauen, dass er es tut. Vielleicht müssen Sie länger warten, als gedacht und erhofft, aber Gott kommt nie zu spät. Während Sie warten, können Sie zuversichtlich sein, dass Gott einen Durchbruch schenken wird. Und wenn es so weit ist, werden Sie froh sein, durchgehalten zu haben.

Gott hat einen wunderbaren und einzigartigen Plan für Sie und ich ermutige Sie, voller Entschlossenheit die Erfüllung seines Planes in Ihrem Leben zu erwarten. Wenn das Leben zu schwierig erscheint und Sie am liebsten aufgeben wollen, denken Sie an die, die den Weg schon vor Ihnen gegangen sind. Erinnern Sie sich an Menschen, die nicht aufgegeben haben und am Ende die Belohnung für ihren Glauben und ihre Hoffnung genießen konnten.

Entscheiden Sie sich jetzt dafür, niemals aufzugeben, unabhängig davon, was in Ihrem Leben geschieht und was es zu überwinden gilt! Es ist Ihre Wahl, aber ich versichere Ihnen: Es lohnt sich, es zu tun, um Ihre Ziele zu erreichen und das Wunderbare zu genießen, das Gott für Sie hat.

Seien Sie entschieden, setzen Sie sich ein, seien Sie geduldig und seien Sie in jedem Bereich Ihres Lebens fleißig – und ganz gleich was Sie auch tun, geben Sie niemals auf!

Gebet zur Lebensübergabe

Die wichtigste Beziehung in Ihrem Leben ist die persönliche Beziehung zu Jesus Christus. Wenn Sie ihn als Ihren Herrn und Retter annehmen wollen, sprechen Sie bitte das nachfolgende Gebet. Damit gehen Sie die wunderbarste Beziehung ein, die Sie sich vorstellen können:

Vater,

du hast die Welt so sehr geliebt, dass du deinen einzigen Sohn gabst, der für unsere Sünden starb, damit jeder, der an ihn glaubt, nicht verloren geht, sondern ewiges Leben hat.

Dein Wort sagt, dass wir durch Glauben aus Gnade gerettet sind und das ist deine Gabe an uns. Es gibt nichts, was wir tun könnten, um uns unsere Rettung zu verdienen.

Ich glaube und bekenne mit meinem Mund, dass Jesus Christus dein Sohn und der Retter der Welt ist. Ich glaube, dass er am Kreuz für mich starb, um dort alle meine Sünden für mich zu tragen und den Preis dafür zu bezahlen.

Ich glaube von ganzem Herzen, dass du Jesus von den Toten auferweckt hast und er heute lebt.

Ich bin ein Sünder. Meine Sünden tun mir leid und ich bitte dich um Vergebung. Durch den Glauben nehme ich Jesus Christus nun als meinen Herrn und Retter an. Ich glaube, dass ich erlöst bin und die Ewigkeit bei dir verbringen werde! Danke Vater, ich bin so dankbar! In Jesu Namen, Amen.

Anhang

Lebensgeschichten von Menschen, die nicht aufgaben

Joyce Meyer

Über die Autorin

Joyce Meyer ist eine der weltweit bekanntesten Bibellehrerinnen. Als Bestseller-Autorin hat sie mehr als 80 wegweisende Bücher geschrieben, unter anderem „100 Dinge, die das Leben leichter machen", „The Love Revolution" sowie „Das Schlachtfeld der Gedanken", wovon es eine Ausgabe für Erwachsene und eine für Teens gibt. Darüber hinaus hat sie Tausende von Lehrvorträgen auf CD und DVD herausgegeben. Joyce' Radio- und Fernsehprogramme *Enjoying Everyday Life (Das Leben genießen)* werden weltweit ausgestrahlt und Joyce bereist viele Länder, um dort Konferenzen abzuhalten. Sie und ihr Mann Dave haben vier erwachsene Kinder und leben in St. Louis, Missouri, USA.

Über Joyce Meyer Ministries (JMM)

Hilfe für Arme und Leidende

Joyce und Dave Meyers zentrales Anliegen ist es, armen und verletzen Menschen in der ganzen Welt zu helfen. Es geht darum, nicht nur zu reden, sondern auch konkret zu handeln. Darum bringt Joyce Meyer Ministries (JMM) humanitäre Hilfe in verschiedene Krisenregionen der Welt. Dies geschieht mit 15 internationalen Büros und in Zusammenarbeit mit über 35 weltweit tätigen Missionsgesellschaften.
Auf diese Weise werden über zehn Millionen Mahlzeiten pro Jahr in den Hungerregionen der Welt ausgegeben, über 45 Waisenheime in armen Ländern unterhalten, Dörfer mit sauberem Trinkwasser versorgt und Tausende von Gefängnisinsassen unterstützt. Außerdem gründet und fördert JMM Gemeinden in Ländern, wo Christen unter Verfolgung leiden, bietet medizinische Hilfe und hilft alten wie jungen Menschen in den „Ghettos" von Großstädten, wie mit dem Dream Center in St. Louis.

TV und Radio
Die *Enjoying Everyday Life* (*Das Leben genießen*) Sendungen in Radio und Fernsehen erreichen täglich Hunderttausende weltweit. Im September 1993 wurde das Programm wöchentlich auf zwei Kanälen ausgestrahlt. Heute kann *Enjoying Everyday Life* täglich und wöchentlich auf über 400 Kanälen, darunter mehrere große Kabel- und Satelliten-Stationen, weltweit empfangen werden und außerdem auf www.joyce-meyer.de rund um die Uhr. Das Programm wird mittlerweile auch in weitere Sprachen, unter anderem Deutsch, übersetzt und kann sogar in der arabischen Welt empfangen werden. So wird das Evangelium täglich weltweit verbreitet.

Konferenzen

Konferenzen quer durch die USA (bis zu 14 im Jahr) und auch im Ausland sind nach wie vor Joyce' Leidenschaft. Die Menschen kommen in Scharen, und Joyce predigt das Wort Gottes und gibt praktische Lebenshilfe in der ihr eigenen direkten und humorvollen Art. Gleichzeitig werden diese Konferenzen für Fernsehsendungen aufgezeichnet.

www.joyce-meyer.de

Treffen Sie JMM im Internet. Infos, Videos, Kontaktmöglichkeit, weitere Bücher, DVDs und CDs bestellen und vieles mehr.

Joyce Meyers persönliches Geschenk an Sie

Als Leser dieses Buches können Sie jetzt ein kostenloses Geschenk von Joyce Meyer erhalten. Einfach diesen Gutschein-Code [BK0410] mit Ihrer Anschrift versehen und an

Joyce Meyer Ministries
Postfach 76 10 01
D-22060 Hamburg

schicken, oder ins Internet gehen unter
www.joyce-meyer.de/geschenk

Dort Adresse und Gutschein-Code eingeben, abschicken. Das Geschenk wird vierteljährlich verschickt. Wir bitten deshalb um etwas Geduld.

Weitere Bücher von Joyce Meyer

Das Schlachtfeld der Gedanken
Gewinne die Schlacht in deinem Verstand
288 Seiten, Pb, € 17,- [D], 17,50 [A], CHF 29.90
ISBN 978-3-939627-00-5
Ein wahrer Bestseller. Mit diesem Buch hat Joyce Meyer Millionen geholfen, ihre Gedankenwelt in göttliche Bahnen zu lenken. Gedanken von Sorgen, Furcht und Zweifel müssen nicht mehr ihr ungehindertes Spiel mit Ihnen treiben. Fangen Sie an darüber nachzudenken, worüber Sie nachdenken, und erneuern Sie Ihr Denken mit dem Wort Gottes. Ihr Leben wird sich drastisch positiv verändern. Die Wahrheit macht frei.

Der richtige Start in den Tag
Andachten für jeden Morgen
390 Seiten, Hardcover, € 15,- [D], 15,50 [A], CHF 26.50
ISBN 978-3-939627-02-9
Gottes Gnade ist jeden Morgen neu. Finden Sie es heraus. In kurzen, knackigen Andachten gibt Joyce Meyer einen Gedankenanstoß pro Tag mit einem passenden Bibelvers und seiner praktischen Umsetzung im Alltag. Herausfordernd, humorvoll, anregend.

Die geheime Kraft von Gottes Wort in deinem Mund
200 Seiten, Hardcover, € 13,50 [D], 13,90 [A], CHF 24.-
ISBN 978-3-939627-03-6
Während ihres Lebens und Dienstes hat Joyce Meyer wiederholt die schöpferische Kraft erfahren, die im Aussprechen des Wortes Gottes liegt. In diesem Buch trägt sie die wichtigsten Verheißungen und Bekenntnisse aus der Bibel für verschiedenste Lebensumstände zusammen: Bekenntnisse für Eltern, Singles und Familien, und was die Bibel über Ärger, Sorge und gesellschaftliche Verantwortung sagt. „Gottes Wort in deinem Mund“ im Alltag angewandt wird Ihr Leben verändern.

Traum statt Trauma
Tipps für lebenslanges Eheglück
368 Seiten, Pb, € 17,- [D], 17,50 [A], CHF 29.90
ISBN 978-3-939627-04-3
„Unsere Ehen sollen ein Triumph und keine Tragödie sein," sagt Joyce Meyer, die selber mehr als 40 Jahre verheiratet ist. Gott bietet uns praktische Hilfe durch sein Wort, damit Ehen zu dem werden können, wozu er sie erdacht hat. Egal ob 40 Tage oder 40 Jahre verheiratet, ob noch Single, ob in einer Ehekrise oder einfach nur bemüht, die Ehe zu verbessern. In diesem Buch findet der Leser biblische Prinzipien und viele praktische Tipps zur „Traum-Ehe".

Gottes Plan für dich
Entdecke die Möglichkeiten
132 Seiten, Hardcover, € 18,- [D], 18,50 [A], CHF 31.60
ISBN 978-3-939627-07-4
Viele Menschen erleben kein erfülltes Leben, weil sie sich ständig vergleichen und versuchen, jemand anderes zu sein. Ihnen ruft Joyce Meyer zu: Sei du selbst! Entwickle dein Potenzial! Mit einem Schlüssel-Gedanken pro Seite untermauert mit dem Wort Gottes führt dieses Buch den Leser durch Schritte wie Selbstannahme, Heilung und Vertrauen. Kurz wie ein Andachtsbuch mit tiefen Einsichten und erfrischend einfach für jeden Tag.

Gut aussehen. Gut fühlen
12 Schlüssel für ein gesundes, erfülltes Leben
256 Seiten, Pb, € 14,50 [D], 14,90 [A], CHF 25.70
ISBN 978-3-939627-09-8
New York Times Bestseller
Sie sind unendlich wertvoll für Gott! Dennoch haben viele Menschen ein niedriges Selbstwertgefühl und gehen auch entsprechend nachlässig mit ihrem Körper um. Joyce Meyers 12-Punkte-Plan führt Sie durch überraschende biblische Erkenntnisse sowie praktische Tipps für einen gesunden, entspannten Lebensstil, damit Sie sich gut fühlen und obendrein noch gut aussehen.

Richtig mit Gefühlen umgehen
… statt von ihnen beherrscht zu werden
288 Seiten, Pb, € 14,80 [D], 15,30 [A], CHF 28.80
ISBN 978-3-939627-21-0
Unsere Gefühle spielen eine wichtige Rolle. Sie helfen uns, uns selbst und andere zu verstehen, die Wunder des Lebens zu entdecken und warnen uns, wenn wir in Gefahr sind. Aber Gefühle sollen unser Leben nicht bestimmen! In diesem Buch geht Joyce Meyer auf lebensverändernde Wahrheiten aus dem Wort Gottes ein, die Ihnen helfen werden, Ihre Gefühle in die richtige Richtung zu lenken.

Schönheit statt Asche
Empfange Heilung für deine Gefühle
288 Seiten, Pb, € 11,- [D], 11,40 [A], CHF 20.50
ISBN 978-3-939627-17-3
Viele Menschen erwecken äußerlich den Eindruck, als wäre alles in bester Ordnung. In ihrem Inneren aber sind sie ein Wrack. Ihre Vergangenheit hat sie zerbrochen, erschüttert und verletzt. Joyce Meyer, die als Kind körperlich, emotional und sexuell missbraucht wurde, berichtet in diesem Mut machenden Buch, wie Jesus ihr Leben wiederherstellte.

100 Dinge, die das Leben leichter machen
216 Seiten, Hardcover, € 13,80 [D], 14,20 [A], CHF 25.80
ISBN 978-3-939627-19-7
Viele Menschen empfinden ihr Leben als kompliziert und sind deshalb frustriert, verwirrt, gestresst und erschöpft. Doch vielleicht wird es erst anstrengend durch die Art, wie wir es anpacken? Joyce Meyer erklärt, wie man Stressfaktoren reduzieren oder beseitigen kann, die ansonsten unseren Tagesablauf verkomplizieren, vollstopfen und verhindern, dass wir unser Leben wirklich genießen.

Wie man Gottes Reden hört
Erkennen Sie Gottes Stimme und treffen Sie die richtigen Entscheidungen
280 Seiten, Pb, € 12,- [D], 12,40 [A], CHF 21.80
ISBN 978-3-939627-18-0
Gott möchte Sie bei allem, was Sie tun, leiten: ob bei schwerwiegenden Fragen des Lebens oder bei kleinen Herausforderungen des Alltags. Er will Sie auch seine Absichten für Ihr Leben wissen lassen. Lebensnah erklärt Joyce Meyer welche Wege Gott wählt, um zu Ihnen zu sprechen. Gott redet gerne mit Ihnen. Und wenn Sie zuhören, werden Sie ihn hören.

The Love Revolution
Lebe, liebe, handle – und verändere die Welt
272 Seiten, Pb, € 11,- [D], 11,40 [A], CHF 20.50
ISBN 978-3-939627-20-3
Haben Sie die Nase voll vom Leid dieser Welt? Nichts wird sich an der Situation ändern. Außer Sie tun etwas! Die Welt braucht dringend Menschen, die eine Revolution der Liebe starten und nicht länger nur für sich selbst leben. Zusammen mit Gastautoren zeigt Joyce Meyer auf ihre unnachahmlich inspirierende, ermutigende und herausfordernde Art und Weise einen neuen Lebensstil echter Freundlichkeit und Hilfsbereitschaft auf, der nicht nur Ihr Umfeld, sondern auch Sie selbst radikal verändern wird.

Schreiben Sie uns!

Was hat Ihnen dieses Buch konkret gebracht? Haben Sie Anregungen? Möchten Sie Joyce Meyer Ministries etwas mitteilen? Dann schreiben Sie uns.

Joyce Meyer Ministries
Postfach 76 10 01
D-22060 Hamburg